高校经典教材同步辅导丛书

管理学（第三版）同步辅导及习题全解

主　编　苏正明

中国水利水电出版社
www.waterpub.com.cn

内 容 提 要

本书是与高等教育出版社出版、周三多主编的《管理学》(第三版) 一书配套的同步辅导及习题全解辅导书。

《管理学》(第三版) 共有 18 章,分别介绍管理活动与管理理论、管理道德与企业社会责任、全球化与管理、信息与信息化管理、决策与决策方法、计划与计划工作、战略性计划与计划实施、组织设计、人力资源管理、组织变革与组织文化、领导概论、激励、沟通、控制与控制过程、控制方法、管理的创新职能、企业技术创新、企业组织创新。本书按教材内容安排全书结构,各章均包括知识点归纳、经典案例、课后习题全解、同步练习及参考答案、历年真题及全解五部分内容。全书按教材内容,针对各章节习题给出详细解答,思路清晰,逻辑性强,循序渐进地帮助读者分析并解决问题,内容详尽,简明易懂。

本书可作为高等院校学生学习《管理学》(第三版) 课程的辅导教材,也可作为考研人员复习备考的辅导教材,同时可供教师备课命题作为参考资料。

图书在版编目(ＣＩＰ)数据

管理学(第三版)同步辅导及习题全解 / 苏正明主编. -- 北京:中国水利水电出版社,2014.9
（高校经典教材同步辅导丛书）
ISBN 978-7-5170-2552-8

Ⅰ. ①管… Ⅱ. ①苏… Ⅲ. ①管理学－高等学校－教学参考资料 Ⅳ. ①C93

中国版本图书馆CIP数据核字(2014)第226474号

策划编辑:杨庆川　　责任编辑:陈 洁　　封面设计:李 佳

书　　名	高校经典教材同步辅导丛书 管理学(第三版)同步辅导及习题全解
作　　者	主 编　苏正明
出版发行	中国水利水电出版社 （北京市海淀区玉渊潭南路1号D座　100038） 网址：www.waterpub.com.cn E-mail: mchannel@263.net (万水) 　　　　sales@waterpub.com.cn 电话：(010) 68367658 (发行部)、82562819 (万水)
经　　售	北京科水图书销售中心（零售） 电话：(010) 88383994、63202643、68545874 全国各地新华书店和相关出版物销售网点
排　　版	北京万水电子信息有限公司
印　　刷	北京正合鼎业印刷技术有限公司
规　　格	170mm×227mm　16开本　14.5印张　370千字
版　　次	2014年9月第1版　2014年9月第1次印刷
印　　数	0001—5000 册
定　　价	23.80 元

凡购买我社图书,如有缺页、倒页、脱页的,本社发行部负责调换

版权所有·侵权必究

前　言

《管理学》是管理类专业重要的课程之一，也是报考管理类专业硕士研究生的考试课程。高等教育出版社出版的周三多主编的《管理学》(第三版)以其体系完整、结构严谨、层次清晰、深入浅出的特点成为这门课程的经典教材，被全国多所院校采用。为了帮助读者更好地学好这门课程，掌握更多知识，我们根据多年的教学经验编写了这本与此教材配套的《管理学(第三版)同步辅导及习题全解》，旨在使广大读者理解基本概念，掌握基本知识，学会基本解题方法与解题技巧，提高应试能力。

本书作为一种辅助性的教材，具有较强的针对性、启发性、指导性和补充性。考虑到读者的不同情况，我们在内容上做了以下安排：

1. **知识点归纳**：串讲概念，总结性质和原理，知识全面系统。

2. **经典案例**：结合本章要点，选取经典案例进行分析，以助培养学生理论应用于实际的能力。

3. **课后习题全解**：本书给出了周三多主编《管理学》(第三版)各章习题的答案，不仅给出了详细的解题过程，而且还依照难易程度将习题分为三个等级，根据不同等级对习题进行了不同程度的讲解。

4. **同步练习及参考答案**：精选各类题型，涵盖本章所有重要知识点，并引导学生思考问题，能够举一反三，拓展思路。

我们衷心希望本书提供的内容能够对读者在掌握课程内容、提高解题能力上有所帮助。同时，由于编者的水平有限，本书难免出现不妥之处，恳请广大读者批评指正。

编　者

2014 年 6 月

目 录
contents

第一章 管理活动与管理理论 ··· 1
    知识点归纳 ··· 1
    经典案例 ··· 2
    课后习题全解 ··· 4
    同步练习 ··· 9
    参考答案 ·· 13

第二章 管理道德与企业社会责任 ·· 14
    知识点归纳 ·· 14
    经典案例 ·· 15
    课后习题全解 ·· 17
    同步练习 ·· 21
    参考答案 ·· 22
    历年真题及全解 ·· 24

第三章 全球化与管理 ·· 25
    知识点归纳 ·· 25
    经典案例 ·· 27
    课后习题全解 ·· 29
    同步练习 ·· 34
    参考答案 ·· 36
    历年真题及全解 ·· 37

目录
contents

第四章 信息与信息化管理 ······ 38
- 知识点归纳 ······ 38
- 经典案例 ······ 41
- 课后习题全解 ······ 48
- 同步练习 ······ 52
- 参考答案 ······ 54
- 历年真题及全解 ······ 56

第五章 决策与计划方法 ······ 57
- 知识点归纳 ······ 57
- 经典案例 ······ 58
- 课后习题全解 ······ 60
- 同步练习 ······ 63
- 参考答案 ······ 67
- 历年真题及全解 ······ 68

第六章 计划与计划工作 ······ 70
- 知识点归纳 ······ 70
- 经典案例 ······ 71
- 课后习题全解 ······ 73
- 同步练习 ······ 75
- 参考答案 ······ 77
- 历年真题及全解 ······ 78

目 录 contents

第七章 战略性计划与计划实施 ……………………………………… 80
知识点归纳 ……………………………………………………… 80
经典案例 ………………………………………………………… 81
课后习题全解 …………………………………………………… 84
同步练习 ………………………………………………………… 89
参考答案 ………………………………………………………… 92
历年真题及全解 ………………………………………………… 93

第八章 组织设计 ……………………………………………………… 94
知识点归纳 ……………………………………………………… 94
经典案例 ………………………………………………………… 96
课后习题全解 …………………………………………………… 98
同步练习 ………………………………………………………… 102
参考答案 ………………………………………………………… 108
历年真题及全解 ………………………………………………… 109

第九章 人力资源管理 ………………………………………………… 111
知识点归纳 ……………………………………………………… 111
经典案例 ………………………………………………………… 112
课后习题全解 …………………………………………………… 113
同步练习 ………………………………………………………… 115
参考答案 ………………………………………………………… 116
历年真题及全解 ………………………………………………… 117

目 录
contents

第十章　组织变革与组织文化 ·· 118
　　知识点归纳 ·· 118
　　经典案例 ··· 120
　　课后习题全解 ·· 123
　　同步练习 ··· 126
　　参考答案 ··· 128
　　历年真题及全解 ··· 130

第十一章　领导概论 ·· 131
　　知识点归纳 ·· 131
　　经典案例 ··· 132
　　课后习题全解 ·· 134
　　同步练习 ··· 138
　　参考答案 ··· 144
　　历年真题及全解 ··· 145

第十二章　激励 ··· 146
　　知识点归纳 ·· 146
　　经典案例 ··· 147
　　课后习题全解 ·· 148
　　同步练习 ··· 151
　　参考答案 ··· 155
　　历年真题及全解 ··· 157

目录 contents

第十三章 沟通 ……………………………………………………… 158
知识点归纳 …………………………………………………… 158
经典案例 ……………………………………………………… 159
课后习题全解 ………………………………………………… 161
同步练习 ……………………………………………………… 164
参考答案 ……………………………………………………… 166
历年真题及全解 ……………………………………………… 167

第十四章 控制与控制过程 …………………………………… 168
知识点归纳 …………………………………………………… 168
经典案例 ……………………………………………………… 170
课后习题全解 ………………………………………………… 170
同步练习 ……………………………………………………… 173
参考答案 ……………………………………………………… 177
历年真题及全解 ……………………………………………… 178

第十五章 控制方法 ……………………………………………… 179
知识点归纳 …………………………………………………… 179
经典案例 ……………………………………………………… 181
课后习题全解 ………………………………………………… 184
同步练习 ……………………………………………………… 187
参考答案 ……………………………………………………… 188
历年真题及全解 ……………………………………………… 189

目录 contents

第十六章 管理的创新职能 …… 190

- 知识点归纳 …… 190
- 经典案例 …… 192
- 课后习题全解 …… 194
- 同步练习 …… 196
- 参考答案 …… 198
- 历年真题及全解 …… 199

第十七章 企业技术创新 …… 200

- 知识点归纳 …… 200
- 经典案例 …… 202
- 课后习题全解 …… 204
- 同步练习 …… 208
- 参考答案 …… 210
- 历年真题及全解 …… 211

第十八章 企业组织创新 …… 213

- 知识点归纳 …… 213
- 经典案例 …… 215
- 课后习题全解 …… 219
- 同步练习 …… 220
- 参考答案 …… 221

第一章

管理活动与管理理论

知识点归纳

1. 管理的概念

管理是指组织为了达到个人无法实现的目标,通过各项职能活动,合理分配、协调相关资源的过程。可以从以下几个方面理解这个概念:

(1)管理的载体是组织。
(2)管理的本质是合理分配和协调各种资源。
(3)管理的对象是相关资源即包括人力资源在内的所有可利用的资源。
(4)管理的职能活动包括信息、决策、计划、组织、领导、控制和创新。
(5)管理的目的是为了实现既定的目标。

2. 管理的职能

许多新的管理理论和管理实践证明:决策与计划、组织、领导、控制、创新五种管理职能是一切管理活动最基本的职能。

决策职能通过方案的产生和选择以及通过计划的制定表现出来;组织职能通过组织结构的设计和人员的配备表现出来;领导职能通过领导者和被领导者的关系表现出来;控制职能通过对偏差的识别和纠正表现出来;创新职能是通过组织提供的服务或产品的更新和完善以及其他管理职能的变革和改进来表现其存在的。

决策是计划的前提,计划是决策的逻辑延续。

组织、领导和控制旨在保证决策的顺利实施。

创新贯穿于各种管理职能和各个组织层次之中。决策职能通过方案的产生和选择以及计划的制定表现出来。

3. 管理者的角色和技能

(1)管理者的角色。管理者在管理活动中扮演着七种角色,这七种角色可归为三大类,即人际角色、信息角色和决策角色。

①人际角色。管理者在这里扮演着:代表人角色、领导者角色、联络者角色。

②信息角色。管理者在这里扮演着:监督人角色、传播者角色、发言人角色。

③决策角色。管理者在这里扮演着：企业家角色、冲突管理者、资源分配者、谈判者角色。

(2)管理者具备的技能。技术技能、人际技能、概念技能。越是高层的管理者越要具有概念技能。

4. 泰罗的科学管理理论内容

泰罗的科学管理理论主要包括以下几个方面：

(1)工作定额。进行时间和动作研究，制定科学的工人"合理的日工作量"。

(2)标准化原理。工人的操作方法标准化，使用标准化的工具、机器和材料，并使工作环境标准化。

(3)能力与工作相适应。

(4)差别计件工资制。

(5)计划职能与执行职能相分离。

5. 法约尔对组织管理理论的贡献

他的理论贡献主要体现在他对管理职能的划分和管理原则的归纳上。

(1)提出企业的六项基本活动：技术、商业、财务、安全、会计、管理活动和管理的五项职能：计划、组织、指挥、协调、控制职能。

(2)管理的 14 条原则：分工、权利与责任、纪律、统一指挥、统一领导、个人利益服从集体利益、报酬合理、集权与分权、等级链与跳板、秩序、公平、人员稳定、首创精神、集体精神。

经典案例

旨在保证决策的顺利实施；创新贯穿于各种管理取能和各个组织层次之中。

案例一

UPS 的管理

联合邮包服务公司(United Parcel Service, UPS)雇用了 15 万员工，平均每天将 900 万个包裹发送到美国各地和 180 个国家。为了实现他们的宗旨"在邮运业中办理最快捷的运送"，UPS 的管理当局系统地培训员工，使他们以尽可能高的效率从事工作。让我们以送货司机工作为例，介绍一下 UPS 的管理风格。

UPS 的工业工程师们对每一位司机的行驶路线都进行了时间研究，并对每种送货、暂停和取货活动都设立了标准。这些工程师们记录了红灯、通行、按门铃、穿过院子、上楼梯、中间休息喝咖啡的时间，甚至上厕所的时间，将这些数据输入计算机中，从而给出每位司机一天中工作的详细时间标准。色可归入三大 即和决策角色。

为了完成每天取送 130 件包裹的目标，司机们必须严格遵循工程师设定的程序。

当他们接近发送站时，他们松开安全带，按喇叭，关发动机，拉起紧急制动，为送货完毕的启动离开做好准备,这一系列动作严丝合缝。然后,司机从驾驶室出来,右臂夹着文件夹,左手拿着包裹,右手拿着车钥匙,看一眼包裹上的地址并把它记在脑子里,然后以每秒钟 3 英尺的速度快步走到顾客的门前,先敲一下门以免浪费时间找门铃。送货完毕后,他们在回到卡车上的路途中完成登录工作。

这种刻板的时间表是不是看起来有点繁琐? 也许是。它真能带来高效率吗? 毫无疑问! 生产率专家公认,UPS 是是世界上效率最高的公司之一。举例来说吧,联邦快运公司(Federal Express, FedEx)平均每人每天不过取送 80 件包裹,而 UPS 却是 130 件。在提高效率方面的不懈努力,对 UPS 的净利润产生了积极的影响。人们普遍认为它是一家获利丰厚的公司。

【思考】
这种管理方式在这家企业是很有效的,为什么?

【分析】
根据动作研究和时间研究确定的管理方式适用于这些企业——工作目标较为明确、简单、具体、统一;操作过程为重复率高,可施行标准化操作,工作程序便于监督;工作结果可以量化核定,同事之间协作程度要求低;对操作人员可以进行统一的标准化的培训。但这种管理方式不适宜科研单位。

案例二

管理人员及管理职能的重要性

美国福特汽车公司的兴起、衰落和复兴,是一个典型的反映管理重要性的案例。福特公司的创始人亨利·福特有着精明强干的头脑和丰富的技术经验。自从 1889 年《科学美国》作了有关德国奔驰汽车的结构和制造的报道,许多美国人开始从事汽车制造后,福特于 1896 年制造出第一辆福特汽车。1903 年福特汽车公司成立,开始生产"A"型到"R"和"S"型汽车并参与几十家汽车公司的竞争,当时还没有什么优势,但 1908 年福特"T"型车的投入生产标志着福特垄断局面的开始。"T"型车的特点是结构紧凑、设计简单、坚固、驾驶容易、价格较低。1913 年福特采用了汽车装配的流水生产法并实行汽车零件的标准化,形成了大量生产的体制,当年产量增加到 13 万辆,1914 年增加到 26 万辆,1923 年增加到 204 万辆,在美国汽车生产中形成垄断的局面。福特从而建立起一个世界上最大和盈利最多的制造企业,它从利润中积累了 10 亿美元的现金储备。可是,福特坚信企业所需要的只是所有主管企业家和他们的一些"助手",只需"助手"的汇报然后由他发号施令即可运行,他认为公司组织只是一种"形式",企业无需管理人员和管理。随着环境变化,其他竞争者兴起,汽车有着不同档次的需求,科技、产供销、财务、人事等管理日趋复杂,个人管理已难以适应这种要求。到了 1927 年,福特便已丧失了市场的领先地位,以后的 20 年,逐年亏本,直到第二次世界大战期间仍缺乏竞争力。当时它的强劲对手通用汽车公司,则从 20 世纪 20 年代开始走着一条与福特经验相反的路子。"通用"原是由一些竞争不过福特的小公司拼凑起来的,在建立之初,这些小公司作为"通用"的一部分各自为政,通用公司组织机构不健全,公司的许多工作集中在少数几个人身上,不仅使这些领导人忙于事务,无暇考虑公司的方针政策,并且也限制了各级人员的积极性。而 1920 年后,新任通用汽车公司总裁艾尔弗雷德·斯隆在大整顿、大改组过程中建立起一套组织结构,总结出处理问题的方法,根据市场不同层次顾客的需要,确定产品方向,加强专业化协作,谋取大规模生产,按照分散经营和协调控制的原则建立管理体制,从而于1926年至1927使"通用"的市场占有率从10%跃至43%,此后多年均占50%以上,而"福特"则每况愈下,到1944年,福特的孙子——福特二世接管该公司时公司已濒于破产。当时26岁的福特二世向他的对手"通用"学习,创建了一套管理组织结构,培养了一批管理者,五年后就在国内外重新获得了发展并获得利润,成为通用汽车公司的主要竞争者。

【思考】

1. 福特汽车公司在20世纪20年代初期为何能获得成功而后又为何濒于破产?
2. 从福特汽车公司的复兴和通用汽车公司的兴起来看,管理人员和管理如何发挥作用?

【分析】

1. 20世纪20年代环境不确定程度低,福特的竞争程度低,福特的竞争对手少,组织规模相对较小,老福特的个人管理方式能保证统一领导原则,因此有效。但是,随着环境复杂化,高层难以掌握全部信息,决策变得更复杂,庞大的组织越发僵化,终致福特公司濒于破产。

2. 通用的改革和兴起充分体现了分权与协作的原则。面对复杂环境,通用及时将营销这一重要职能下放,从而充分跟踪市场需求变动,不仅提高了员工的积极性,还保证了组织能适应环境而变。管理高层则主要抓协调控制,保证了组织目标实现。

课后习题全解

1. 何谓管理?如何理解管理的具体含义?

【答】 管理是指组织为了达到个人无法实现的目标,通过各项职能活动,合理分配、协调相关资源的过程。对这一定义可作进一步解释:

(1)管理的载体是组织。组织包括企事业单位、国家机关、政治党派、社会团体以及宗教组织等。

(2)管理的本质是合理分配和协调各种资源的过程,而不是其他。所谓"合理",是从管理者的角度来看的,因而有局限性和相对的合理性。

(3)管理的对象是相关资源,即包括人力资源在内的一切可以调用的资源。可以调用的资源通常包括原材料、人员、资金、土地、设备、顾客和信息等。在这些资源中,人员是最重要的。在任何类型的组织中,都同时存在人与人、人与物的关系。但人与物的关系最终仍表现为人与人的关系,任何资源的分配、协调实际上都是以人为中心的。所以管理要以人为中心。

(4)管理的职能活动包括信息、决策、计划、组织、领导、控制和创新。

(5)管理的目的是为了实现既定的目标,而该目标仅凭单个人的力量是无法实现的,这也是建立组织的原因。组织可以小到几个人,大到几万、几十万、几千万、几亿人。

2. 组织中的管理通常包括哪些职能活动?每种职能活动是如何表现其存在的?它们的相互关系又是如何?

【答】 组织中的管理通常包括决策与计划、组织、领导、控制、创新五种职能活动。

五种职能各有其独特的表现形式。决策职能通过方案的产生和选择以及计划的制定表现出来;组织职能通过组织结构的设计和人员的配备表现出来;领导职能通过领导者和被领导者的关系表现出来,控制职能通过对偏差的识别和纠正表现出来;创新职能是通过组织提供的服务或产品的更新和完善以及其他管理职能的变革和改进来表现其存在。对一个有活力的组织来说,创新无处不在,无时不在。创新是各项管理职能的灵魂和生命。

各种管理职能的相互关系是:决策是计划的前提,计划是决策的逻辑延续。管理者在行使其他管理职能的过程中总会面临决策和计划的问题,决策和计划是其他管理职能的依据;组织、领导和控制旨在保证决策的顺利实施;创新贯并于各种管理职能和各个组织层次之中。

3. 根据明茨伯格的研究,管理者应扮演哪些角色?

【答】　管理者应扮演三大角色,即人际角色、信息角色和决策角色。

(1)人际角色。人际角色归因于管理者的正式权力。管理者所扮演的三种人际角色是代表人角色、领导者角色和联络者角色。

作为所在单位的领导,管理者必须行使一些具有礼仪性质的职责,例如管理者有时必须参加社会活动,如出席社区的集会或宴请重要客户等,这时,管理者扮演着代表人的角色;由于管理者直接对所在单位的成败负责,他们必须在单位内扮演领导者角色,这时,管理者和员工一起工作并通过员工的努力来确保目标的实现;管理者还必须扮演联络者的角色,没有联络,管理者就无法与别人一起工作,也无法与外界建立联系。

(2)信息角色。在信息角色中,管理者负责确保和其一起工作的人能够得到足够的信息。管理职责的性质决定了管理者既是其所在单位的信息传递中心,也是别的单位的信息传递渠道。

管理者必须扮演的信息角色是:监督者角色、传播者和发言人角色。管理者必须扮演的一种信息角色是监督者角色,监督的目的是获取信息,管理者可通过各种方式获取一些有用的信息,如通过密切关注组织自身状况以及外部环境的变化,通过接触下属,利用个人关系网等方式来获取信息,这些信息有助于管理者识别潜在的机会和威胁;作为传播者,管理者把监督获取的大量信息分配出去,传递给有关员工,管理者有时也因特殊的目的而隐藏特定的信息;管理者的最后一种信息角色是发言人角色,管理者必须把信息传递给外界,例如必须向董事和股东说明组织的财务状况和战略方向,必须向消费者保证组织在切实履行社会义务,以及必须让政府人员对组织遵守法律的良好表现感到满意。

(3)决策角色。在决策角色中,管理者处理信息并得出结论。管理者负责做出决策,并分配资源以保证决策方案的实施。管理者扮演的角色是企业家角色、冲突管理者、资源分配和谈判者的角色。

管理者所扮演的第一种决策角色是企业家角色,作为企业家,管理者对发现的机会进行投资,如开发新产品、提供新服务或发明新工艺等;管理者所扮演的第二种决策角色是冲突管理者,一个组织不论管理得多么好,它在运行的过程中总会遇到冲突或问题,管理者必须善于处理冲突和解决问题,如平息客户的怒气,同不合作的供应商进行谈判,或者调解员工之间的争端等;管理者所扮演的第三种决策角色是资源分配者,作为资源分配者,管理者决定组织资源用于哪些项目,尽管我们一想起资源,就会想起财务资源或设备,但这里的组织资源还包括其他类型的重要资源,例如,当管理者选择把时间花在这个项目而不是那个项目上时,他实际上是在分配时间这一种资源,除时间以外,信息也是一种重要资源,管理者是否在信息获取上为他人提供便利通常决定着项目的成败;管理者所扮演的最后一种决策角色是谈判者角色,管理者把大量的时间花在谈判上,谈判对象包括员工、供应商、客户和其他组织,无论是何种类型的组织,管理者为确保组织目标的实现都必然要进行谈判工作。

4. 根据卡茨的研究,管理者应具备哪些基本技能?

【答】 根据罗伯特·卡茨(Katz,1974)的研究,管理者要具备三类技能,如图1-1所示。

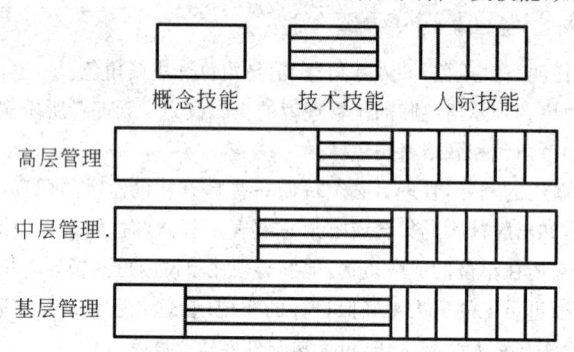

图1-1 各种层次的管理所需要的管理技能比例

(1)技术技能。技术技能是指管理者掌握和熟悉特定专业领域中的过程、惯例、技术和工具的能力。技术技能对于各种层次的管理的重要性可以用图1-1来表示。技术技能对于基层管理最重要,对于中层管理较重要,对于高层管理较不重要。

(2)人际技能。人际技能是指成功地与别人打交道并与别人沟通的能力。人际技能对于各种层次的管理者的重要性可以用图1-1来表示。人际技能对于所有层次的管理者的重要性大体相同。

(3)概念技能。概念技能是指产生新想法并加以处理,以及将关系抽象化的思维能力。具有概念技能的管理者往往把组织视作一个整体,并了解组织各个部分的相互关系。概念技能对于高层管理最重要,对于中层管理较重要,对于基层管理较不重要。

5. 简述中外早期管理思想,并对之进行简要评价。

【答】 (1)中国早期管理思想。中国作为四大文明古国之一,有着丰富的管理思想。

早在两千多年前的春秋时代,杰出的军事家孙武著有《孙子兵法》一书。该书共13篇,篇篇闪烁着智慧的光芒。"知彼知已,百战不殆"这句名言就是一例。这种辩证的策略思想在书中比比皆是。孙武的策略思想不仅在军事上,而且在管理上也具有相当的指导意义和参考价值。日本和美国的一些大公司甚至把《孙子兵法》作为培训的必备书籍。

战国时代的另一本书《周礼》,对封建国家的管理体制进行了理想化的设计,内容涉及政治、经济、财政、教育、军事、司法和工程等方面。该书对封建国家的经济管理的论述和设计都达到了相当高的水平。

战国时代的军事家孙膑运用运筹学和对策论的思想,帮助田忌在赛马中胜了齐王。齐王和田忌赛马,各出三匹马,每匹马只出场一次,共赛三场,胜数多者获胜。齐王具有优势,因为两人的三匹马以速度快慢排序后,齐王的三匹马都分别比田忌的三匹马快一些,如果这样比赛,齐王肯定以 3:0 获胜。田忌请孙膑帮忙,孙膑为田忌出主意,以己方最慢的马对齐王最快的马,以己方最快的马对齐王第二快的马,以己方第二快的马对齐王最慢的马,结果田忌以 2:1 的比分获胜。

中国古代管理思想在许多著作中都有体现,如《孙子兵法》、《周礼》、《墨子》、《老子》、《管子》、《齐民要术》、《天工开物》等。

(2)外国早期管理思想。外国的管理实践和思想也有着悠久的历史。在奴隶社会,管理实践和思想主要体现在指挥军队作战、治国施政和管理教会等活动上。古巴比伦人、古埃及人以及古罗马人在这些方面都有过重要贡献。

在欧洲文艺复兴时期,也出现过许多管理思想,如 16 世纪莫尔(Thomas More,1478—1535)的《乌托邦》和马基雅维利(Niccolo Machiavelli,1469—1527)的《君主论》。然而,外国管理实践和思想的革命性发展是在工厂制度产生之后。

18 世纪 60 年代开始的工业革命不仅在工业技术上而且在社会关系上都引起了巨大的变化,加速了资本主义生产的发展。小手工业受到大机器生产的排挤,社会的基本生产组织形式迅速从以家庭为单位转向以工厂为单位。在新的社会生产组织形式下,效率和效益问题,协作劳动的组织和配合问题,在机器生产条件下人和机、机和机之间的协调运转问题,使传统的军队式、教会式的管理方式和手段遇到了前所未有的挑战。许多新的管理问题需要人们去回答、去解决。在这种情况下,随着资本主义工厂制度的建立和发展,不少对管理理论的建立和发展具有重大影响的管理实践和思想应运而生。

①亚当·斯密(Adam Smith,1723—1790)的劳动分工观点和经济人观点。斯密对管理理论发展的一个贡献是他的分工观点。他认为分工是增进劳动生产率的重要因素。他的分工观点适应了当时社会对迅速扩大劳动分工以促进工业革命发展的要求,成为资本主义管理的一条基本原理。

②小瓦特(James Watt Jr,1769—1848)和博尔顿(Mattew R. Boulton,1770—1842)的科学管理制度。小瓦特和博尔顿采取了不少有效的管理方法,建立起许多管理制度。如在生产管理和销售方面,根据生产流程的要求,配制机器设备,编制生产计划,制定生产作业标准,实行零部件生产标准化,研究市场动态,进行预测;在成本管理方面,建立起详细的记录和先进的监督制度;在人事管理方面,制定工人和管理人员的培训和发展规划;进行工作研究,并按工作研究结果确定工资的支付办法;实行由职工选举的委员会来管理医疗费制度等福利制度。

③马萨诸塞车祸与所有权和管理权的分离,这是历史上第一次在企业管理中实行所有权和管理权分离。这种分离对管理有重要意义。独立的管理职能和专业的管理人员正式得到承认,管理不仅是一种活动,还成为一种职业;随着所有权和管理权的分离,横向的管理分工开始出现,这不仅提高了管理效率,也为企业组织形式的进一步发展奠定了基础;具有管理才能的雇佣人员掌握了管理权,直接为科学管理理论的产生创造了条件。

④欧文(Robert Owen,1771—1858)的人事管理。欧文开创了在企业中重视人的地位和作用的先河,有人因此称他为"人事管理之父"。

⑤巴贝奇(Charles Babbag,1792—1871)的作业研究和报酬制度。他对管理的贡献主要有两方面,一是对工作方法的研究;二是对报酬制度的研究。他主张按照对生产率贡献的大小来确定工人的报酬。

⑥亨利·汤(Henry R. Towrne,1844—1924)的收益分享制度。收益分享,实质上是按某一部门的业绩来支付该部门职工的报酬。这样就可避免某一部门业绩好而另一部门业绩差时,实行利润分享制度使前者受损这一不合理现象。

⑦哈尔西(Frederick A. Halsey,1856—1935)的奖金方案。哈尔西对管理的贡献也体现在工资制度方面。哈尔西认为他所提出的制度,与当时其他常见的工资制度相比有许多优点。比如不管工人业绩如何,均可获得一定数额的计日工资。工人增加生产,就可得到奖金,从而消除了因刺激工资而引起的常见的劳资纠纷。

6. 西方管理理论出现哪些分支?每个理论分支的内容与特征各是什么?

【答】 西方管理理论按照出现的先后顺序有6个分支,依次是古典管理理论、行为管理理论、数量管理理论、系统管理理论、权变管理理论和全面质量管理理论。

(1)古典管理理论形成于19世纪末和20世纪初的美欧,它主要分为科学管理理论和组织管理理论。科学管理理论着重研究如何提高单个工人的生产率;组织管理理论着重研究管理职能和整个组织结构。

(2)行为管理理论形成于20世纪20年代,早期被称为人际关系学说,以后发展为行为科学,即组织行为理论。该学说主要有:工人是社会人,而不是经济人;企业中存在着非正式组织;生产率主要取决于工人的工作态度以及他和周围人的关系。

(3)数量管理理论产生于第二次世界大战期间。它以现代自然科学和技术科学的成果为手段,运用数学模型,对管理领域中的人、财、物和信息资源进行系统的定量分析,并做出最优规划和决策。

数量管理理论的内容主要包括①运筹学,运筹学是数量管理理论的基础;②系统分析,其特点是,解决管理问题要从全局出发进行分析和研究,以制定出正确的决策;③决策科学化,是指决策要以充足的事实为依据,按照事物的内在联系对大量的资料和数据进行分析和计算,遵循科学的程序,进行严密的逻辑推理,从而做出正确决策。

(4)系统管理理论是指运用系统理论中的范畴、原理,对组织中的管理活动和管理过程,特别是组织结构和模式进行分析的理论。要点:组织要是一个系统,是由相互联系、相互依存的要素构成的;系统在一定的环境下生存,与环境进行物质、能量和信息的交换。

(5)权变管理理论,是20世纪70年代在美国形成的一种管理理论。这一理论的核心是力图研究组织与环境的联系,并确定各种变量的关系类型和结构类型。它强调管理要根据组织所处的环境随机应变,针对不同的环境寻求相应的管理模式。

(6)全面质量管理的本质是由顾客需求和期望驱动企业持续不断改善的管理理念。它主要包括:关注顾客;注重持续改善;关注流程;精确测量;授权于员工。

同步练习

一、单项选择题

1. 企业在销售产品时,需要预估货款回收的可能性。为此,信用审核部门力图以一种低成本的方式处理有关客户资信的材料,但因为过程速度太慢,使许多客户另求他处购货。该项信用审核工作可以说是(　　)。
   A. 重效率、轻效果
   B. 轻效率、重有效性
   C. 重效果、轻效率
   D. 效率和效果都不重视

2. 对于管理人员来说,需要具备多种技能,如概念技能、人际技能、技术技能等。越是处于高层的管理人员,对于以上三种技能按其重要程度的排列顺序为(　　)。
   A. 概念技能、技术技能、人际技能
   B. 技术技能、概念技能、人际技能
   C. 概念技能、人际技能、技术技能
   D. 人际技能、概念技能、技术技能

3. 一个管理者所处的层次越高,面临的问题越复杂,越无先例可循,就越需要具备(　　)。
   A. 技术技能　　B. 领导技能　　C. 概念技能　　D. 人际技能

4. 管理的基本职能是(　　)。
   A. 计划、组织、指挥、协调
   B. 计划、组织、领导、控制
   C. 计划、决策、选人、用人
   D. 决策、计划、领导、协调

5. 管理的双重属性是指(　　)。
   A. 科学性与艺术性
   B. 自然属性与社会属性
   C. 主观性与客观性
   D. 科学性和社会性

6. 下面属于基层第一线管理人员的职位是(　　)。
   A. 总裁　　B. 厂长　　C. 部门经理　　D. 工长

7. 在特定工作领域内运用技术、工具、方法等的能力称为(　　)。
   A. 人际技能　　B. 技术技能　　C. 概念技能　　D. 都不正确

8. 在管理人员应该具备的各项管理技能中,不包括(　　)。
   A. 计划职能　　B. 人际职能　　C. 观念职能　　D. 控制职能

9. 根据领导权变理论,领导的有效性取决于(　　)。
   A. 领导者的个人品质
   B. 固定不变的领导行为
   C. 领导者是否适应所处的具体环境
   D. 领导是民主型领导还是放任型领导

10. 有人说,在管理中经常是"外行领导内行",这在一定程度上说明了(　　)。
    A. 对管理者来说,人际技能比技术技能更重要
    B. 对管理者来说,技术技能比人际技能更重要
    C. 对管理者来说,概念技能比技术技能更重要
    D. 对管理者来说,概念技能比人际技能更重要

11. 管理的对象就是组织资源和(　　)。
    A. 分配资源　　B. 组织劳动　　C. 组织活动　　D. 资源分配

12. 为了适应生产力的发展要求,从19世纪末到20世纪初,在美国、法国和德国等一些西方国家都产生了科学管理,形成了各有特色的古典管理理论,美国泰罗的(　　)就是其中之一。
   A. 科学管理理论　　B. 一般管理理论　　C. 行政管理理论　　D. 生活管理

13. 法约尔是西方古典管理理论在法国的杰出代表,其代表作是《工业管理和一般管理》,他被誉为(　　)。
   A. 工业管理之父　　B. 科学管理之父　　C. 经营管理之父　　D. 企业管理

14. 法约尔的一般管理理论对西方管理理论的发展有重大影响,成为后来管理过程学派的理论基础,他的代表作是(　　)。
   A.《社会组织与经济组织理论》　　B.《工业管理和一般管理》
   C.《科学管理理论》　　　　　　　　D.《国家竞争优势》

15. 梅奥等人通过霍桑试验得出结论:人们的生产效率不仅受到物理的、生理的因素的影响,而且还受到社会环境、社会心理因素的影响。由此创立了(　　)。
   A. 行为科学学说　　　　　　　B. 人文关系学说
   C. 人际关系学说　　　　　　　D. 社会关系学说

16. 科学管理理论是古典管理理论之一,科学管理的中心问题是(　　)。
   A. 提高劳动生产率　　　　　　B. 提高工人的劳动积极性
   C. 制定科学的作业方法　　　　D. 提高生活质量

17. 法约尔是管理过程学派的创始人,他认为管理的职能有五个,即(　　),这五种职能构成了一个完整的管理过程。
   A. 计划、决策、组织、人员配备和控制　　B. 计划、组织、协调、指挥和控制
   C. 计划、组织、人员配备、协调和控制　　D. 决策、组织、指挥和控制

18. 企业流程再造的目的是增强企业竞争力,从(　　)上保证企业能以最小的成本、高质量的产品和优质的服务赢得客户。
   A. 生产流程　　B. 生产管理　　C. 作业管理　　D. 企业管理

19. 最先提出科学管理理论的代表人物是(　　)。
   A. 法约尔　　B. 韦伯　　C. 甘特　　D. 泰罗

20. 泰罗认为,科学管理的中心问题是(　　)。
   A. 实行职能工长制　　　　　　B. 使用标准化工具
   C. 挑选第一流的工人　　　　　D. 提高劳动生产效率

21. 1927年到芝加哥附近的西方电气公司的霍桑工厂进行一系列试验的是(　　)。
   A. 梅奥　　B. 马斯洛　　C. 麦格雷戈　　D. 法约尔

22. 霍桑试验表明(　　)。
   A. 非正式组织对组织目标的达成是有害的
   B. 非正式组织对组织目标的达成是有益的
   C. 企业应采取一切措施来取缔非正式组织
   D. 企业应该正视非正式组织的存在

23. 通过管理提高效益,需要一个时间过程,这表明管理学是一门(　　)。
   A. 软科学　　B. 硬科学　　C. 应用性学科　　D. 定量化学科

24. 与传统管理学相比较,现代管理学的显著特点是( )。
   A. 理论性　　　　B. 科学性　　　　C. 变革性　　　　D. 阶级性

25. 从发生的时间顺序看,下列四种管理职能的排列方式,哪一种更符合逻辑?( )
   A. 计划、控制、组织、领导　　　　　　B. 计划、领导、组织、控制
   C. 计划、组织、控制、领导　　　　　　D. 计划、组织、领导、控制

26. 某民营企业老总觉得,自己的企业之所以能够从无到有,在短短的 8 年时间里迅速发展壮大,最终成为行业排名第一的企业,主要是因为自己多次承接了一些特别客户提出的许多同行厂家均不愿承接的业务。据事后分析,当初该企业承接的这些业务要么数量较少,要么价格太低,要么交货期或质量要求太高,先被同行中许多有实力与品牌影响的厂家认为无利可图而放弃,再由客户找上门来的。通过这一企业发展事例,可以得出结论( )。
   A. 一个企业的发展关键在于要敢于做人家不敢做的事
   B. 选择好的业务切入点对于企业的长期发展意义重大
   C. 在迅速变化的环境中抓住市场机遇是企业头等大事
   D. 选择好的管理者对于企业的发展非常重要

27. 某高科技企业近年的发展遇到难题,据该企业总经理分析,主要是由于他自己在寻找顾客、开拓市场上投入精力太多,而在如何加强项目组织以很好完成所承接的业务上投入精力不够。结果导致所承接的业务常常不能如期完成,顾客抱怨较多,进而挫伤了从事这些项目的骨干技术开发人员的积极性,致使其创造性与工作激情大减,更使完成项目变成了一项沉重的负担。对于如何帮助该企业走出这样的困境,有关咨询专家提出了以下四条建议,你认为其中哪一条最关键?( )
   A. 集中精力做好现有顾客业务工作,以此赢得顾客口碑
   B. 在承接业务时加强可行性论证,以免接得下而做不了
   C. 招聘一位市场开拓人才以分担总经理的业务开拓任务
   D. 通过引进高水平技术开发人才以增强企业的研发能力

28. 曾有某高技术企业的总裁,其个人并无接受过相关高新技术教育及从事过相关领域经营的背景,而只有接受过 MBA 教育并在其他非高新技术企业成功经营的履历,但他上任后,在短短的不到 3 年时间里,就迅速扭转了该公司多年亏损的局面,完成了当初董事会提出的盈利目标。这一事例说明( )。
   A. 企业高层管理者不需要专业知识和技能,有管理经验就行了
   B. 成功的管理经验具有通用性,可以不分行业地加以成功移植
   C. 企业核心领导的管理水平会对企业的发展产生不可估量的作用
   D. 这只是一种偶然发生的现象,可能是该总裁正好遇到市场机会

29. 管理的客体是( )。
   A. 生产技术财务活动　　　　　　　B. 全体职工
   C. 生产经营活动　　　　　　　　　D. 全体劳动者

30. 管理活动的本质是（　　）。
A. 对人的管理　　　　　　　　　　　B. 对物的管理
C. 对资金的管理　　　　　　　　　　D. 对技术的管理
31. 管理的首要责任是（　　）。
A. 管理一个组织　　　　　　　　　　B. 管理管理者
C. 管理工作和工人　　　　　　　　　D. 制定计划
32. 管理者的基本功能在于（　　）。
A. 决策与协调　　B. 决策与控制　　C. 控制与协调　　D. 组织与指挥
33. 管理者履行管理职能的根本目的是（　　）。
A. 确保职工个人目标的实现　　　　　B. 实现管理者个人的利益和价值
C. 实现组织目标　　　　　　　　　　D. 体现管理者个人权威

二、多项选择题
1. 通常而言，作为一名管理人员应该具备的管理技能主要包括（　　）。
A. 概念技能　　B. 人际技能　　　　C. 技术技能　　　　D. 领导技能
2. 管理的基本职能分为（　　）。
A. 计划　　　　B. 组织　　　　　　C. 领导　　　　　　D. 控制
3. 管理者所扮演的角色大体上分为三类（　　）。
A. 人际角色　　B. 信息角色　　　　C. 决策角色　　　　D. 管理角色
4. 管理具有（　　）、（　　）两重性。
A. 技术性　　　B. 领导性　　　　　C. 艺术性　　　　　D. 决策性
5. 下列哪些是法约尔确定的管理六项活动（　　）。
A. 技术活动　　B. 商业活动　　　　C. 财务活动　　　　D. 管理活动
6. 下列哪些是法约尔确定的管理五项职能（　　）。
A. 计划　　　　B. 组织　　　　　　C. 指挥　　　　　　D 协调
7. （　　）是指梅奥在总结霍桑试验的基础上得出的结论。
A. 职工是社会人
B. 人的行为是由动机导向的，而动机则是由需要引起的
C. 企业中存在非正式组织
D. 新型的领导能力在于提高职工的满意程度

三、简答题
1. 管理的职能有哪些？简述管理职能间的关系。
2. 管理的本质是什么？
3. 泰罗对管理做出了哪些重大贡献？
4. 简述法约尔的一般管理的理论要点。
5. 简述梅奥的人际关系理论的主要内容。

参考答案

一、单项选择题

1. D 2. C 3. C 4. B 5. A 6. D 7. B 8. C 9. C 10. C 11. A
12. A 13. C 14. B 15. C 16. A 17. B 18. A 19. D 20. D 21. A 22. D
23. A 24. B 25. D 26. C 27. C 28. C 29. C 30. A 31. D 32. A 33. C

二、多项选择题

1. ABC 2. ABCD 3. ABC 4. AC 5. ABCD 6. ABCD 7. AC

三、简答题

1. 管理的职能有决策与计划、组织、领导、控制、创新。

它们之间的关系可通过下图来表现。

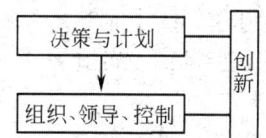

```
┌──────────┐ ┌──┐
│ 决策与计划 │ │创│
└────┬─────┘ │新│
     ↓       │  │
┌──────────┐ │  │
│组织、领导、控制│ │  │
└──────────┘ └──┘
```

2. 管理的本质就是合理地分配资源和协调各种资源的过程。

3. 科学管理之父泰罗，制定了科学管理理论，其中包括工作定额、标准化、差别计件工资制等。

4. 他提出了企业的六种基本活动，即技术、商业、财务、安全、会计、管理活动；五种管理职能，即计划、组织、指挥、协调、控制。

5. 工人不是经济人，而是社会人；企业中存在非正式的组织；生产率主要取决于工人的工作态度以及他和周围人的关系。

第二章

管理道德与企业社会责任

知识点归纳

1. 伦理道德的管理学意义

简单地说,在经营活动中,企业伦理与管理道德的管理学意义突出表现在以下几个方面:

(1)经济与经营活动的意义,尤其是对终极意义的追求。

(2)企业组织。

(3)人文力与企业精神。

(4)企业及其产品的价值观。

2. 道德观的类型

(1)功利主义道德观。

这种观点认为,能给行为影响所及的大多数带来最大利益的行为才是善的。

功利主义道德观有其合理的一面,因为人类的行为一般都是基本于动机,动机就是期望行为带来某些有利的结果。但也存在两个不可回避的问题。

①为了实现最大利益,可能采取了不公平、不道德甚至损害了他人或社会利益的手段。

②只规定了对大多数人有利,而没有规定所得利益如何在相关人员中分配,所以很可能产生利益分配不公。

(2)权利至上道德观。

这种观点认为,能尊重和保护个人基本权利的行为才是善的。尊重人权当然是人类社会进步的思想,权利至上的道德观对组织而言,在管理实践中也有消极的一面,因为组织整体利益的需要和个人的权利不可能完全一致。

(3)公平公正道德观。

这种观点认为,管理者不能因种族、肤色、性别、个性、个人爱好、国籍、户籍等因素对部分员工歧视,而那些按照同工同酬的原则和公平公正的标准向员工支付薪酬的行为是善的。

这种道德在理论上是完全正确的,但在实践中情况却十分复杂。

(4)社会契约道德观。

这种观点认为,只要按照企业所在地区政府和员工都能接受的社会契约所进行的管理行为就是善的。这种道德观能大幅度降低企业人力资源的成本,增加企业的利润。

契约论的道德观有很大的局限性。因为契约具有很强的情境特征,在很多场合是相关各方利益博弈的结果,与合理性无关。契约主义的泛滥,会导致严重的经济与社会后果。

(5)推己及人道德观。

这是中国儒家道德观的高度概括。

3. 道德管理的特征。

合乎道德的管理具有以下7个特征:

(1)合乎道德的管理不仅把遵守道德规范视作组织获取利益的一种手段,而且更把其视作组织的一项责任。

(2)合乎道德的管理不仅从组织自身角度更应从社会整体角度看问题。

(3)合乎道德的管理尊重所有者以外的利益相关者的利益,善于处理组织与利益相关者的关系,也善于处理管理者与一般员工及一般员工内部的关系。

(4)合乎道德的管理不仅把人看作手段,更把人看作目的。

(5)合乎道德的管理超越了法律的要求,能让组织取得卓越的成就。

(6)合乎道德的管理具有自律的特征。

(7)合乎道德的管理以组织的价值观为行为导向。

经典案例

案例一

处理投诉

作为企业,不仅要向顾客提供优质的产品和上乘的服务,更重要的是通过自己的产品和服务使顾客获得一定程度的满足。但是往往事非人愿,并不是所有顾客都对产品和服务满足。我们常常会被那些不满足的顾客抱怨和指控。所以一个具有远见卓识的经营者不但在经营方面有奇招和怪招,而且在处理投诉方面也要有疱丁解牛、游刃有余的能力。

有一个生产美容品的工厂。一天,一位不速之客怒气冲冲地跑进工厂,指手划脚地对厂长说:"你们的美容霜不如叫毁容霜算了!我的18岁的女儿用了你们厂的'美容霜'后,面容受到严重的破坏,现在她连门都不敢出,我要控告你们,你们要负起经济责任,要赔偿我们所有的损失!"

厂长听完,稍加思索,心里明白了几分。但他仍诚恳的道歉:"是吗?竟发生这样严重的事,实在对不起您,对不起令爱。不过,现在当务之急是马上送令爱到医院医治,其他的事我们以后再慢慢说。"

那位不速之客本想臭骂一番,出口窝囊气,万万没想到厂长不但认真而且还挺负责。想到这里她的气消了一些。于是在厂长的亲自陪同下,她的女儿去了医院皮肤科检查。

检查的结果是:女孩的皮肤有一种遗传性的过敏症,并非由于美容霜有毒所致。医生开了处方,并安慰她说不久便会痊愈,不会有可怕的后遗症。

这时,母女的心才放下来。她们对厂长既感激又敬佩。厂长又说:"虽然我们的护肤霜并没有任何有毒成份,但您的不幸,我们是有责任的,因为虽然我们的产品说明书上写着'有皮肤过敏症的人不适用本新产品',但您来购时,售货员一定忘记问她是否有过皮肤过敏症,也没有向顾客叮嘱一句注意事项,致使您遇到麻烦。"

女孩听到这些话,再拿起美容霜仔细一看,果然包装上明确说明,只怪自己没看清就用了,心中不禁有些懊悔。厂长见此情景便安慰她:"您请放心,我们曾请皮肤专家认真研究过关于患有过敏症的顾客的护肤问题,并且还开发设计了好几种新产品,效果都很好,等您治愈后,我再派人给您送两瓶试用一下。保证以后不再出现过敏反应,也算我们对今天这事的补偿,你们意见如何?"

【思考】

请评价该厂长对投诉问题的处理。

【分析】

该厂长对此事的处理就把握的很好。虽然明知错不在自己,还毫不犹豫地向顾客道歉,缓和了顾客的情绪。然后晓之以理,动之以情,让顾客明白事情的"真相",很好地处理了这次纠纷。若一开始他就坚持错不在他,这无疑是火上浇油,让顾客的怒火更旺,甚至真的会将之告上法庭。虽然错不在他,但闹上法庭总是不好的。而且也有损公司的形象,而他的这种处理方法不仅解决了这次纠纷,而且还给企业树立了良好的形象,使顾客了解到该企业是一个很好的企业,赢得了顾客的好感。

案例二

中国企业深陷社会责任困局

最近两三年来,在中国强化"企业社会责任"成了跨国公司发展的新潮流。商务部跨国企业研究中心最近对部分跨国公司的调研发现,沃尔玛去年在中国采购了180亿美元的商品,直接管理的供应商有6000家,但是从2002年以来的三年中,它淘汰了40%左右的供应商,主要理由之一是这些供应商的社会责任标准没有达到它的要求。沃尔玛有一百多人的团队,专门监控供应商是否符合它的社会责任标准,如果不达标就限期整顿,或者淘汰掉。

企业社会责任(简称CSR)是指企业在赚取利润的同时,对环保、劳工、公益事业、灾难等重大事件的担当。松下公司全球总裁一语点破天机:强化社会责任就是要拉开和竞争者的差距,强化企业的竞争力。

对于中国企业、尤其是中国具有优势的某些制造类企业来说,强化企业社会责任事实上是无法回避的生存环境。中国企业国际化的诉求越高,就越有认同并遵循这套游戏规则的必要。

但国内企业的CSR理念却非常薄弱。《光明日报》不久前举办的第二届光明公益奖曾特地拿出两个名额给中国企业,毕竟中国也有企业进入了"财富500强"。但据该活动的负责人透露,他们联系到的企业则说:"过去做的公益事业是政府让我们做的,而不是我们企业本身要做的。"

据接近政府部门的人士说,特别是一年以前,政府部门的几种看法影响了CSR在中国的发展:国资管理部门担心强化CSR会影响中国企业强化股东责任(中国企业的股东责任最近几年好不容易才渐渐形成);商务管理部门担心强化CSR会提高中国企业产品的成本,从而降低出口竞争力。企业则担心会增加企业负担,特别是由于目前CSR常被误导成为公益捐助等。

由于中国企业特殊的成长经历和环境,让其主动承担社会责任似乎不现实。但形势已经不容再犹豫,政府自然要出来"有所作为"。商务部跨国企业研究中心主任王志乐透露,今年国务院已经批准让商务部牵头、联合7个部委来制定中国企业的社会责任标准,至少说明中央政府的态度已经大为转变。

在国外,目前还没有政府出面来制定这样一套标准,大都由跨国公司自己制定。中国的"CSR标准"到底将包括哪些条款、它和跨国公司的标准有哪些区别、怎样让企业遵循标准等等问题尚在期望中。

【思考】
试通过本案例分析当前我国企业在履行社会责任中存在的问题及原因。

【分析】
1. 当前我国企业在履行社会责任中存在的问题
(1)企业与国家政府在所承担的社会责任方面,企业社会责任过重,界限划不清。
(2)我国企业在履行社会责任方面没有树立正确的生产经营意识,没有正确的经营理念。
(3)我国企业在建立社会责任体制方面不够健全,有个别企业对企业社会责任感非常陌生,根本不知其内容是什么。

2. 当前我国企业在履行社会责任中存在问题的原因
(1)我国在计划经济走向市场经济的过程中,各项法律法规不健全是导致企业与国家政府在所承担的社会责任方面,界限划不清的主要原因。
(2)我国企业在履行社会责任方面没有树立正确的生产经营意识,没有正确的经营理念。
(3)我国有些企业没有真正走向市场,导致企业社会责任体制不够健全,企业的领导者,管理者应本着向前看的思想,借鉴或创新,来完善企业的社会责任体制。

总之,在履行社会责任这个问题上,企业和政府都应积极应对。

课后习题全解

1. 请解释伦理、道德的内涵。

【答】 伦理的真谛是个人的单一性与共同体的普遍性的统一,但它不是借助外在的强制如法律规范的形式上达到统一,而是透过精神所达到的统一。因而精神是伦理的文化内核,即所谓"伦理精神"、"民族精神"、"企业精神"、"企业文化"、"家风"、"校风"等。而所谓"德"就是个体将共同体的普遍性、普遍品质或普遍要求加以内化,"内得于己"并"外施于人",形成个体内在的伦理普遍性,获得"伦理上的造诣",造就精神同一性,从而使共同体成员达到"同心同德"。伦理与道德作为人类文明的基本因子,是指评价人类行为善与恶的社会价值形态,在日常生活中具体表现为一定的行为规范和准则。任何社会任何组织要想长期生存,不仅需要遵守法律,同时还必须遵守一定的道德规范。

2. 伦理道德的管理学意义是什么？

【答】　简单地说，在经营活动中，企业伦理与管理道德的管理学意义突出表现在以下几方面。
(1)经济与经营活动的意义，尤其是对终极意义的追求。
(2)企业组织。
(3)人文力与企业精神。
(4)企业及其产品的价值观。

3. 解释功利主义、权利至上、公平公正、社会契约和推己及人四种道德观的具体内涵，以及它们可能产生的社会结果。

【答】　(1)功利主义道德观。
这种观点认为，能给行为影响所及的大多数人带来最大利益的行为是善的。
功利主义道德观有其合理的一面，因为人类的行为一般都是基于动机，动机就是期望行为带来某些有利的结果。但也存在两个不可回避的问题：
①为了实现最大利益，可能采取了不公平、不道德甚至损害了他人或社会利益的手段。
②只是规定了对大多数人有利，而没有规定所得利益如何在相关人员中分配，所以很可能产生利益分配不公。
(2)权利至上道德观。
这种观点认为，能尊重和保护个人基本权利的行为才是善的。
尊重人权当然是人类社会进步的思想，权利至上的道德观对组织而言，在管理实践中也有消极的一面，因为组织整体利益的需要和个人的权利不可能完全一致。
(3)公平公正道德观。
这种观点认为，管理者不能因种族、肤色、性别、个人爱好、国籍、户籍等因素对部分员工歧视，而那些按同工同酬的原则和公平公正的标准向员工支付薪酬的行为是善的。
这种道德观在理论上是完全正确的，但在实践中情况却十分复杂。
(4)社会契约道德观。
这种观点认为，只要按照企业所在地区政府和员工都能接受的社会契约所进行的管理行为就是善的。这种道德观能大幅度降低企业人力资源的成本，增加企业的利润。
契约论的道德观有很大的局限性。因为契约具有很强的情境特征，在很多场合是相关各方利益博弈的结果，与合理性无关。契约主义的泛滥，会导致严重的经济与社会后果。
(5)推己及人道德观。
这是中国儒家道德观的高度概括。

4. 合乎道德的管理具有哪些特征？

【答】　合乎道德的管理具有以下七个特征：
(1)合乎道德的管理不仅把遵守道德规范视作组织获取利益的一种手段，而且更把其视作组织的一项责任。
(2)合乎道德的管理不仅从组织自身角度更应从社会整体角度看问题。

(3)合乎道德的管理尊重所有者以外的利益相关者的利益,善于处理组织与利益相关者的关系,也善于处理管理者与一般员工及一般员工内部的关系。

(4)合乎道德的管理不仅把人看作手段,更把人看作目的。

(5)合乎道德的管理超越了法律的要求,能让组织取得卓越的成就。

(6)合乎道德的管理具有自律的特征。

(7)合乎道德的管理以组织的价值观为行为导向。

5. 影响管理伦理的因素有哪些?

【答】　综合中西方管理学理论,管理道德一般受以下五种因素影响最大:

(1)道德发展阶段。

道德发展的最低层次是前惯例层次。在这一层次,个人只有在其利益受到影响的情况下才会作出道德判断。道德发展的中间层次是惯例层次。在这一层次,道德判断的标准是个人是否维持平常的秩序并满足他人的期望。道德发展的最高层次是原则层次。在这一层次,个人试图在组织或社会的权威之外建立道德准则。

(2)个人特性。

管理者的个人特性对组织的管理道德有着直接的影响。这里所讲的个人特征主要是指管理者的个人价值观(包括道德观)、自信心和自控力。

(3)组织结构。

组织结构对管理道德影响巨大。

①组织内部机构和职责分工有没有必要的权力制衡、监察、检查、审计机制,有没有外部群众和舆论监督。

②组织内部有无明确的规章制度。

③上级管理行为的示范作用。

④绩效评估考核体系会起到指挥棒的作用。

(4)组织文化。

组织有无诚信、包容的组织文化对管理道德有重要影响。

(5)问题强度。

道德问题强度会直接影响管理者的决策。所谓问题强度,是指该问题如果采取不道德的处理行为可能产生后果的严重程度。

6. 管理者可以采取哪些办法来改善组织及其成员的伦理行为?

【答】　(1)挑选道德素质高的员工。

(2)建立道德守则和决策规则。

(3)管理者在道德方面领导员工。

(4)设定工作目标。

(5)对员工进行道德教育。

(6)对绩效进行全面评价。

(7)进行独立的社会审计。

(8)提供正式的保护机制。

7. 以"三鹿"奶粉事件为例,解释企业与社会的关系。

【答】 在我国,这一问题必须从企业与现代社会的全面关系来观察。社会通过各种法律法规认可了企业的建立,给予它利用所需各种生产资源的权利,政府给予许多优惠政策的支持,包括允许对生态环境的一定时期的某种损害,银行给予信贷和其他金融服务的优惠,企业才得以正常建立和运行。反过来企业也给予社会以回馈,提供就业机会,繁荣社会经济,创造和生产出大量社会需要的产品和服务,改善和提高社会的生活质量。消费者通过购置企业提供的产品和服务,使企业获得赢利。企业除了给员工支付工资外,还要按规定缴纳税款和各种费用,使政府年年有超额的财政收入去做应做的事及保护和增进社会福利的工作,如此循环不已。一切看起来似乎十分和谐、公平和合理。但如果从更深的层次去看,事实并非如此。

企业从社会得到的权利与依法应尽的义务之间并不平衡。

但是作为企业家,作为管理者应当明白,这一切并不一定是因为我们真的把企业经营得如何杰出和优秀而心安理得,只是因为我们遇上了千载难逢的机遇,使我们有可能向社会透支了许多并不属于我们的权利。所以所有的企业都应当从道德的层面担负起更宽广的企业责任,以感恩的心情来回报社会为企业行为付出的代价和时代给予的机遇。

8. 企业的社会责任主要体现在哪些方面?

【答】 企业社会责任的内涵十分丰富和广泛,除法律规定的企业行为规范以外,所有可能影响社会福利的企业行为都应纳入企业社会责任之内。大体上可以体现在以下五个方面。

(1)办好企业,把企业做强、做大、做久。
(2)企业一切经营管理行为应符合道德规范。
(3)社区福利投资。
(4)社会慈善事业。
(5)自觉保护自然环境。

9. 解释企业价值观发展的历史阶段。

【答】 从历史观点看,企业价值观经历了四个阶段的发展(见表 2-1)

表 2-1 企业价值观的发展

历史阶段	阶段1 工业化初期	阶段2 工业化中期	阶段3 工业化后期	阶段4 后工业化时期
企业目标	股东利润最大化	企业利润最大化兼顾员工利益	追求企业相关利益价值最大化	追求企业相关利益者价值最大化,同时要保护和增进社会福利
社会责任	更小 ←———————————————————————→ 更大			

(1)工业化初期,企业处于资本原始积累阶段,企业价值观必然是追求股东利润最大化,到处都是残酷剥削工人血汗的工厂,不能这样做反而成为空想社会主义的典型,成为当时的另类。

(2)工业化中期,资本原始积累已基本完成,工人争取自身权益的群众运动风起云涌,为了求得社会稳定和维持工厂的正常生产秩序,或者为了更文明地提高生产绩效,企业逐步采取科学管理方法,更多地较为公平地兼顾到员工的利益。有了较高的工资标准,较完善的教育、医疗、失业保障制度。

(3)到了工业化后期,大批中产阶级已成为社会的主体,许多商品买方市场已经出现,企业之间的竞争日益激烈,企业为了提高自身的竞争力,不再狭隘地只追求本企业利润的最大化,而是把企业价值观提升到追求利益相关者价值最大化上。

同步练习

一、单项选择题

1. 权利观的影响包括(　　)。
 A. 容易忽视相关者的权利
 B. 促进效率和生产率
 C. 容易形成对生产率和效率不利的工作氛围
 D. 不利于培养员工的风险意识

2. 管理学研究的社会责任是指(　　)。
 A. 管理者的社会责任　　　　　　B. 公众的社会责任
 C. 政府的社会责任　　　　　　　D. 企业的社会责任

3. 古典观的代表人物是(　　)。
 A. 泰罗　　　　　　　　　　　　B. 米尔顿·弗里德曼
 C. 小罗伯特·沃特曼　　　　　　D. 法约尔

4. 最容易产生高道德标准的组织文化是(　　)。
 A. 具有较强的控制能力的组织文化
 B. 具有承受风险能力的组织文化
 C. 具有解决冲突能力的组织文化
 D. 以上内容都是

5. 在价值观以外还有两个影响人的行为的个性变量,它们是(　　)。
 A. 自我强度　　B. 控制中心　　C. A、B两项内容　　D. 价值需求

6. 综合道德观,主张并入的是什么方法(　　)。
 A. 实证和规范　　　　　　　　　B. 案例和实证
 C. 实证和规则　　　　　　　　　D. 案例和规范

二、多项选择题

1. 四种功利观是指(　　)。
 A. 功利观　　　　B. 权利观　　　　C. 公平观　　　　D. 综合观

2. 功利观的影响包括（　　）。
A. 符合利润最大化的目标　　　　　　B. 促进效率和生产率
C. 容易忽视相关者的权利　　　　　　D. 扭曲资源配置
3. 综合观综合了哪两种"契约"？（　　）
A. 适用于社会公众的一般契约　　　　B. 适用于特定社团的成员的特殊契约
C. 实证契约　　　　　　　　　　　　D. 规范契约
4. 崇尚道德管理的特征包括（　　）。
A. 以社会利益为重　　　　　　　　　B. 视人为目的
C. 超越法律　　　　　　　　　　　　D. 自律
5. 道德发展分哪三个层次？（　　）
A. 前惯例层次　　　　　　　　　　　B. 惯例层次
C. 后惯例层次　　　　　　　　　　　D. 原则层次
6. 组织文化在哪两个方面影响道德行为？（　　）
A. 组织文化的内容　　　　　　　　　B. 组织文化的强度
C. 组织文化的结构　　　　　　　　　D. 组织文化的层次
7. 问题强度影响管理者道德行为取决于（　　）。
A. 某种道德行为对受害者的伤害有多大或对受益者的利益有多大
B. 行为实际发生并造成实际伤害或带来实际利益的可能性有多大
C. 道德行为对有关人员的影响的集中程度如何
D. 有多少人认为这种行为是邪恶的或善良的
8. 影响管理者道德行为的因素包括（　　）。
A. 个人特征　　　　B. 组织文化　　　　C. 结构变量　　　　D. 问题强度
9. 提高员工道德修养的途径包括（　　）。
A. 招聘高道德素质的员工　　　　　　B. 确立道德准则
C. 设定工作目标　　　　　　　　　　D. 明确工作责任
10. 两种社会责任观是指（　　）。
A. 古典观　　　　　B. 现代观　　　　　C. 社会经济观　　　D. 社会利益观

三、简答题

1. 比较社会责任的古典观点与社会经济学观点。
2. 简单陈述4种道德观的观点及其评价应用。

参考答案

一、单项选择题
　　1. C　2. D　3. B　4. D　5. A　6. A
二、多项选择题
　　1. ABCD　　2. ABCD　　3. AB　　4. ABCD　　5. ABD
　　6. AB　　　7. ABCD　　8. ABCD　　9. ABC　　10. AC

三、简答题

1. 两种观点的比较见下表。

	古典观	社会经济观
利润	一些社会活动白白地消耗企业的资源;目标的多元化会冲淡企业的基本目标——提高生产率而减少利润	企业参与社会活动会得到:自己的社会形象得到提升;与社区、政府的关系更加融洽因而增加利润,特别是增加长期利润
股东权利	企业参与社会活动实际上是管理者拿股东的钱为自己捞取名声等方面的好处,因而不符合股东利益	承担社会责任的企业通常被认为其风险低且透明度高,其股票因符合股东利益而受到广大投资者的欢迎
权力	企业承担社会责任会使其本已十分强大的权力更加强大	企业在社会中的地位与拥有的权力均是有限的,企业必须遵守法律、接受社会舆论的监督
责任	从事社会活动是政治家的责任,企业家不能"越俎代庖"	企业在社会上有一定的权力,根据权责对等的原则,它应承担相应的社会责任
社会基础	公众在社会责任问题上意见不统一,企业承担社会责任缺乏一定的社会基础	企业承担社会责任并不缺乏社会基础,近年来舆论对企业追求社会目标的呼声很高
资源	企业不具备拥有承担社会责任所需的资源,如企业领导人的视角和能力基本上是经济方面的,不适合处理社会问题	企业拥有承担社会责任所需的资源,如企业拥有财力资源、技术专家和管理才能,可以为那些需要援助的公共工程和慈善事业提供支持

2. 4种道德观及其评价应用见下表。

观点	评价和应用
功利观	决策要完全依据其后果或结果作出。认为解雇20%的员工是为了剩下的80%的员工
权利观	决策要尊重和保护个人的基本权利。当雇员揭发雇主违反法律时,应当对他们的言论加以保护
公平理论	决策者要公平地实施规则。向新来的员工支付比最低工资高一些的工资
综合社会契约观	决策人在决策时综合考虑实证和规范两方面因素。管理者应考察各行业和各公司中的现有道德准则,以决定什么是对的,什么是错的

历年真题及全解

1. (北科 2008 年研)接受( )的管理者可能决定向新来的员工支付比最低工资高一些的工资。
　　A. 功利观　　　　　　B. 权利观　　　　　　C. 公平观　　　　　　D. 综合观

【答案】　C
【解析】　一个组织可能有四种道德观:①功利观;②权利观;③公平观;④综合题,其中,公平观要求管理者按公平的原则行事,接受公平观的管理者可以决定向新来的员工支付比最低工资高一些的工资,因为在他看来,最低工资不足以维持该员工的基本生活。

第三章

全球化与管理

知识点归纳

1. 国际化经营的内涵

我们可以从不同层面来定义和理解全球化,如世界、国家或地区、产业、公司,甚至是公司内的某一部分或某一业务。

(1)世界层面上的全球化内涵。

在世界层面上,全球化是指国家之间日益增长的经济相互依赖性,反映在商品、服务、资本和信息等方面不断增长的跨国流通上。

(2)国家或地区层面上的全球化内涵。

在国家或地区层面上,全球化是指一个国家或地区的经济与世界基本领域之间的联系程序。

(3)产业层面上的全球化内涵。

在产业层面上,全球化是指某一产业在全球范围内的扩张和活动,以及在全球国家或地区间相互依赖的程度。

(4)企业层面上的全球化内涵。

在公司层面上,全球化是指公司在各国或地区的收入分布和资产扩展的程度,以及与各国或地区的资本、商品和信息的跨国/地区交流程度。

2. 全球化管理环境要素

(1)全球化的一般环境。

①政治与法律环境。

世界上不同国家有着不同的政治制度和法律制度,并且这些制度还在不断地变化。全球化管理者必须充分理解不同政治与法律制度的内涵及运作方式。

(a)国家政治体制。

(b)政治的稳定性。

(c)政府对外来经营者的态度。

(d)法律环境。

②经济和技术环境。

在全球范围内,经济体制主要包括三大类型:自由市场经济、命令经济和混合型经济。一个国家或地区的经济体制还在不断发展与变化。全球化管理者必须了解不同经济体制的运行方式。除了理解经济体制之外,全球化管理者还必须了解一国或地区的经济发展水平与技术发展水平,从而更好地理解与它们联系的各种机会与威胁。

(a)经济体制和经济政策。
(b)经济发展水平及其发展潜力。
(c)市场规模及其准入程度。
(d)科技发展水平。
(e)社会基础设施。
③文化环境。

文化因素是指企业所在国家或地区中人们的处事态度、价值取向、道德行为准则、教育程度、风俗习惯等构成的环境因素。文化因素与政治因素不同,政治因素一般带有强制性,而文化因素则带有习惯性。文化环境包括的内容非常广泛,如宗教、语言、教育体制等。

(a)权力距离(Power distance)。
(b)不确定性的避免(uncertainty avoidance)。
(c)个人主义(individualism)或集体主义(collectivism)。
(d)男性化(masculinity)或女性化(femininity)。
(e)长期导向(long-term orientation)或短期导向(short-term orientation)。

(2)全球化的任务环境。
①供应商。
②销售商。
③顾客。
④竞争对手。
⑤劳动力市场及工会。

3. 全球化组织模式的选择

有四种可供选择的全球竞争战略,即国际模式、多国模式、全球模式和跨国模式。采用不同模式的企业的组织特征有着不同的特点。

(1)多国模式。多国模式中母公司虽然也行使最终控制权,但它赋予子公司很大的自主权,各子公司可以根据当地的情况作出相应的改变。在多国模式下,每个子公司是一个自治的单位,具备在当地市场运作所需要的所有职能。这样,每一个子公司都有自己的制造、销售、研究和人事职能。

(2)国际模式。国际模式是一种由母公司开发现有的核心能力并传递到子公司的战略模式。在国际模式下,子公司虽然有一定程度的根据当地情况革新产品的自由,但像研发这样的核心能力倾向于集中在母公司。子公司在新产品、新工艺、新概念上依赖于母公司,需要母公司进行大量的协调和控制。

(3)全球模式。全球模式的特点是由母公司集中决策,并对海外的大部分业务实行严格的控制。

(4)跨国模式。跨国模式的特点是,将某些职能集中在最能节约成本的地方,把其他一些职能交给子公司以便更多地适应当地的情况,并促进子公司之间的交流以及技术的转移。

经典案例

八佰伴的结业

八佰伴是第一间大规模在香港和中国大陆地区投资的百货公司,八十年代曾经在香港和中国大陆地区掀起一片日资百货热潮,但却在1997年以倒闭终结。以下是关于八佰伴倒闭的资料。

八佰伴公司自动申请清盘。上市公司复牌遥遥无期

八佰伴香港全资附属公司八佰伴(香港)百货有限公司以无力偿还债项为理由,向最高法院申请清盘。法庭已委任安永会计师事务所人员作为八佰伴的临时清盘人。

证券界人士说,八佰伴百货的资产所余无几,清盘偿还债权人债项后,相信作为股东的八佰伴香港已不大可能分到资产,但八佰伴香港本身又无其他实质资产和业务,因此,该公司基本上已缺乏维持上市公司应具备的条件,唯有等候"白武士"拯救。不过,清盘程序一般需时甚久,即使有收购人有意收购八佰伴香港,清盘问题也会成为收购的障碍,该公司复牌可能遥遥无期。

消息指出,八佰伴香港与中资收购人的磋商已破灭,可能因此导致八佰伴香港决定八佰伴百货清盘,但市场继续传出仍有中资买家洽商收购。不过,证券业人士也指出,相信八佰伴也是基于出售无望才决定将八佰伴百货清盘。

他指出,八佰伴百货是八佰伴香港主要收入来源,占上市公司资产八至九成,但相信八佰伴百货清盘后,由于负债累累,已不可能分得丝毫资产于股东八佰伴香港。八佰伴香港整体上没有什么资产和业务。虽然这次申请清盘的只是八佰伴香港的附属公司,联交所也会要求该公司正式移交。

八佰伴香港发表新闻稿公布,全资附属公司八佰伴百货已向最高法院申请清盘。该公司在香港拥有和经营九间百货店,并通过另一全资附属公司持有澳门八佰伴,全部十间百货店停业直至另行通知为止。八百伴香港旗下八百伴贸易等全资附属公司的董事均在检讨情况。此外,法庭已委任安永会计师事务所的 M.O,Driscoll—T·B·Stevenson 和 W·Timso 为临时清盘人。

据悉,八佰伴十间百货店已于昨天傍晚六时许提早关门,部分百货已被供应商提走大部分货品,其中元朗分店由于欠租关系,已于昨天中午时分,被业主委托的执行员勒令关门。

百货商业雇员总会秘书邓祥胜表示,八佰伴九间分店关门后,九间分店约共一千七百名员工被立即遣散,百货店员工只被通知回家等候电话通知,该公司并没有交代遣散安排。

他说,受影响的一千七百名员工中,包括全职及兼职员工,估计兼职员工占半数或以上。

工联会指出,八佰伴已发放十月份员工薪金,工会将替员工争取发还十一月份薪金、遣散费、公积金和代通知金。

邓祥胜指出,受影响的人数可能不止此数,因为八佰伴百货只有一些分租摊位形式营业的店铺,八佰伴关门后,这些摊位式店铺也会被迫结束,受雇的这些摊位式店铺员工是否继续受聘仍是未知之数。估计该批员工约有数百人。

反对八佰伴香港私有化,邓普顿错失套现机会

八佰伴香港大股东八佰伴国际曾经提出私有化建议,但最终因另一主要股东邓普顿基金反对而搁置。不过,八佰伴香港现以清盘收场,令擅长投资新兴市场的邓普顿基金可能错失最后套现的机会。

1996年8月,八佰伴国际提出对八佰伴香港的私有化建议,私有化代价包括换取八佰伴国际股份(每1000股八佰伴香港换取451股八佰伴国际股份),以及每股现金收购价为0.381元。

根据八佰伴香港已发行股本约360000000股计算,邓普顿当时持有约16.1%股权,大约57960000股,假如邓普顿当时接纳私有化建议,尚可套现2200多万元。

1996年9月,由于邓普顿反对上述私有化建议,八佰伴国际调高私有化代价,但仅是换股部分(现金收购价维持不变),调升至1000股八佰伴香港可换股505股八佰伴国际。

换言之,假设当时邓普顿接纳此换股建议,该基金将可换取到19269000多股八佰伴国际,根据建议当日的八佰伴国际收市价每股0.79元计算,邓普顿可套现2310多万元,略转现金收购代价多100多万元。

邓普顿是八佰伴香港主要股东之一,任何买卖纪录均需披露,但翻查资料所得,该基金似在过去一年多内未有减持八佰伴香港股份。

【思考】
1. 八佰伴公司倒闭的案例,对你有什么启发?有什么地方值得你反思?
2. 八佰伴的例子可以说明全球战略管理的哪些要点?
3. 学习全球战略管理有哪些好处?

【分析】
1. 这个例子里,值得现代管理人反思的地方有很多,例如:怎样的战略才是正确的?经营环境的改变对企业有什么影响?战略的制订和执行应注意哪些重点?如何确保战略的灵活性?如何执行管理企业的战略?这些问题都是全球战略管理的重点内容。

全球战略管理必须和整个社会的经济气候相呼应。市场学中第一个重要的概念便是产品必须和消费者的需求相配。产品再好,但没有人需要它,那再好的产品又有什么用?正如中国神话中的"屠龙术"又有何用?这个例子同样也适用于战略管理上,如果社会的经济气候和企业的方向是相左的话,正如八佰伴将大量的资金投向大陆,就要付出和炼成"屠龙术"一样的代价,因为中国内地的消费水平,还不是一条"经济龙",少数富有的中国人养不住八佰伴。

2. 就目前所知,八佰伴的例子至少说明了全球战略管理的几项要点:

(1)战略与环境的配合是企业成败的关键所在。战略配合环境,以环境为主体,因为环境不会因一家企业而有根本的改变。在数学原理上,部分再大,也大不过全体,八佰伴再强大也只是经济体系里的一部分,而全体就是所谓的环境。从这个角度看,企业不能试图用战略去改变环境,而只能配合环境。八佰伴在中国大陆、自行发展商场的战略过于急速,而且风险太高。20世纪90年代初,中国的经济虽处于高增长的走势,但体制还是有一定的不稳定性,而与其他自由经济体系相异的是政府在需要时会采取较强烈的行政手段,干预经济活动。因此,高风险而又过于激进的战略不一定与20世纪90年代初的中国经营环境相配合,八佰伴的例子正好说明了企业必须了解其经营环境,并确保其战略能配合环境。

(2)战略在制订与管理时应尽量常规化。据一些八佰伴管理人员透露,八佰伴的战略制订一向都是非正规的,而且完全由田一夫(八佰伴的最高决策者)决定,其他人仅为执行者,完全欠缺正规的规划程序。全球战略管理明显地影响着企业的长期成长和成败,如何避免把所有鸡蛋放在一个篮子里是常人的智慧,对战略管理者来说,这个同样重要。

(3)企业的经营环境不是一成不变的。20世纪80、90年代香港百货业的经营环境有重要的变化,20世纪80年代新市镇迅速发展,这些地区对百货业的需求与日俱增,属于高增长期,因此八佰伴能兴盛一时;到20世纪90年代,由于竞争者增加,香港的经济增长又逐渐放缓,百货业处于成熟市场时期,即低增长而高竞争,此时八佰伴却将重要的资源投入中国市场,更使其在香港的基地敌不过竞争对手。因此,从八佰伴的案例中,你可以明白企业经营环境的变化迅速,是企业全球战略管理者不可忽略的要点。有人错误地认为全球战略管理能提供一个不败的成功公式,其实战略管理具有"流通"的特性,是"随机应变"的科学,随着市场的变化,战略管理也要随之而改变。

3.全球战略管理的学习有两个好处:

(1)明白企业失败的原因,可以避免以后重蹈覆辙。有时候,学习避免失败比学习追求成功更为重要,好比乱过马路,一百次顺利地乱过马路和一次乱过马路被车撞倒的损失,其中轻重自不用言。

(2)了解企业成功的原因。成功的企业在战略管理上有类似的地方,这是我们在战略管理中必须要深入了解的。

本案例也说明了全球战略管理与其他管理功能例如营销管理、生产管理与人力资源管理等的区别和关系,你可以说八佰伴的倒闭主要是战略错误和全球战略管理的过程出了问题,那么,如果八佰伴营销管理做得更出色、作业管理与人力资源管理做得更有效,八佰伴是否就能逃过倒闭的厄运呢?或许,这会拖延倒闭的时间,但是,整体战略的错误,没有正确的整体方向,最终还是会使八佰伴倒闭的。纵使个别管理功能做得出色,仍不足以使企业成功,因为战略管理的问题是"企业应该做些什么",而各功能管理的课题是"如何把应做的事情做到最好"。没有回答战略管理的问题,就没法确保各功能管理是针对着企业做的事而进行的。

课后习题全解

1. 请从不同层面解释全球化的内涵。

【答】 我们可以从不同层面来定义和理解全球化,如世界、国家或地区、产业、公司,甚至是公司内的某一部分或某一业务。

(1)世界层面上的全球化内涵。

在世界层面上,全球化是指国家之间日益增长的经济相互依赖性,反映在商品、服务、资本和信息等方面不断增长的跨国流通上。

(2)国家或地区层面上的全球化内涵。

在国家或地区层面上,全球化是指一个国家或地区的经济与世界其他领域之间的联系程序。

(3)产业层面上的全球化内涵。

在产业层面上,全球化是指某一产业在全球范围的扩张和活动,以及在全球国家或地区间相互依赖的程度。

(4)企业层面上的全球化内涵。

在公司层面上,全球化是指公司在各国或地区的收入分布和资产扩展的程度,以及与各国或地区的资本、商品和信息的跨国/地区交流程度。

2. 全球化经营的一般环境的具体内容有哪些?

【答】　全球化的一般环境:
(1)政治与法律环境。
世界上不同国家有着不同的政治制度和法律制度,并且这些制度还在不断地变化。全球化管理者必须充分理解不同政治与法律制度的内涵与运作方式。
①国家政治体制。
②政治的稳定性。
③政府对外来经营者的态度。
④法律环境。
(2)经济和技术环境。
在全球范围内,经济体制主要包括三大类型:自由市场经济、命令经济和混合型经济。一个国家或地区的经济体制还在不断发展与变化。全球化管理者必须了解不同经济体制的运行方式。除了理解经济体制之外,全球化管理者还必须了解一国或地区的经济发展水平与技术发展水平,从而更好地理解与它们相联系的各种机会与威胁。
①经济体制和经济政策。
②经济发展水平及其发展潜力。
③市场规模及其准入程度。
④科技发展水平。
⑤社会基础设施。
(3)文化环境。
文化因素是指企业所在的国家或地区中人们的处事态度、价值取向、道德行为准则、教育程度、风俗习惯等构成的环境因素。文化因素与政治因素不同,政治因素一般带有强制性,而文化因素则带有习惯性。文化环境包括的内容非常广泛,如宗教、语言、教育体制等。
①权力距离(power distance)。
②不确定性的避免(uncertainty avoidance)。
③个人主义(individualism)或集体主义(collectivism)。
④男性化(masuliniy)或女性化(femininity)。
⑤长期导向(long-term orientation)或短期导向(short-term orientation)。

3. 全球化经营的任务环境的具体内容有哪些?

【答】　全球化的任务环境:
(1)供应商。
(2)销售商。
(3)顾客。
(4)竞争对手。
(5)劳动力市场及工会。

4. 全球化管理者的关键能力是什么? 它们之间的内在关系是什么?

【答】　为了成为有效的全球化管理者,其必须具备四种关键知识能力,即国际商务知识、文化适应能力、视角转换能力和创新能力。

(1)国际商务知识。

国际商务知识至少包含三层含义:一是对管理者所负责的所有国家或地区的一般环境因素的深入了解;二是对管理者所负责的业务的任务环境因素的深入理解;三是深入理解一般环境和任务环境对市场和商业活动的影响,并能够有效地开展一系列的管理活动。为了成为一名有效的全球化管理者,首先需要参加培训,阅读大量书籍,并与相关专业人员和商业人士交流与讨论;其他要实践、实践再实践。

(2)文化适应能力。

管理者了解所负责的所有国家或地区文化的价值、特点和行为倾向,这仅仅是一个开始。文化知识是文化适应能力的重要组成部分,但是要成为一位有效的全球化管理者,关键是要理解这些文化知识并学会如何恰当地改变自己的行为。文化适应能力也是管理者处理压力能力的一种。

(3)视角转换能力。

当管理者试图理解来自另一种文化的人的观点的时候,必须在思想里对那种文化有个基本框架,然后从该框架确定的视角来审视事物。转换到别人的视角就可以明白别人对事物的看法,理解他们认为事物是什么样的或者应该是什么样的想法。作为一位有效的全球化管理者,转换视角去看问题是必需的。全球化管理者必须拥有这种能力。

(4)创新能力。

掌握足够的国际商务知识,改变自己的行为以适应不同的文化期望,能够从不同文化价值结构去理解事物,作为一位全球化管理者来说,这些都是为了创造出新的有效的管理方式。

5. 全球化经营的进入方式有哪些?请分析各自的优点和局限性。

【答】 国际化经营的进入方式主要有:出口、非股权安排和国际直接投资。

(1)出口。

作为国际经营的初级方式,出口方式并不需要企业拥有丰富的国际化经营的知识和经验。其次,出口方式的资源投入相对较少,风险也相对较大。非生产性成本支出较大是出口进入方式面临的最大问题。在出口进入方式下,企业往往遇到东道国的关税与非关税壁垒,此外还需要支付高额的运输和保险费用。控制程度低是出口方式的另外一个缺点。在出口进入方式下,本企业难以对其行为进行直接干预,企业对营销渠道及其运作效率的控制必然会被削弱,于是国际经营计划的实施与发展所必需的稳定性也会受到影响。

(2)非股权安排。

相对于出口进入,非股权安排的资源投入增大,所面临的风险也在增大。但是从事非股权安排的企业在进入东道国时,可以绕开贸易壁垒,节省关税支出;还可以通过技术渗透实施对东道国企业的控制。由于不涉及股权,因此就大多数情况而言,非股权安排对东道国企业的控制是相当有限的。非股权安排和另外一个威胁在于,这种进入方式极易造成技术泄密,从而使企业丧失所有权优势。例如,东道国企业在特许的情况下可以接触并使用许可技术、品牌或专利,很可能会掌握其中的诀窍。

(3)国际直接投资。

国际直接投资是指以控制权为目的的国际资本流动,控制权的获得是通过股权的占有来实现的。国际直接投资进入主要包括合资进入和独资进入,新建进入和购并进入等多种方式。

①合资进入。

许多着力吸引外资的国家希望通过合资来使本国企业获得国外企业的知识外溢,对合资经营方式往往持欢迎和鼓励的态度,因此采取合资经营往往都能够享受比较好的优惠待遇;与东道国投资者共同投资经营企业,也可以减小由于东道国政治环境因素变化而带来的政治风险;借助于东道国投资方熟悉当地情况的优势,有利于提高企业对东道国政治、经济、文化环境的适应能力。

当然,合资经营也有不利的一面,主要表现在:一是由于合资企业是由投资各方共同管理,而投资者各方投资动机不尽相同,因而会造成合资企业在经营目标、经营战略和策略等方面难以协调统一,从而影响合资企业的生产经营活动;二是由于不能独立地掌握对企业完全的经营自主权,因此国际企业在整体经营战略的制定、调整和实现等方面会受到一定程度的制约;三是合资经营经常受到跨文化冲突的困扰。

②独资进入。

独资企业在所有权和经营权上有着独特的优势:一是不存在与其他投资者的利益冲突和调整问题,可以享有完全的经营自主权;二是有利于企业在跨国经营中整体战略的制定、调整和实现,有利于在资源和生产配置、利益实现方面进行最佳的调整;三是有利于母公司对子公司的控制,使母子公司之间协调统一,保证子公司的经营活动符合母公司全球战略利益的要求;四是可以保证母公司转移给子公司的技术资产不易扩散。

但采用独资进入的方式难度较大。一方面许多国家通常对独资企业与合资企业采取区别待遇,如有的国家不允许外资占有全部股权;有的国家对独资企业审批严格,要求其承担高技术投入或产品出口义务,给予的优惠措施也不少于合资企业等。另一方面投资者在投资所在地独立经营,对东道国的政治、经济、文化环境的适应能力差,经营活动的开展有较大难度。此外企业独立承担全部投资费用,资本投入大,风险也大。

③新建进入。

企业通过新建的方式进行对外直接投资的有利之处在于:一是有利于与跨国企业整体战略更紧密地协调配合。新建形式可以不受已有企业的束缚,跨国公司可以按照自己所希望的规模筹建新的企业,在企业的选址、生产布局、生产规模、适用技术等方面,完全按照自己的意愿做出安排;二是有利于母公司对子公司的控制和管理。与收购方式相比,新建企业没有固有管理模式的束缚,跨国企业可以采用更适合自己的管理模式。

新建的不利之处在于:形式生产能力所需要的投入大、周期长。由于建新企业需要大量的筹建工作,因而投入大、周期长,在国际市场变化很快的情况下,不利于企业迅速进入市场。其次,通过新建方式增加的生产能力意味着对原有市场格局的重新整合,这在市场竞争较激烈的行业中更易导致竞争对手的剧烈反应,从而加大企业进入市场的难度。

④购并进入。

通过购并方式进行对外直接投资有其明显的优越性。一是有利于企业迅速进入目标市场,购并方式可以省掉建厂的时间,从而可以迅速建立起国外的产销体系。二是有利于节省企业的资金投入。在大多数情况下,购并投入要大大低于新建的投入。三是有利于充分利用被购并企业的现有资源,如迅速获得现有的管理人员、技术人员和生产设备、获得被购并企业的先进技术,利用被购并企业的分销渠道。四是有利于降低行为进入障碍,通过购并形式,一方面可以获得被购并企业在原行业内的市场份额,不至于使原来的市场格局发生巨大变化;另一方面购并也直接起到了减少竞争对手的作用。

购并进入的不利之处有以下几个方面。首先,实施购并的前提是对被购并企业资产价值的评估,但由于国家间的会计准则不同,国外市场信息收集的难度大,一些资产特别是无形资产的价值难以准确估价,因此对目标企业价值评估的难度往往较大。其次,被购并企业固有的管理模式与跨国公司的管理模式一般会有较大差异,国际企业与被购并企业需要进行全方位的磨合,因此国际企业对被购并企业有效控制和管理通常是一个缓慢而充满风险的过程。

6. 试从适用条件、特点、优缺点等方面比较不同的全球化经营的组织模式。

【答】　　有四种可供选择的全球化组织模式,即多国组织模式、国际组织模式、全球组织模式和跨国组织模式。采用不同组织模式的企业在资产和能力配置、海外业务的角色、知识的开发和扩散等方面有着不同的特点。

(1)多国组织模式。

这是第二次世界大战前公司用来海外扩张的古典组织模式,也可能是最普及的一种组织模式。多国组织模式中母公司虽然也行使最终控制权,但它赋予子公司很大的自主权,各子公司可以根据当地的情况作出相应的改变。在多国组织模式下,每个子公司是一个自治的单位,具有在当地市场运作所需要的所有职能。多国模式的优点是允许子公司根据当地市场的情况作出反应,很少需要公司总部来进行协调和指导。同时,由于子公司是自治单位,产品和服务很少在子公司之间相互转移。多国组织模式的主要缺点是较高的制造成本和重复工作。

(2)国际组织模式。

国际组织模式是一种由母公司开发现有的核心能力并传递到子公司的战略模式。在国际组织模式下,子公司虽然有一定程度的根据当地情况革新产品的自由,但像研发这样的核心能力倾向于集中在母公司。

在国际组织模式下,母公司向世界各地的子公司转移技术和知识。国际组织模式的一个突出的缺点是它不能为子公司提供最大限度的自由使它们能够根据当地的情况作出反应。此外,它通常不能以规模经济实现低成本。

(3)全球组织模式。

全球模式的特点是由母公司集中决策,并对海外的大部分业务实行严格的控制。那些采取低成本全球竞争战略的公司通常采用这种模式。

采用全球组织模式的公司为了寻求成本,通常选择少数几个成本低廉的地方建立全球规模的加工设施以实现规模经济。

使用全球模式的公司需要做大量的协调工作,而且这类公司还必须为在不同国家的子公司之间进行的产品转移确定价格。

(4)跨国组织模式。

在全球经济中,要想获得竞争优势,需要同时从适应当地情况、转移技术和节约成本中追求利润,从而使得企业能够同时获得全球扩展的所有利益。这就产生了一个新的组织模式——跨国组织模式。

跨国组织模式的特点是，将某些职能集中在最能节约成本的地方，把其他一些职能交给子公司以便更多地适应当地的情况，并促进子公司之间交流以及技术的转移。

跨国组织模式需要子公司之间大量和广泛的沟通。

同步练习

一、单项选择题

1. 在初始发展阶段，国际化经营的主要方式是（　　）。
   A. 直接投资　　　　B. 进出口贸易　　　　C. 间接投资　　　　D. 跨国投资
2. 当今国际化经营的主要载体是（　　）。
   A. 国际贸易　　　　B. 跨国投资　　　　C. 跨国公司　　　　D. 劳务输出
3. 直接投资阶段，国际化的程度越高，面临的风险越（　　）。
   A. 低　　　　　　　B. 较低　　　　　　C. 高　　　　　　　D. 较高
4. 二战以后，跨国公司获得了很快的发展，但在后来却一度因为一些发展中国家的国有化政策受到很大影响，这属于（　　）。
   A. 政治环境　　　　　　　　　　　　B. 社会文化环境
   C. 经济环境　　　　　　　　　　　　D. 自然环境
5. "冷热"经营环境评估方法的缺点是（　　）。
   A. 指标相对比较具体　　　　　　　　B. 指标相对比较笼统
   C. 评估结果细致　　　　　　　　　　D. 评价的整体性较好
6. 多因素评价国际投资环境的方法的提出者是（　　）。
   A. 班廷　　　　　　B. 斯托鲍夫　　　　C. 闽建蜀　　　　　D. 孔茨
7. 全球战略选择中多国模式的缺点是（　　）。
   A. 不能以规模经济实现低成本　　　　B. 较高的制造成本和重复工作
   C. 公司需要做大量的协调工作　　　　D. 大量和广泛的沟通工作
8. 有利于投资者对环境进行比较的评估方法是（　　）。
   A. "冷热"分析法　　　　　　　　　　B. 多因素评价法
   C. 具体观察法　　　　　　　　　　　D. 等级尺度法
9. 国际化经营的高速发展阶段是在（　　）。
   A. 19世纪初　　　　　　　　　　　　B. 19世纪到二战前
   C. 二战以后到20世纪80年代　　　　　D. 20世纪80年代以后
10. 全球战略选择中的全球模式经典范例是（　　）。
    A. 索尼公司　　　　B. 宝洁公司　　　　C. 柯达公司　　　　D. 丰田公司

二、多项选择题

1. 以下（　　）是跨国经营的方式。
   A. 国际贸易　　　　B. 特许　　　　　　C. 国际直接投资　　D. 国际间接投资

2. 从历史的角度来看,国际化经营有( )阶段。
   A. 初始发展阶段　　　　　　　　　　B. 高速发展阶段
   C. 全球竞争阶段　　　　　　　　　　D. 全球垄断阶段
3. 从企业发展的角度来看,国际化经营有( )阶段。
   A. 出口阶段　　　　　　　　　　　　B. 非股权安排阶段
   C. 间接投资阶段　　　　　　　　　　D. 直接投资阶段
4. 国际化经营的主要特征有( )。
   A. 跨国界经营　　　　　　　　　　　B. 多元化经营
   C. 全球战略和一体化管理　　　　　　D. 资源共享
5. 国际化经营的动机有( )。
   A. 利用优势能力　　　　　　　　　　B. 抵御和分散风险
   C. 获取关键性战略资源　　　　　　　D. 对竞争对手进行反击
6. 影响国际化经营的环境因素有( )。
   A. 政治与法律因素　　　　　　　　　B. 经济和技术因素
   C. 文化因素　　　　　　　　　　　　D. 自然地理环境
7. 影响国际化经营的政治法律环境包括( )。
   A. 国家政治体制　　　　　　　　　　B. 政治的稳定性
   C. 涉外法律体制　　　　　　　　　　D. 政府对外来经营者的态度
8. 政治与法律环境中的国家政治体制包括( )。
   A. 国家的行政管理体制　　　　　　　B. 经济管理体制
   C. 公民行使政治权利的制度　　　　　D. 政府部门结构及选举制度
9. 下列( )是非股权安排阶段的方式。
   A. 特许经营　　　　　　　　　　　　B. 劳动服务
   C. 技术转移　　　　　　　　　　　　D. 合同制造
10. 国际化经营动机中的所有权包括( )。
    A. 专利权　　　　B. 商标权　　　　C. 生产诀窍　　　　D. 管理技巧
11. 政府对外来经营者的态度包括( )。
    A. 积极的态度　　　　　　　　　　　B. 消极的态度
    C. 中立的态度　　　　　　　　　　　D. 不理的态度
12. 影响国际化经营的经济和技术环境包括( )。
    A. 经济体制和经济政策　　　　　　　B. 经济发展水平及其发展潜力
    C. 科技发展水平　　　　　　　　　　D. 市场规模及准入程度
13. 影响国家化经营的文化环境包括( )。
    A. 权力距离　　　　　　　　　　　　B. 不确定性的避免
    C. 个人主义或集体主义　　　　　　　D. 男性化或女性化
14. 影响国际化经营的自然环境包括( )。
    A. 自然资源　　　　B. 地理位置　　　　C. 地形　　　　　D. 气候

15.国际化经营环境评估体系中指标的设置原则( )。
A.系统性　　　　　　　　　　　B.目的性
C.客观性和可比性　　　　　　　D.差异性原则
16.衡量市场准入规模的标准有( )。
A.人口数量　　　　　　　　　　B.市场消费水平
C.人均国民收入水平　　　　　　D.人口分布状况
17.影响市场准入程度的因素包括( )。
A.市场所在国的贸易政策　　　　B.市场所在国的关税政策
C.对国外企业的销售政策　　　　D.优待本国企业的政策
18.下面( )是等级尺度法的投资指标。
A.投资抽回限制　　　　　　　　B.政治稳定性
C.货币稳定性　　　　　　　　　D.外商股权比例

三、简答题
1.全球战略选择有哪几种模式？
2.等级尺度法包括哪些因素？
3.影响国际化经营的环境因素有哪些？
4.国际化经营的特征是什么？
5.简述国际化经营的环境特征。
6.简述管理与环境的关系。

参考答案

一、单项选择题
1.B　2.C　3.C　4.A　5.B　6.C　7.B　8.D　9.C　10.A

二、多项选择题
1.ABCD　2.ABC　　3.ABD　　4.ABCD　5.ABCD　6.ABCD
7.ABCD　8.ABCD　9.ACD　　10.ABCD　11.ABC　12.ABCD
13.ABCD　14.ABCD　15.ABCD　16.ABCD　17.ABC　18.ABCD

三、简答题
1.国际模式、多国模式、全球模式、跨国模式。
2.资本抽回限制、外商股权比例、对外商的管制和歧视程度、货币的稳定性、政治的稳定性、给予关税保护的意愿、当地资本的可供程度、近五年通货膨胀率。
3.政治与法律环境、经济和技术环境、文化环境、自然地理环境。
4.跨国界经营、多元化经营、资源共享、全球战略和一体化管理。
5.政治和法律环境包括政治导向、法律环境、国家主权、政府的政策与规定；经济环境包括经济发展、经济体制；社会文化和道德环境包括：价值观和态度、社会体制；教育环境包括语言、教育体制。

历年真题及全解

1.（北工商 2006 年研）简述管理与环境的关系。

【答】　　管理是指在特定的环境下，一定组织中的管理者，通过实施计划、组织、领导、控制等职能来协调他人的活动，以充分利用各种资源，从而实现目标的活动过程。环境是指存在于组织外部，影响组织生存和发展的自然、经济、社会、技术等各种因素和条件的总和。任何组织都不能离开外部客观环境和条件而独立存在，所以，环境就是组织的生存空间。管理与环境的关系可以表述如下：

(1)管理工作是在一定的环境条件下展开的。在当代，由于全球化的影响，组织赖以生存的外部环境越来越趋于多变、剧变，因此管理者必须重视对环境因素的了解和认识。现代管理一般将组织的环境分为外部环境和内部环境。

①外部环境是企业生存的土壤，它既为活动提供条件，同时也对组织活动起制约作用。外部环境包括自然环境、政治环境、社会环境、经济环境、技术环境等。企业的管理首先是基于外部环境之上的。企业经营所需要的各种资源需要在外部市场上取得，企业转换各种资源生产出来的产品和劳务也需要在外部环境中去实现。外部环境的种种变化会给组织带来两种不同程度的影响：一是为组织的生存发展提供新的机会，比如某种新资源的利用可以帮助企业开发新的产品；另一种可能是环境变化过程中为组织生存提供某种威胁，比如技术条件或消费者偏好的变化可能使企业的产品不再受欢迎，组织要想生存，并不断发展，就必须及时采取措施，变更管理政策等。管理者一定要了解市场状况与市场需求，才能做出正确的战略决策。

②内部环境是指组织内部的资源拥有和利用情况。任何组织的活动都需要利用一定的资源，然而，在特定时期，组织能够利用的资源是有限的。要充分、有效地利用资源，以便给组织带来最大的经济效益，就必须实施有效的管理，这是管理工作的出发点和最终目的。

(2)管理在无形中慢慢的改变和影响着环境。管理并不是单纯消极地被动适应环境，而是在一定的条件下，能动地改变和影响着环境。

①管理对外部环境的影响显而易见。企业增加技术研究投入，开发出了先进的技术，从而改变了外部环境中的技术环境；由于管理者对未来趋势的预测，设计开发了某种新的产品，并大力宣传，从而使一个新的时代潮流提前到来。

②管理可以改变企业的内部环境。企业的内部环境是多种要素资源的一种组合状态。组织通过管理可以增加某方面的资源，也可以减少某方面的资源；也可以通过对员工进行培训以提高劳动者的素质，也可以通过解雇部分员工以减少人力资源。

环境是不断变化的，它既提供了机会，也构成了威胁。因此，必须将组织看作是一个开放的系统，它不断地与外部环境产生相互的影响和作用。正视环境的存在，一方面要求组织为创造优良的社会物质环境和文化环境尽其社会责任；另一方面，管理的方法和技巧必须因环境的改变而变化，没有一种管理方法是万能的。也正是因为这种相互依存、相互制约的关系，组织环境研究变得更有意义。

第四章

信息与信息化管理

知识点归纳

1. 信息技术的类型

（1）电信和网络。以光或电的方式从一个地方传送到另一个地方，所利用的传送技术就称作电信。计算机系统以及使用这些系统的人几乎在任何地方都可以进行沟通。网络是电信的高级形态，它把不同的计算机系统和用户连接在一起。

（2）人工智能。包括：①专家系统。专家系统是以知识为基础的信息系统。它是以计算机为基础的系统，包括并且可以使用有关特定的、相对狭窄的和复杂的应用领域的知识。从本质上讲，专家系统是一种软件，其中专家知识被用于辅助决策者在复杂的决策环境下进行决策。用户可以通过这个专家系统来获取有关知识并利用它来为复杂决策环境下的决策提供专门知识；②机器人。机器人是机器，但它具有像人类一样的特征。机器人包括了计算机智能并且利用了人工智能、工程学和生理学的研究知识。机器人被用来从事制造工作，重复地干同样的工作。机器人可干一些苦、脏、累或高危险的工作。

（3）办公自动化。信息技术具有重要影响的最后一个领域是办公自动化。办公自动化系统通常是以计算机为基础的信息系统，被用来辅助组织在不同的个人、工作小组和组织之间进行电子文件和信息的收集、储存、处理和传送。

2. 信息系统的要素

一般信息系统包括五个基本要素：输入、处理、输出、反馈和控制。输入是系统所要处理的原始数据（或提供原始数据的设备）；处理是把原始数据加工或转换成有意义和有用的信息的过程；输出是系统处理后的结果，即有意义和有用的信息；反馈是指当管理者对输出的结果不太满意或希望得到更好的结果时，对输入进行调整；控制是对输入、处理、输出和反馈等过程进行监视，使这些过程保持正常。

3. 信息采集的方法

信息的采集是指管理者根据一定的目的，通过各种不同的方式搜寻并占有各类信息的过程。为了使信息的采集富有成效，管理者必须做好以下各项工作：

（1）明确信息采集的目的。在任何情况下，信息的采集都是为了实现组织特定时期的特定目标，也就是说信息的采集具有目的性。由于不同的目的通常需要不同的信息，明确的目的便于管理者了解组织需要什么样的信息,从而有针对性地、有选择地采集信息。

(2)界定信息采集的范围。采集范围与以下三个问题有关:①需要什么样的信息。涉及的是采集的对象范围,能够成为采集对象的信息应是对当前管理者有用的信息;②用多长时间采集这些信息。涉及的是采集的时间范围,信息的时效性决定采集活动不能拖得太久,但有时为了掌握较全面的信息,需要花费一定的时间,特别是对于一些问题的性质的认识是随着事态的发展而不断深化的;③从哪里采集这些信息。涉及的是采集的空间范围。

(3)选择信息源。根据信息载体的不同,可将信息源划分为四大类:①文献性信息源,包括书报刊、政府出版物、专利文献、标准文献、会议文献、产品样本、学位论文、档案文献、公文、报表等;②口头性信息源,包括电话、交谈、咨询、调查等;③电子性信息源,包括广播、电视、数据库、互联网、局域网等;④实物性信息源,包括展销会、博览会销售地点、公共场所以及事件发生的现场等。

信息源的选择对信息的采集至关重要。不同的信息源具有不同的特征,所提供的信息的种类与质量可能不一样。管理者要根据采集目的、自身掌握的信息源状况以及时间的紧迫性等选择合适的信息源。信息采集工作的成效取决于可靠信息源的存在,这意味着组织应在平时注重信息基础设施建设,为管理者的信息采集活动提供更多、更好的信息源。

4. 信息传播的特点

信息的传播具有与大众传播不同的特点:

(1)目的更加具体。大众传播的目的是向社会公众传播各类信息。组织中的信息传播是管理者为了完成具体的工作任务而进行的有意行为。信息接受者必须按信息的内容去作为或不作为,以保证传播目的的实现。

(2)控制更加严密。大众传播只对传播过程进行控制,对受传者的控制是间接的。主要的控制工作体现在提高传播信号的质量,分析受传者的心理,按受传者的心理与需求进行信息编码等。组织中的信息传播除进行以上这些控制之外,还要直接、严密地控制受传者的行为,以保证传播目的的实现。

(3)时效更加显著。大众传播虽然强调传播时效,但如果传播不及时,传播者所受的负面影响是有限的。对组织中的信息传播来说,如果在被管理者需要按某种信息去作为或不作为时,或者在决策过程中需要某种信息时,该信息没有传播到位,就会造成直接损失。

5. 企业资源计划(ERP)

作为企业管理软件的高级应用,企业资源计划(Enterprise Resource Planning,ERP)也经历了从简单、局部应用到高级、全面解决管理问题的一段比较长时期的发展历程,管理的侧重点也从原先的侧重于物流(原料、产品)扩展到物流与资金流相结合,进而扩展到再与信息流结合在一起;范围也从企业内部延伸到与整个企业经营管理活动相关的所有方面。

(1)制造资源计划MRPⅡ(Material Resource Planning)及其发展历程。20世纪40年代的再订货点法。对于某种物料或产品,由于生产或销售的原因而逐渐减少,当库存量降低到某一预先设定的点时,即开始发出订货单(采购单或加工单)来补充库存,直至库存量降低到安全库存时,发出的订单所定购的物料(产品)刚好到达仓库,补充前一时期的消耗,此一订货的数值点,即称为订货点。订货点法也称为安全库存法。从订货单发出到所订货物收到这一段时间称为订货提前期。

20世纪60年代的物料需求计划MRP(Material Requirements Planning,MRP)。物料需求计划的最大优势,是把不同产品所需的相同物料汇总,列出每个物料不同时段的需求量。数万种加工和采购物料的计划可以在数分钟内逐个编制出来,大大提高了效率。

20世纪70年代的闭环MRP。闭环MRP在MRP的基础上,加入了加工能力管理、工艺路线管理和生产管理等内容。在计算物料需求的同时,会考虑生产是否有足够的能力来加工制造,同时会根据客户订单的交货期来排列加工单的优先级。当有新的订单加入滚动计划时,闭环MRP会根据产品的物料清单和加工路线、工作中心的加工能力来模拟结果,察看加工能力是否满足对负荷的需求,在不能满足需求的情况下,需要如何调整才能达到所需结果。

20世纪80年代的MRPⅡ制造资源计划。MRPⅡ在闭环MRP系统的基础上,将财务的功能囊括进来,MRPⅡ包含了成本会计和财务功能,可以由生产活动直接产生财务数据,把实物形态的物料流动直接转换为价值形态的资金流动,保证生产和财务数据一致。

(2)一个完整的ERP情况简介。ERP简介。ERP集成了质量管理、全员质量控制(TQM)准时制生产(JIT)约束理论、精益生产、敏捷制造、实验室管理、EDI电子数据交换、C/S计算机技术、项目管理、运输管理、设备维护、供应商管理、客户管理、ISO论证等丰富内容,同时也能够适应混合模式的生产方式、多货币、多语言、多税种、在线实时分析监控销售、生产、采购等各作业环节,及时提供决策信息。

企业资源计划。ERP、客户关系管理(CRM)供应链管理(SCM)从广义的角度讲,CRM和SCM是ERP的子系统,ERP更强调的是企业内部管理,而SCM侧重于对企业的供应链进行管理,CRM更注重对企业的上帝——客户进行管理,三者是一个有机整体,构成了整个企业信息化的框架。

ERP的特点是扩展了管理信息集成的范围,满足同时具有多种生产类型企业的需要,采用计算机和网络通信技术的最新成就,ERP系统同企业业务流程重组密切相关。

ERP功能的扩展。纳入产品数据管理(Product Data Management,PDM),ERP与EDI(Electronic Data Interchange,电子数据交换)的集成,增加了工作流程功能,增加数据仓库和联机分析处理功能。

ERP的主要功能模块。财务管理模块,分为会计核算,财务管理;生产控制管理模块,分为主生产计划,物料需求计划,能力需求计划,车间控制,制造标准;物流管理模块分为分销管理,库存控制,采购管理;人力资源管理模块分为人力资源规划的辅助决策,招聘管理,待遇及薪金管理,工时管理,知识管理。知识管理就是运用集体的智慧提高应变能力和创新能力,是为企业实现显性知识和隐性知识共享提供的新途径。当今国际管理信息发展的三个趋势是从信息管理走向知识管理、从信息资源开发走向知识资源开发、由客户机/服务器结构走向Internet结构。知识管理则是信息管理的延伸和发展。知识管理大致包括以下内容:①知识管理的基础措施,它是知识管理的支持部分,如关系数据库、知识库、多库协调系统、网络等基本技术手段以及人与人之间的各种联系渠道等;②知识管理的方法为内容管理、文件管理、记录管理、通信管理等;③知识的获取和检索,包括各种各样的软件应用工具,例如智能客体检索、多策略获取、多模式获取和检索、多方法多层次获取和检索、网络搜索工具等;④知识的传递,如建立知识分布图、电子文档、光盘、DVD及网上传输、打印等;⑤知识的共享和评测,如建立一种良好的企业文化,激励员工参与知识共享,设立知识总管(CKO)促进知识的转换、建立知识产生效益的评测条例等。

ERP实施中应注意的问题是管理观念的转变。企业必须明确自己的需求和实施重点;ERP系统的实施必须要有管理咨询专家的参与;软件的选择应以管理人员为主;实施队伍的组织必须到位;实施ERP系统需要同时进行企业业务流程重组。

ERP 解决方案——SAP。①综合完善功能。系统提供的应用功能有会计、后勤、人力资源管理、办公室和通信等。它涉及各种管理业务,覆盖了管理信息系统中各种功能。②高度集成模块。系统具有一个高度集成化的结构,表现在它所提供的各种管理业务功能之间都是相互关联的,各模块输入输出相互衔接,数据高度共享,任何数据的修改都将会引起相关数据自动修改。③适应多种行业。系统是一个能够适用于多种行业应用的软件,它是通过标准核心软件与不同行业特点相结合而产生的。应用领域主要是各种制造业,此外,在零售公司、公共设施、银行、医院、金融和保险也有应用。开放应用环境系统是一个开放式软件系统,它可以运行在所有主要硬件平台和操作系统之上和不同数据库,有 HP-Unix 操作系统;IBM 的 AS/400 操作系统,Windows NT,Oracle 数据库,Informix 数据库等,以及在 Sequent 和 Compaq 计算机上同时运行 Unix 和 Windows NT Server 的平台。

系统模块结构为销售和分销(Sales & Distribution);物料管理 MM(Materials & Management);生产计划 PP(Production Planning);质量管理 QM(Quality Management);工厂维修 PM(Plant Management);人力资源 HR(Human Resources);工业方案(Industry Solutions);办公室和通信 OC(Office & Communication);项目系统 PS(Project System);资产管理 AM(Fixed Assets Management);控制 CO(Controlling);财务会计 FI(Finance)。

经典案例

案例一

洛阳轴承集团有限公司的 ERP 应用案例

洛阳轴承集团有限公司(以下简称洛轴)是我国"一五"期间建设的 156 项重点工程项目之一,也是国家 512 家重点企业和 120 家试点企业集团之一。洛轴是目前我国规模最大的综合性轴承制造厂家,自 1957 年投产以来,经过 40 多年的发展,其主要生产设备和检测仪器均居全国领先地位,部分已达到国际先进水平。

洛轴计算机应用起步于 1981 年。同国内其他大型企业一样,洛轴的信息化管理也经历了从单项管理应用、部门信息管理系统到企业信息网络等几个阶段。20 多年来,洛轴在财务、人事、设备、生产、计划、供应和销售等部门开发出了一批适合企业特点的信息管理系统。但由于受当时技术条件和管理水平的限制,这些管理系统相对独立,开发环境和应用平台差异很大,信息代码没有统一的标准,应用水平也参差不齐。各子系统形成一个个信息"孤岛",很难实现企业内部信息共享,以至于企业的信息资源无法得到合理利用,限制了企业的发展。

随着企业运行机制的转换,原有粗放式的管理模式已经无法满足现代企业的管理要求,这使得洛轴不得不考虑采用新的管理系统。目前国内机电行业供大于求,市场竞争日趋激烈,随着中国市场经济程度不断提高以及入世步伐加快,像洛轴这样的传统企业将直接面临更为激烈的、无国界的市场竞争,如果不能有效提高企业整体竞争能力,洛轴将处于"内忧外患"的境地。在这种情况下,洛轴决定实施 ERP。

一、ERP 软件选择

由于洛轴很早就开始应用计算机系统来管理企业,所以该公司对计算机技术及管理软件有着深刻的认识和理解。洛轴认为要成功实施 ERP 软件,一个关键的因素是选择好 ERP 产品。目前市场上提供的 ERP 产品很多,它们各有侧重、各有所长,所以在选择 ERP 软件的时候,洛轴重点考虑了以下几个方面的问题:

1. 明确需求

在选择 ERP 软件前,洛轴首先明确了企业的需求,即管理要达到的目标,实际管理中存在的问题,这些问题的急迫程度及解决的手段;其次考虑了企业内部主要管理人员对此项需求是否已达成共识,主要决策人是否能给予足够的重视等。

2. 软件的功能

首先,商品化的软件功能模块很多,适用范围较广,这就要求洛轴必须从自身行业出发,选择不同的功能模块来满足当前和今后发展的需要;其次,洛轴认为软件可用部分的比率取决于软件对企业的适用程度,而不是以进口或国产来区分;另外,还要考虑系统的开放性,是否预留了各种接口。

3. 开发工具

任何商品化软件都不能完全适用于企业的需求,都或多或少有用户化和二次开发工作。所以,商品化软件应提供必要的开发工具,并同时保证该开发工具简单易学。

4. 软件文档

商品化软件必须配备齐全的文档,如用户手册、不同层次的培训教材以及实施指南等。

5. 价格问题

价格方面要考虑软件的性能、功能、技术平台、质量、售后服务和技术支持等,同时要进行投资效益分析,包括资金利润率、投资回收期等。另外要考虑实施周期及难度,避免造成实施时间、二次开发或用户化时间过长而影响效益的兑现。所以软件的投资一般是:软件费用+服务支持费用+二次开发费用+因实施延误而损失的收益。另外,软件商的信誉、稳定性、售后服务和技术支持也需要认真考虑。

经过对国内外数家 ERP 软件提供商考察、分析和比较后,洛轴最终选择了和佳公司的 ERP 软件,其核心产品是国家 863 计划 CIMS 主题办和中国软件行业协会力推的国产优秀软件产品,能够面对不同的行业提供成熟的解决方案,在国内有相当稳定的用户群。另外,和佳公司管理团队和员工队伍也比较稳定。

二、项目实施的原则

洛轴 ERP 实施按照"重点突破、逐步展开、先易后难、分步实施"原则,把系统建设划分为三个阶段。

第一阶段:以强化企业的市场竞争力为重点,实现以集团公司财务、销售、物资供应为核心的 ERP 系统的基本框架,并通过远程网络系统对洛轴在全国各地的 20 多个销售子公司进行有效管理。通过对集团公司内部物流、资金流、信息流统一综合控制,进一步强化企业内部的管理,合理配置企业内部资源,降低经营成本。同时选择一两个管理基础好的生产专业厂为试点,实施 ERP 的生产管理系统,积累经验后,在第二阶段推广。

第二阶段:以降低生产成本为重点,在集团公司内部的主要生产专业厂全面实施 ERP 的生产管理系统。同时和计算机辅助设计(CAD)系统、生产工艺(CAPP)系统相结合,建立一套完整的生产动态管理网络系统,通过对生产过程严密控制,降低物料消耗成本,使整个企业的管理水平跃上一个新台阶。

第三阶段:以全面提高企业管理素质为目标,将 CAPP 系统、技术文件档案和辅助制造等系统集成到 ERP 系统中,形成集团完整的信息网络。

"洛轴 ERP"项目从 1999 年 12 月开始实施。在近一年多的时间内,洛轴先后实施了系统控制、产品管理、客户管理、库存管理、销售业务管理、应收账款管理、账务及报表等子系统。根据企业实际情况和企业生产经营的需要,洛轴又与和佳公司合作,共同开发了销售门市零售、驻外销售公司管理、用户投诉、进出口业务管理和制单系统等模块,并在集团公司的多个单位进行了实施。

三、洛轴 ERP 系统的特点

经过一年多的努力,洛轴初步建立起了具有自己特色的 ERP 系统。该系统以和佳 ERP 软件为核心,结合自身生产经营的特点和实际需求,成功进行了客户化设计,既具先进性,又有实用性。

1. 适合国内大中型企业生产经营的特点

洛轴作为国内最大的综合轴承制造厂家之一,在国内外拥有广泛的客户群,产品品种达数千种之多,涉及企业管理业务的数据量非常庞大,业务流程也比较复杂。从企业内部看,企业面临着从计划经济向市场经济转换,管理方面还存在着计划经济时期的烙印,不适应市场经济的管理行为在企业普遍存在;从企业外部看,国内的经济环境还存在许多不规范的现象,诸如三角债之类的问题严重困扰着企业。这些都增加了企业管理的难度。ERP 系统必须适应企业所面对的错综复杂的经营形势,满足企业日益发展的管理需求,才有自身的生存空间。洛轴 ERP 系统实施过程中,在对业务流程进行规范、重组的同时,增加了企业必需的管理功能。如为解决企业间以账抵账、以物抵账的问题,在应收账管理中增加了磨账处理;为解决重点客户随时用货的要求而建立的异地仓库的管理问题,在库存管理中增加了零库存管理;针对企业数据流量大的特点,系统对许多业务增加了成批处理的功能;针对集团公司的特点,增加了内部核算功能;为满足企业销售网络的发展,开发了驻外公司管理子系统等。洛轴 ERP 系统的这些客户化和二次开发工作对国内其他大中型企业也有参照作用。

2. 业务流程重组

洛轴 ERP 系统是在和佳 ERP 软件的基础上进行客户化和二次开发的,继承了该软件先进的管理理念、思想和方法,但在实施过程中,按照和佳 ERP 软件的要求,洛轴对业务流程进行了必要的重组。

ERP 系统是面向整个企业的管理信息系统,它强调把整个企业看成一个系统,按系统的观点去分析和处理生产经营活动产生的物资流、资金流和信息流,各子系统紧密联系、相互制约、数据共享。洛轴在实施过程中,对相关的子系统的功能进行了综合分析,将各子系统相关联的操作进行梳理、组合,从主要业务流程入手,按规定的条件和时序产生相关的信息。这样充分实现了系统的数据共享,保证了数据一致性和可靠性。如在库存管理、生产成品管理、发票管理和统计管理中,洛轴对库存操作进行规范,将仓库操作数据按条件和时序产生相关的生产成品台账、统计台账和财务凭证等数据。在销售业务流程中,洛轴以提货单数据为主线,由此产生后续的出库单或移库单、运输单、发票、客户的应收账款等数据,后续各环节只需对提货单进行选择或组合,不需要重复录入数据。

3. 严格的安全控制

ERP 系统内部设置了严密的安全控制,每个登录者都有明确的操作权限,任何登录者无法越权操作。操作权限由系统管理员统一管理,每个登录者都有登录的口令和密码,重要的数据结构有外键约束,避免了误操作和非法删除数据。系统不允许删除确认过的数据,每一笔操作记录都可以追溯到原始操作记录。

4. 先进的系统应用平台

洛轴 ERP 系统的计算机软、硬件平台采用了 IBM 公司的产品。主机使用了 AS/400e 720 系列服务器,系统软件使用 OS/400 和 DB2 数据库管理系统。应用软件使用和佳 ERP 软件,前台开发工具采用当前比较先进和流行的 PowerBuilder 6.5,系统全部采用图形界面。

四、实施 ERP 效益分析

洛轴 ERP 项目许多功能模块实施成果在财务、生产、库存及销售等管理方面得到了体现,使洛轴在企业管理领域前进了一大步,也为企业在激烈的市场竞争中取胜提供了有效保证。2000 年洛轴取得了较好的经济效益,工业总产值同 1999 年相比增长了 6.6%,利润总额增长了 15.7%,百元产值成本降低了 6.78 元,并开发出了 300 多个新产品,取得这个成绩 ERP 功不可没。

ERP 的实施彻底解决了洛轴信息"孤岛"现象,实现了企业内外资源及信息的充分共享,从整体上提高了企业对市场迅速作出反应的能力。实施 ERP 后,企业所有常规产品和新开发产品的技术参数实行统一标准化管理,减少了数据冗余,增加了信息的准确化、标准化和集成化。ERP 的实施规范和细化了仓库管理,有效控制了各类库存资源,提高了对客户的服务质量,而且对促进企业的管理创新,对加快新产品开发的速度也有很大的帮助。

【思考】

你从这个案例能总结出我国现阶段 ERP 项目实施的什么经验?

【分析】

从 20 世纪 90 年代初起,我国许多企业陆续从国外引进了 ERP 或 MRPⅡ,历经十多年,耗资巨大,但成功率不高。相比之下,通过一年多的实践,虽然经历了很多波折,但洛轴 ERP 的实施应该说是成功的。洛轴的一些成功的经验和体会对其他企业也有一些参照作用,主要有以下几个方面:

1. 最高决策层的全力支持是成功实施 ERP 的决定性因素

洛轴集团领导班子对 ERP 项目非常重视,在企业资金非常困难的情况下,投资数百万元建设企业信息网络,实施 ERP 项目,并专门成立了以副总经理为组长的 ERP 项目领导小组,领导亲自参与实施,并时刻关注 ERP 的进展情况。这些足以表明集团领导的重视程度和实施的决心。

2. 企业管理创新是 ERP 成功的保证

ERP 项目的实施不只是企业信息管理部门的事情,只有企业所有技术和业务部门都积极参与,项目才能实施成功。企业生存和发展是 ERP 实施的原动力,洛轴从这样的目的出发,下决心实施 ERP 项目,促进企业的管理创新。

3. 充分认识 ERP 实施的复杂性和艰巨性

ERP 的实施是一个非常庞大的系统工程,它涉及到企业生产、经营、技术和管理的各个方面,还涉及到企业体制和国家大的经济环境等诸多因素,其复杂性和艰巨性可想而知。如果对实施 ERP 的困难估计不足或缺乏充分的心理准备,很可能会使项目半途而废。洛轴对 ERP 实施的困难有充分的估计和认识,在实施前也做好了打持久仗的准备。

4. 强有力的实施队伍和严密的保障措施

洛轴专门成立了项目实施小组,由计算机软件人员和相关管理部门的业务骨干组成。每个子系统的实施按总体要求编排实施计划,每个程序落实到人,按期考核。项目实施小组定期检查项目完成情况,随时根据项目进展情况协调各部门的关系。

5. 加强基础数据的整理

ERP系统是一个严密的管理系统,数据处理的准确性、及时性和可靠性是以各业务环节数据完整和准确为基础的。系统中一些常用的基础数据对系统至关重要,如产品数据和客户数据等,系统的大多数业务处理都依赖于它们,如果这些基础数据残缺不全或不规范,系统的运行将寸步难行。

案例二

李宁集团信息系统应用访谈

北京李宁体育用品有限公司经过十余年的发展,现在已拥有12家全资子公司,市场营销网络覆盖全国,拥有669家认证专卖店,两千多个销售网点。去年销售额(批发)达到7.2亿。李宁公司在信息系统应用方面走得很快,2000年就已采用SAP公司全球化的ERP软件,并在各地分销商中推广自主开发的MIS/POS系统,近期又准备实施物流配送管理系统。李宁公司在信息系统应用上全方位的尝试,积累了可为其他企业借鉴的宝贵经验。日前,该公司信息发展部经理、ERP实施的项目经理郭建新先生,接受了记者的专访。

一、ERP为李宁公司带来什么

记者:李宁公司的ERP实施被SAP公司作为示范样板,美国麻省理工学院也将你们的项目实施收入了MBA案例。您作为此项目的负责人,怎样评价这套系统的效果?

郭建新:ERP实施效果的评价是个综合因素,不能简单地以短时间内利润提高多少来衡量。关键看上了以后能不能支持企业持续性的发展和提高,如果能支持就是好的。

上ERP的关键是把企业的各种资源、各部门关系整合在一起。我们公司有产供销各部门,实行的是OEM生产,因此要把各部门整合在一起是很困难的。因为各个部门的能力差别比较大,我们就采用木桶原理,把短的、长的分别找出来,进行资源的整合,这是企业上ERP系统最主要的目的。目前通过SAP项目一期的实施,公司所有的关键业务已经完全系统化了。这是公司数据集中处理战略的关键步骤。

记者:在各种资源和关系的整合中,具体有哪些成效呢?

郭建新:最重要的是制度的整合。上ERP以前公司也有各种规章制度,但人的随意性非常强,缺乏自律,今天做了,明天爱做不做,后天就可能不做,很多制度没办法彻底执行。上了ERP就不一样了,规定了就得执行,今天、明天、后天、大后天都得这样做。例如做一张生产订单,它的过程是什么样的,要经过谁审批,依据什么审批,审批的额度是什么,系统都定好了。就是把一些规章制度内化到了ERP里面。在ERP系统的实施过程中,我们的一些部门及岗位的职能进行了转换。以前我们对于经销商的管理是手工的,由销售经理签字决定可以向谁发货,其中人为的因素很多。但由系统来做,就要非常严格地执行规定,这是一种严格的游戏规则。刚开始有经销商不理解,说我的信贷额是一两百万,就差一万元你就不给发货了。如果以往人工方式,销售经理可能说了算,无伤大雅。但这次差一万,下回就可能差两万、三万,就会留下问题的隐患。经过一段时间的磨合和适应,现在不同了,经销商非常配合,按信贷额度,差多少会马上补过来。销售经理就不用担心对不同的经销商有厚此薄彼的问题,可以专心去管理市场、开拓市场。

记者:现在大家都认为ERP系统实施的关键是流程方面的改进,这方面你们也收到了很大成效吧?

郭建新:ERP实施需要有一整套企业管理的规范和标准,企业业务流程需要不断地改进,ERP实施当中我们公司的流程有过三次大的改动。如目前财务管理中的以成本管理为中心,要转化到以利润为中心的角度去考虑。

在这个过程中,企业内数据信息的标准也得到了统一。过去我们对于销售数据的界定,会有几种不同的看法。例如以订单为准,以订单发货为准,以开发票为准,以收到款为准,导致数据在各个部门的统计口径不一致。现在都得到了统一,只有发货过账才算销售,才影响到信贷。

二、MIS/POS系统在分销网络中的推广

记者:你们同样是在去年,差不多与实施ERP同时,开始在经销商和分公司中推广自主开发的MIS/POS系统,这是基于怎样的考虑?

郭建新:分公司基本上也是当成经销商来管理的。我们的经销商和分公司有自己的销售网络,有自己的专卖店,我们共有2000家店中店、专卖店。他们有自己的一套(IT)人员和系统,现在用的是我们开发的MIS/POS系统。因为ERP缺乏一种对零售数据的支持,所以我们在1998年底前后开发了一套非常适合我们自己使用的零售系统,即MIS/POS系统。到现在已在全国推广了两百家左右经销商。现在看来运行比较稳定,而且非常切合他们的需要。

记者:现在这套MIS/POS系统应用的效果如何?

郭建新:在上MIS/POS以前,许多经销商的店面、库存分析也就是几张报表,有的还很原始,是手工的;送货、发货也没有一个规范。有了这套MIS/POS系统,首先就是要做起一套店面管理的标准,前台POS用于店面管理,后台就把相关的业务做起来,如退货、配货等简单的功能,还有库存的管理、销售的管理等。

有些经销商用得比较好,可以每天把各个店的销售数据都存进MIS里,当天进行分析,决定第二天给哪些店配哪些货,可以做到大幅度地减少库存,提高库存周转率。

然而公司发展到这一程度,不可能自己去做很多事情,包括MIS/POS的全面开发,现在我们提出一套新的方案,就是利用社会化的、专业的资源。我们希望广大的MIS/POS系统的供应商跟我们洽谈合作,从而引入更成熟的MIS/POS管理软件。当然,前提是必须符合我们的数据和编码以及流程管理的标准。

三、ERP与MIS/POS怎样协作

记者:ERP与MIS/POS两套系统之间的数据信息的综合利用现在做得怎样了?

郭建新:现在已经建立起了ERP和MIS/POS的接口,将来我们全国各地所有零售商的资料都会定期地放到我们的ERP里来。我们马上要上SAP的新的BW(Business ware house)系统,到时所有的零售数据都可以通过它进入。那时,这里掌握的就不仅仅是总公司本身的人、财、物的信息,还包括零售市场的信息。我们今年的目标是把零售系统和ERP系统整合起来,把原来分散在公司各个角落的信息用起来。

在总公司和经销商信息互动方面,我们做到了总部会给经销商一些指导性的意见,帮助他们做一些分析。反过来,零售环节有关的产品信息、库存信息、客户信息可以作为总部开发新产品、制订市场策略的参考。

四、系统实施的难度和解决的关键

记者：你们在系统实施和应用中，一定遇到很多困难吧？是怎样克服并逐步走向成功的？

郭建新：实施 ERP 确实有很大的难度，比如我们各部门有不同的意见。基层人员感觉上 ERP 不好，对他们来说增加了工作量。但这是一个必然，因为我们现在需要的数据是多方面的。以前我们输入一张订单只需要输入基本信息就行了，现在却要包括客户所在区域、供应商等级、信贷额度、商品的大类、小类、款号、成本计算方式、折扣大小，以及谁卖的、哪个部门，卖的时候是哪个扣点，现有的库存状态，等等，所以工作量必然要增加。但它有一个潜在的优势，就是我们以后可以从多维的角度去分析。可以按产品，也可以按销售部门，还可以按客户等级去分析。

实施 ERP 后分工更细，也会使一部分人员看不到原来的数据。例如过去管生产的可以看销售的、财务的数据，信息没有针对性。上 ERP 后就不一样了，管采购的只能看采购的数据，总的数据是在高层领导那里才有。有些部门就不很适应，以前可了解的信息现在了解不到了。但这是专业化管理的必要。类似的东西，在我们实施过程中会碰到很多很多。我感觉在中国做 ERP 真是很辛苦的工作，要有非常充沛的精力投入，还要承受各方面的压力。

我们在 SAP 项目中，项目操作的组织架构比较合理，效果不错。这方面关键在于高层领导非常支持。这个项目的所有者和最高决策机构是项目指导委员会，负责各种项目资源的最终管理及授权，监视进程和组织结构对项目的影响，确立项目的实施方针和实施策略，授予项目经理进行项目管理、决策和阐述关键问题的权利，作出快速决定和支持，批准项目计划、监控项目进程，解决项目组不能解决的问题，研究确立业务流程与组织机构的优化与重组。

项目经理领导财务、销售、生产等业务小组，负责包括人员安排、项目工作计划与各部门业务冲突的解决等，还有项目的内部宣传，参加项目组组织的有关培训，掌握系统的应用。ERP 的实施对于企业来说是个重新洗牌的过程，当然有人欢喜有人忧，那怎么办？作为项目经理就要不断地和他们交流，讲为什么要这样做。

我们公司的高层领导这方面做得非常好。比如项目推进组开会的时候，公司的管理层几乎都到了。关键是高层早已认识到，ERP 的实施是一个管理的项目，而不是 IT 项目。

我们是国内第一家采用了 SAP 公司的 AFS 系统（服装鞋业管理系统）的企业，马上又将成为全球范围服装行业实施 SAP BW 的第一批企业。敢于这样做，关键是要有充分的准备和扎实的积累。

记者：那么在一年来的 MIS/POS 系统的推广过程中，有哪些经验教训呢？

郭建新：首要的也是领导层的观念，总经理重视的，效果就好；有些认识不足的，效果就不好。信息系统的成功实施将会对原来的诸多流程、岗位、标准等进行修改，有些是根本性的转变。如果高层领导存在认识问题，势必会影响系统的实施。在这方面我们有一个有意思的例子，一模一样的 MIS/POS 系统，在有的经销商那里实施不起来，而其他一些则大获成功。对于改变观念，我认为我们做的不够。哪些观念需要改变？如何改变？谁去做？问题的关键在于我们与分公司经理之间的沟通不够，对分公司经理的培训不够。

流程的改造同样存在于 MIS/POS 系统应用当中。在工作流程的标准化方面，我调查过多个公司，发现每个分公司都有自己的一套模式，业务流程差别很大。这对信息系统的实施将是一个致命的弱点，信息系统是建立在流程标准化之上的，关键业务不标准化，强行上系统将会浪费很多人力、物力，系统实施的成效会大幅度减弱。这将是分公司实施的最关键的要素，也是最不容易见效的、最不容易实施的因素。

还有就是制度的执行与监控。分公司的 MIS/POS 系统实施时间已经过半,但其中执行效果差别很大,有的已经用得很好,而有的分公司却效果不高。我们有同样的系统、同样的实施人员、同样的要求,为什么还会出现这么大差别?答案在于我们对与系统要求相关的制度的执行力度不一样。因此,如何加强监控是分公司管理部门的一个重点。

此外,也有人员建设方面的问题,如信息主管人员的提拔制度,一套完整的奖惩制度、激励机制等。

现在有种说法,认为在国内实施 ERP 系统不大可能成功,MIS/POS 系统应用当中的问题也非常普遍。但是在国内企业走向国际化的历程中,IT 系统应用毕竟是管理提升不可回避的一个方面,关键在于我们如何找到解决困难和问题的方法。李宁公司这样的企业正在努力探索中,实施系统不是一朝一夕的事,要有坚持不断的提升,真实的效果也不是一天两天得出来的,李宁公司信息系统应用的效果到底如何,要在今后的两三年中才能全面显现出来。

【思考】
ERP 在李宁集团的成功有什么是值得借鉴的?

【分析】
ERP 是把企业的各种资源、各部门关系整合在一起,以此支持企业持续性的发展和提高。因此,有条件的企业要积极配备 ERP 系统。

(1)高层管理者对企业发展的高瞻远瞩很重要,对系统的支持是成功实施 ERP 的决定性因素。
(2)ERP 成功实施也是由于企业管理者在管理中善于创新的结果。
(3)ERP 实施中对于这个系统在企业应用中可能出现的问题进行了预测,保证了实施的顺利。
(4)强有力的实施队伍和严密的保障措施,也是系统实施不可或缺的条件。

课后习题全解

1. 组织中的信息管理工作通常包括哪些环节?每个环节的内容与特征各是什么?

【答】 组织中的信息管理工作通常包括以下环节:

(1)信息的采集。信息的采集是指管理者根据一定的目的,通过各种不同的方式搜寻并占有各类信息的过程。

衡量信息采集工作质量的唯一标准是所采集的信息是否对组织及其管理者有用,而判断信息是否有用则要看信息是否具有有用信息的各种特征即高质量、及时、完全和相关。

为了使信息的采集富有成效,管理者必须做好以下各项工作:明确采集的目的;界定采集的范围;选择信息源。

(2)信息的加工。信息的加工是指对采集来的通常显得杂乱无章的大量信息进行鉴别和筛选,使信息条理化、规范化、准确化的过程。加工过的信息便于存储、传播和利用。只有经过加工,信息的价值才真正得以体现。

作为一个过程,信息的加工一般由以下步骤组成:

鉴别,鉴别是指确认信息可靠性的活动。

筛选,筛选指在鉴别的基础上对采集的信息进行取舍的活动。

排序。排序是指对筛选后的信息进行归类整理,按照管理者所偏好的某一特征对信息进行等级、层次的划分的活动。

初步激活。初步激活是指对排序后的信息进行开发、分析和转换,实现信息的活化以便使用的活动。

编写。编写是信息加工过程的产出环节,是指对加工后的信息进行编写,便于人们认识的活动。通常,一条信息应该只有一个主题,结构要简洁、清晰、严谨,标题要突出、鲜明,文字表述要精炼准确、深入浅出。

(3)信息的存储。信息的存储是指对加工后的信息进行记录、存入、保管以便使用的过程。信息存储是用文字、声音、图像等形式将加工后的信息记录在相应的载体上;对这些载体进行归类,形成方便人们检索的数据库;对数据库进行日常维护,使信息及时得到更新。信息的存储工作由归档、登录、编目、编码、排架等环节构成。

(4)信息的传播。信息的传播是指信息在不同主体之间的传递。它具有与大众传播不同的特点:目的更加具体;控制更加严密;时效更加显著。

(5)信息的利用。信息的利用是指有意识地运用存储的信息去解决管理中具体问题的过程。它是信息采集、加工、存储和传播的最终目的。信息的利用程度与效果是衡量一个组织信息管理水平的重要尺度。

(6)信息的反馈。信息的反馈是信息管理工作的重要环节,其目的是为了提高信息的利用效果,使信息按照管理者的意愿被使用。它是指对信息利用的实际效果与预期效果进行比较,找出发生偏差的原因,采取相应的控制措施以保证信息的利用符合预期的过程。

作为一个过程,信息的反馈包括反馈信息的获取、传递和控制措施的制定与实施三个环节。从这三个环节看,信息反馈需要满足:反馈信息真实、准确;信息传递迅速、及时;控制措施适当、有效。

2. 一般意义上的信息系统由哪些要素构成?以计算机为基础的信息系统具有什么样的特征?

【答】　一般信息系统包括五个基本要素,即输入、处理、输出、反馈和控制。①输入是系统所要处理的原始数据(或提供原始数据的设备);②处理是把原始数据加工或转换成有意义和有用的信息的过程;③输出是系统处理后的结果,即有意义和有用的信息;④反馈是指当管理者对输出的结果不太满意或希望得到更好的结果时,对输入进行调整;⑤控制是对输入、处理、输出和反馈等过程进行监视,使这些过程保持正常。这五个要素之间的关系如图4-1所示。

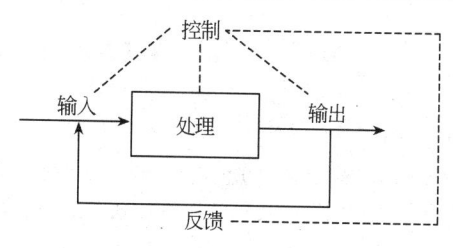

图4-1　一般信息系统五个要素的相互关系

以上考查的是一般信息系统的情况。对以计算机为基础的信息系统来说,情况略有不同,除了以上五个要素外,它还包括硬件、软件和数据库。其中硬件是信息系统的有形部分,如主机、终端、显示器和打印机等,另外,存储设备(如硬盘、软盘驱动器和光盘驱动器等)也属于硬件部分。软件是各种程序,这些程序用来指示硬件的运行。数据怎样处理就是由软件控制的。数据库是组织保存下来的各种数据和信息。

3. 何谓开环 MRP? 其基本构成及逻辑关系是什么?

【答】　　开环 MRP 是指按需求来源的不同,企业内部的物料可分为独立需求和相关需求两种类型。独立需求是指需求量和需求时间由企业外部的需求来决定,例如客户订购的产品、科研试制需要的样品、售后维修需要的备品备件等;相关需求是指根据物料之间的结构组成关系由独立需求的物料所产生的需求。

　　MRP 的基本内容是编制零件的生产计划和采购计划。然而,要正确地编制零件计划,首先必须落实最终产品的生产进度计划,即主生产计划,这是开展 MRP 的依据。其次需要知道产品的零件结构,即物料清单,把主生产计划展开成零件计划;同时需要知道库存数量才能准确计算出零件的采购数量。因此,基本 MRP 的依据是:生产计划(MPS)、物料清单(BOM)、库存信息。

　　其基本构成及逻辑关系如图 4-2 所示。

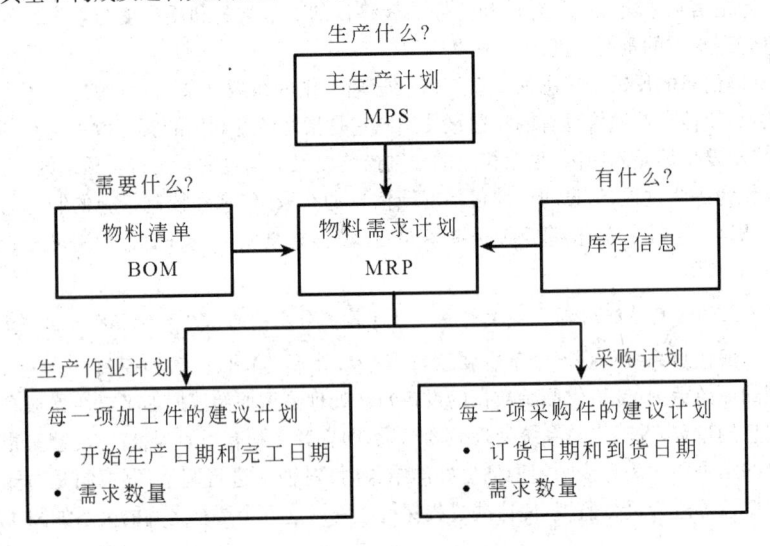

图 4-2　MRP 的基本构成及其逻辑关系

4. 何谓闭环 MRP? 它与开环 MRP 有何区别?

【答】　　闭环 MRP 是由开环 MRP 系统在 20 世纪 70 年代发展而来的。闭环 MRP 系统除了物料需求计划外,还将生产能力需求计划、车间作业计划和采购作业计划纳入 MRP,形成一个封闭的系统。

　　MRP 系统的正常运行,需要有一个现实可行的主生产计划。它除了要反映市场需求和合同订单外,还必须满足企业生产能力的约束条件。因此,除了要编制资源需求计划,还要制定能力需求计划(Capacity Requirement Planning,CRP),与各个工作中心的能力进行平衡。

只有采取措施做到能力与资源均满足负荷需求时,才能开始执行计划。在能力需求计划中,生产通知单是按照它们对设备产生的负荷进行评估的,采购通知单的评估过程与之类似,需要检查它们对分包商和经销商所产生的工作量。执行 MRP 时要用生产通知单来控制加工的优先级,用采购通知单来控制采购的优先级。这样,基本 MRP 系统得到进一步发展,把能力需求计划和执行及控制计划的功能也包括进来,形成一个环形回路,称为闭环 MRP。

因此,闭环 MRP 成为一个完整的生产计划与控制系统。

5. 与物料需求计划相比,制造资源计划(MRPⅡ)有何改进?

【答】　　20 世纪 80 年代,人们把销售、采购、生产、财务、工程技术、信息等各个子系统进行集成,并称该集成系统为制造资源计划(Manufacturing Resource Planning)系统,英文缩写还是 MRP,为了区别物料需求计划(也缩写为 MRP)而记为 MRPⅡ。其工作逻辑如图 4-3 所示。

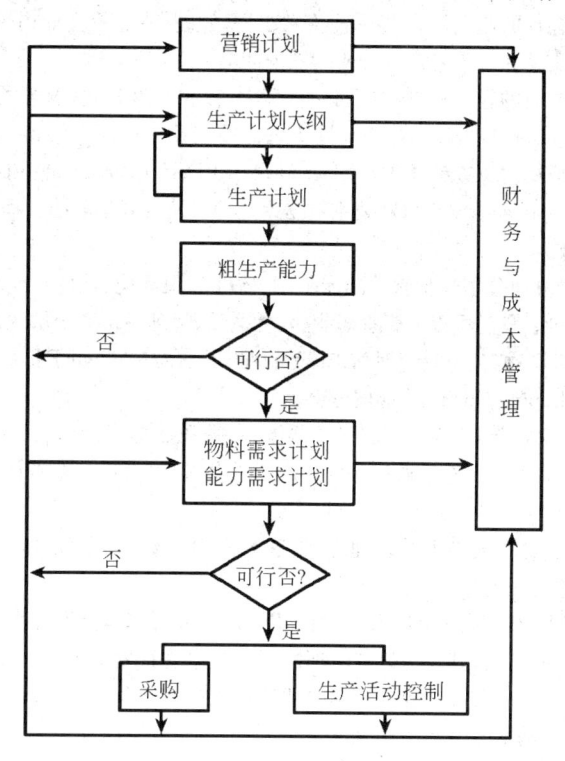

图 4-3　MRPⅡ的工作逻辑

由于信息技术的发展,计算机强大的信息存储和处理能力使人们对生产经营的管理能力加强了。企业由原来以产品为对象的管理进入到以零部件为对象的管理。MRPⅡ最大的成就在于把企业经营的主要信息进行集成。①在物料需求计划的基础上向物料管理延伸,实施对物料的采购管理,包括采购计划、进货计划、供应商账务和档案管理、库存账务管理等;②由于系统已经记录了大量的制造信息,包括物料消耗、加工工时等,可在此基础上扩展到产品成本核算、成本分析;③主要生产计划和生产计划大纲的依据是客户订单,因此向前又可以扩展到销售管理业务。所以已不能从字面意义上来理解"制造资源计划(MRPⅡ)"的含义。

6. 与 MRPⅡ 相比，ERP 有何进步？

【答】　随着市场竞争的进一步加剧，企业竞争空间与范围的进一步扩大，20 世纪 80 年代 MRPⅡ 主要面向企业内部资源全面计划管理的思想逐步发展为 90 年代怎样有效利用和管理整体资源的管理思想，在 MRPⅡ 的基础上发展出 ERP 系统。ERP 扩展了管理范围，给出了新的结构。

最初 Gartner Group 公司是通过一系列的功能来对 ERP 进行界定的：

(1) 超越 MRPⅡ 范围的集成功能——包括质量管理、试验室管理、流程作业管理、配方管理、产品数据管理、维护管理、管理报告和仓库管理。

(2) 支持混合方式的制造环境——包括既可支持离散又可支持流程的制造环境，以及按照面向对象的业务模型组合业务过程的能力和在国际范围内的应用。

(3) 支持能动的监控能力，提高业务绩效——包括在整个企业内采用控制和工程方法、模拟功能、决策支持和用于生产及分析的图形能力。

(4) 支持开放的客户机/服务器计算环境——包括客户机/服务器体系结构、图形用户界面(Graphical User Interface，GUI)、计算机辅助设计工程(Computer Aided Design Engineering，CADE)、面向对象设计技术(Object-Oriented Design，OOD)、使用结构化查询语言(Structural Query Language，SQL)、对关系数据库查询以及内部集成的工程系统、商业系统、数据采集和外部集成。

上述四个方面分别是从软件功能范围、软件应用环境、软件功能增强和软件支持技术上对 ERP 的评价。我们可以从管理思想、软件产品、管理系统三个层次理解 ERP。

(1) ERP 是一整套企业管理系统体系标准，其实质是在 MRPⅡ 基础上进一步发展而成的面向供应链(Supply Chain)的管理思想。

(2) ERP 综合应用了客户机/服务器体系、关系数据库结构、面向对象技术、图形用户界面、第四代语言(4GL)、网络通信等信息产业成果，是以管理企业整体资源的管理思想为灵魂的软件产品。

(3) ERP 是集整合企业管理理念、业务流程、基础数据、人力物力、计算机硬件和软件于一体的企业资源管理系统。

从开环 MRP 经过闭环 MRP 直到 MRPⅡ，其发展基本上沿着两个方面延伸，其一是资源概念内涵的不断扩大；其二是计划闭环的形成。但这种发展均没有突破：①尽管从物料资源扩展到制造资源，但资源均限于企业内部的资源；②功能上以优先级计划以及需求和能力平衡计划为核心，基本上是结构化决策。

同步练习

一、单项选择题

1. 按照系统论的一般原理，系统具有(　　)。
   A. 目的性、整体性、相关性、环境适用性等特征
   B. 目的性、整体性、有效性、环境适用性等特征

C. 目的性、有效性、相关性、环境适用性等特征
D. 有效性、整体性、相关性、环境适用性等特征
2. 决策的基础是（　　）。
　　A. 管理者　　　　　B. 客户　　　　　C. 信息　　　　　D. 规章制度
3. 在管理信息的处理要求中，信息的生命是（　　）。
　　A. 及时　　　　　　B. 正确　　　　　C. 适用　　　　　D. 经济
4. 计算机处理信息的缺点体现在（　　）上。
　　A. 对应用的适应性　　　　　　　　　B. 存储量
　　C. 处理速度　　　　　　　　　　　　D. 准确性
5. ERP 的核心是（　　）。
　　A. 财务管理　　　　B. 生产管理　　　C. 物流管理　　　D. 采购管理
6. 可以反映客观事物规律，为管理者工作提供依据的是（　　）。
　　A. 数据　　　　　　B. 报表　　　　　C. 信息　　　　　D. 原始资料
7. 有用信息最重要的特征是（　　）。
　　A. 及时　　　　　　B. 完全　　　　　C. 准确　　　　　D. 高质量
8. 信息加工的步骤中，用来确认信息可靠性的活动是（　　）。
　　A. 鉴别　　　　　　B. 筛选　　　　　C. 排序　　　　　D. 编写
9. 在不同主体之间的传递是指信息的（　　）。
　　A. 存储　　　　　　B. 采集　　　　　C. 传播　　　　　D. 加工
10. 为了提高信息的利用效率，必须对信息进行（　　）。
　　A. 利用　　　　　　B. 存储　　　　　C. 加工　　　　　D. 反馈
11. 信息的完全性要求（　　）。
　　A. 尽可能详细　　　　　　　　　　　B. 尽可能简洁
　　C. 在详细和简洁间找到一种平衡　　　D. 信息提供越多越好

二、多项选择题

1. 有用信息的特征有（　　）。
　　A. 高质量　　　　　B. 及时　　　　　C. 完全　　　　　D. 准确
2. 采集信息要做的工作有（　　）。
　　A. 明确采集的目的　　　　　　　　　B. 界定采集的范围
　　C. 选择信息源　　　　　　　　　　　D. 选择信息的安全度
3. 根据信息载体来划分的信息源有（　　）。
　　A. 文献性信息源　　　　　　　　　　B. 口头性信息源
　　C. 电子性信息源　　　　　　　　　　D. 实物性信息源
4. 信息加工的步骤有（　　）。
　　A. 鉴别　　　　　　B. 筛选　　　　　C. 排序　　　　　D. 初步激活
5. 信息存储应该注意的问题有（　　）。
　　A. 准确性　　　　　B. 安全性　　　　C. 费用　　　　　D. 方便性

6. 信息传播的特点有（　　）。
A. 目的更加具体　　　　　　　　　B. 控制更加严密
C. 导向明确　　　　　　　　　　　D. 时效更加显著
7. 导致信息畸变的原因有（　　）。
A. 传播主体的干扰　　　　　　　　B. 传播主观的存在
C. 传播渠道的干扰　　　　　　　　D. 传播的客观障碍的存在
8. 信息反馈环节包括（　　）。
A. 反馈信息的筛选　　　　　　　　B. 反馈信息的获取
C. 反馈信息的传递　　　　　　　　D. 反馈信息控制措施的制定实施
9. 信息反馈必须满足的要求（　　）。
A. 反馈信息真实　　　　　　　　　B. 反馈信息准确
C. 信息传递迅速、及时　　　　　　D. 控制措施适当、有效
10. 信息系统的要素包括（　　）。
A. 输入　　　　B. 处理　　　　C. 输出　　　　D. 反馈
11. 企业信息化发展阶段包括（　　）。
A. 20 世纪 60 年代,开环的物料需求计划(MRP)
B. 20 世纪 70 年代,闭环的物料需求计划(MRP)
C. 20 世纪 80 年代制造资源计划
D. 20 世纪 90 年代企业资源计划(ERP)

三、简答题

1. 比较信息和数据。
2. 信息和数据的区别是绝对的吗?
3. 什么是数据?
4. 哪些信息是不值得管理者获取的?
5. 为什么说收集更多的数据以产生更多更好的信息是比较困难的?

四、综合题

1. 企业忽视社会责任将造成什么样的危害?
2. 企业应该怎样去重视并承担社会责任?
3. 请分析"先难后易"战略的基本内涵。这种战略成功的基本条件是什么?
4. 面对竞争的全球化,先难后易战略对中国其他企业有什么启示? 请试分析。

参考答案

一、单项选择题

1. D　2. C　3. B　4. A　5. B　6. C　7. D　8. A　9. C　10. C　11. C

二、多项选择题

1. ABC 2. ABC 3. ABCD 4. ABCD 5. ABCD 6. ABD
7. ACD 8. BCD 9. ABCD 10. ABCD 11. ABCD

三、简答题

1. 信息和数据是两个既有密切联系又有重要区别的概念。数据不能直接为管理者所用,因为其确切含义往往不明显。信息由数据产生,是数据经过加工处理后得到的,被用来反映客观事物的规律,从而为管理工作提供依据。

2. 信息和数据的区别不是绝对的,有时,同样的东西对一个人来说是信息,而对另一个人来说则是数据。

3. 数据是记录客观事物的性质、形态和数量特征的抽象符号,如文字、数字、图形和曲线等。

4. 信息的收益较高,但其获取成本更高;信息的获取成本较低,但其收益更低。

5. 因为很多信息对组织来说是新的,新信息的最重要收益通常是无法预期的。不仅预期的收益是不切实际的,而且真实收益通常是不可预见的,从而无法量化。

四、综合题

1. **分析**:本题考察的是对社会责任的理解以及对案例的理解分析能力。

   答:企业忽视社会责任将造成如下危害:
   ①企业的社会形象打折扣和生存环境恶化;②丧失对大量优秀人才的吸引力;③增加了政府对企业的管制;④对人民的生命财产安全造成危害。

2. **分析**:本题考察的是对社会责任的掌握程度,如何实现理论知识与现实相结合,是本题的主要目的。

   答:企业应从以下几个方面重视并承担社会责任:
   ①重视企业社会责任的重要地位和意义;②按照SA-8000或与之类似的标准完善企业的运作环境;③积极参与社会公益事业和环保事业;④重视节约和教育。

   小结:通过对现实情况的分析,可以更好地理解和掌握社会责任的含义。

3. **分析**:本题是国际化经营的竞争战略在实际中的应用,考察了对国际化战略的理解。

   答:所谓"先难后易",就是先打开发达国家的市场,然后再进入发展中国家的市场。"先难后易",这里面潜藏着一种逆向思维。向发展中国家出口创汇相对容易,但对企业形象来说有什么好处呢?例如:海尔的产品,高质量、高价格。尽管西方人不买,但会注意——中国货价格都很低,唯独海尔的产品这么高价,为什么?一开始没人要,慢慢地总会有人接受的。到了那时,海尔产品货真价实的优势就体现出来了,使用者满意,口碑自然很快就会传出去。

4. **分析**:本题是对决策在现实中应用的重要性的考察。

   答:"先难后易"战略对中国其他企业有很大的启发性;中国企业不管在国外还是国内开辟新市场,都可以考虑以"以点带面"来开拓市场,先让自己的优势产品为消费者所接受,再推出其他产品。

   由于国际企业的产品需要在多个国家进行销售,在某些情况下,公司必须考虑在不同国家中的不同需要,了解当地的人们的处事态度、价值取向、道德行为准则。教育程度、风俗习惯等文化环境因素和自然地理环境,生产合适的产品,采取恰当的经营手段,这样才能在竞争中求得生存和发展。

历年真题及全解

1. (北科 2008 年研)信息筛选的依据是(　　)。
   A. 适用性,精约性,条理性　　　　　　B. 先进性,适用性,精约性
   C. 先进性,适用性,条理性　　　　　　D. 先进性,精确性,适用性

【答案】　B

【解析】　筛选的依据是信息的适用性、精约性与先进性。其中,适用性是指信息的内容是否符合信息采集的目的,符合者谓之适用,可留下;不符合者则被剔除;精约性是指信息的表述是否精炼、简约;先进性是指信息的内容是否先进。被筛选出的信息将同时满足适用性、精约性和先进性的要求。

第五章

决策与决策方法

知识点归纳

1. 决策的定义

决策是管理者识别并解决问题的过程,或者管理者利用机会的过程。对于这一定义,可作如下理解:

(1)决策的主体是管理者,因为决策是管理的一项职能。

(2)决策的本质是一个过程,这一过程由多个步骤组成,尽管各人对决策的理解不尽相同。

(3)决策的目的是触决问题或利用机会,这就是说,决策不仅仅是了解决问题有时也是为了利用机会。

2. 决策的原则

决策遵循的是满意原则,而不是最优原则。对决策者来说,要想使决策达到最优,必须具备以下条件,缺一不可:①容易获得与决策有关的全部信息;②真实了解全部信息的价值所在,并据此拟定出所有可能的方案;③准确预测每个方案在未来的执行结果。

3. 决策的依据

信息的数量和质量直接影响决策水平。只有在收集的信息所带来的收益(因决策水平提高而给组织带来的利益)超过为此付出的成本时,才应该收集该信息。所以我们说,适量的信息是决策的依据。

4. 决策过程

决策作为一个过程,通常包含以下步骤:①诊断问题(识别机会);②明确目标;③拟定方案;④筛选方案;⑤执行方案;⑥评估效果。

5. 决策的影响因素

决策者日常的决策过程中要充分考虑决策的各种影响因素,努力提高决策的效率。大体来说,影响决策的主要因素有以下几点:

(1)环境因素:环境的稳定性、市场结构、买卖双方在市场的地位。

(2)组织自身的因素:组织文化、组织的信息化程度、组织对环境的反应模式。

(3)决策问题的性质:问题的紧迫性、问题的重要性。

(4)决策主体的因素:个体对待风险的态度、个人能力、个人价值观、决策群体的关系融洽程度。

6. 决策的方法

本书介绍了一些基本的决策方法,同时也与决策工具相结合。

(1)定性决策方法。

①集体决策法:头脑风暴法、名义小组技术、德尔菲技术。

②有关活动方向的决策方法:经营单位组合分析法,政策指导矩阵。

(2)定量决策方法。

①确定型决策方法;②不确定型决策方法;③风险型决策方法。

(3)计算机模拟决策方法。

(4)决策模拟演练。

经典案例

案例一

艾森豪威尔的英明决策

　　1944年6月4日,盟军集中45个师,1万多架飞机,各型舰船几千艘,即将开始规模宏大的诺曼底登陆作战。就在这关键时刻,在大西洋上的气象船和气象飞机却发来令人困扰的消息:今后三天,英吉利海峡将在低压槽控制之下,舰船出航十分危险。盟军最高统帅艾森豪威尔面对气候恶劣的英吉利海峡一筹莫展。盟军司令部的司令官们都知道,登陆战役发起的"D"日,对气象、天文、潮汐这三种自然因素条件也有要求。就在大家几乎束手无策时,盟军联合气象组负责人、气象学家斯塔格提出一份预报,有一个冷锋正向英吉利海峡移动,在冷锋过后和低压槽到来之前,可能会出现一段转好的天气。当时,联合气象组对6日的天气又作了一次较为详细的预报:上午晴,夜间转阴。这种天气虽不理想,但能满足登陆的起码条件。艾森豪威尔沉思片刻,果断做出最后决定:"好,我们行动吧!"后来虽因天气不好,使盟军空降兵损失了60%的装备,汹涌的海浪使一些登陆舰船沉没,轰炸投弹效果差,但诺曼底登陆作战一举成功,却是不可否认的事实。

【思考】

　　1.从决策目标的要求来看,案例中所体现的决策属于哪种类型? 这一决策有何特点?

　　2.你如何评价艾森豪威尔的决策?

【分析】

　　1.从决策目标的要求来看,案例中所体现的决策属于满意决策。满意决策是指在现实条件下求得满意目标的决策。就管理领域来看,由于管理内容的广泛性和目标的复杂性,绝对最优目标实际上是无法实现的。因此,决策通常都是满意决策,即相对"最优决策",在现实条件下力求选择最佳决策方案。

　　2.这个事例说明艾森豪威尔在选择登陆日即"D"日时,并没有追求十全十美,他们选择的"D"日——6月6日并不理想,强风,低云,诺曼底海滩上的海雾,这对登陆是不利的,但6月6日的天气状况能满足登陆的起码要求,所以选择6月6日为"D"日,符合"满意准则"。反之,如艾森豪威尔为找一个适合登陆的十全十美的好天气,而延期登陆,后果将不堪设想,诺曼底登陆很可能化为泡影,这将给战争带来难以估量的影响,战争结束时间将推迟,盟军将会付出更多血的代价。从这个角度看,艾森豪威尔的决策无疑是正确的。

案例二

耐克决策的成功与阿迪达斯决策的失误

如果你是一名认真的长跑者,那么在20世纪60年代或70年代初,你只有一种合适的鞋可供选择——阿迪达斯(Adidas)。阿迪达斯是德国的一家公司,是为竞技运动员生产轻型跑鞋的先驱。在1976年的蒙特利尔奥运会上,田径赛中有82%的获奖者穿的是阿迪达斯牌运动鞋。

阿迪达斯的优势在于试验。它使用新的材料和技术来生产更结实和更轻便的鞋。它采用袋鼠皮绷紧鞋边。四钉跑鞋和径赛鞋采用的是尼龙鞋底和可更换鞋钉。高质量、创新性和产品多样化,使阿迪达斯在20世纪70年代中支配了这一领域的国际竞争。

20世纪70年代,蓬勃兴起的健康运动使阿迪达斯公司感到吃惊。一瞬间成百万以前不爱运动的人们对体育锻炼产生了兴趣。成长最快的健康运动细分市场是慢跑。据估计,到1980年有2500~3000万美国人加入了慢跑运动,还有1000万人是为了休闲而穿跑鞋。尽管如此,为了保护其在竞技市场中的统治地位,阿迪达斯并没有大规模地进入慢跑市场。

20世纪70年代出现了一大批竞争者,如美洲狮(Puma)、布鲁克斯(Brooks)、新百伦(New Balance)和虎牌(Tiger)。但有一家公司比其余的更富有进取性和创新性,那就是耐克(Nike)。由前俄勒冈大学的一位长跑运动员创办的耐克公司,在1972年俄勒冈州的尤金举行的奥林匹克选拔赛中首次亮相。穿着新耐克鞋的马拉松运动员获得了第四至第七名,而穿阿迪达斯鞋的参赛者在那次比赛中占据了前三名。

耐克的大突破出自1975年的"夹心饼干鞋底"方案。它的鞋底上的橡胶钉比市场上出售的其他鞋更富有弹性。夹心饼干鞋底的流行及旅游鞋市场的快速膨胀,使耐克公司1976年的销售额达到1400万美元。而在1972年其销售额仅为200万美元,自此耐克公司的销售额飞速上涨。今天,耐克公司的年销售额超过了35亿美元,并成为行业的领导者,占有运动鞋市场26%的份额。

耐克公司的成功源于它强调的①研究和技术改进;②风格式样的多样化。公司有将近100名雇员从事研究和开发工作。它的一些研究和开发活动包括人体运动高速摄影分析,对300个运动员进行的试穿测验,以及对新的和改进的鞋及材料的不断的试验和研究。

在营销中,耐克公司为消费者提供了最大范围的选择。它吸引了各种各样的运动员,并向消费者传递出最完美的旅游鞋制造商形象。到20世纪80年代初,慢跑运动达到高峰时,阿迪达斯已成了市场中的"落伍者"。竞争对手推出了更多的创新产品,更多的品种,并且成功地扩展到了其他运动市场。例如,耐克公司的产品已经统治了篮球和年轻人市场,运动鞋已进入了时装时代。到20世纪90年代初,阿迪达斯的市场份额降到了可怜的4%。

【思考】

1. 耐克公司的管理层制定了什么决策使它如此成功?

2.到20世纪90年代初,阿迪达斯的不良决策如何导致了市场份额的极大减少?这些决策怎么使得阿迪达斯的市场份额在90年代初降到了可怜的地步?不确定性在其中扮演了什么角色?

【分析】 合理的决策应该具备明确的目标、切实的可行性、可靠的保证、符合经济原则、应变的能力。耐克选择了新兴的市场,靠创新的技术适应多变的市场。这些都保证了耐克决策的成功。而阿迪达斯没有对新兴市场做出反应,决策没有变化。

不确定性是决策中重要影响因素,多数情况下只能估计未来时间是否发生的可能程度,即可能发生的概率。阿迪达斯制定了不良的决策,对市场的不确定性估计错误造成了整个经营的失误。

课后习题全解

1.如何理解决策的含义?决策的原则与依据各是什么?

【答】 (1)决策的定义为:管理者识别并解决问题的过程,或者管理者利用机会的过程。对于这一定义,可作如下理解:

决策的主体是管理者,因为决策是管理的一项职能。管理者既可以单独做出决策,这样的决策称为个体决策;也可以和其他的管理者共同做出决策,这样的决策称为群体决策。

决策的本质是一个过程,这一过程由多个步骤组成,尽管各人对决策过程的理解不尽相同。

决策的目的是解决问题或利用机会,这就是说,决策不仅仅是为了解决问题,有时也是为了利用机会。

(2)决策的原则。决策遵循的是满意原则,而不是最优原则。对决策者来说,要想使决策达到最优,必须具备以下条件,缺一不可。容易获得与决策有关的全部信息;真实了解全部信息的价值所在,并据此拟定出所有可能的方案;准确预测每个方案在未来的执行结果。

(3)决策的依据。管理者在决策时离不开信息。信息的数量和质量直接影响决策水平。

适量的信息是决策的依据,信息量过大固然有助于决策水平的提高,但对组织而言可能是不经济的,而信息量过少则使管理者无从决策或导致决策达不到应有的效果。

2.迄今为止,有关决策的理论经历了怎样的发展?

【答】 有关决策的理论经历了以下阶段:

(1)古典决策理论。古典决策理论是基于"经济人"假设提出的,主要盛行于20世纪50年代以前。古典决策理论认为,应该从经济的角度来看待决策问题,即决策的目的在于为组织获取最大的经济利益。

古典决策理论的主要内容是:①决策者必须全面掌握有关决策环境的信息情报;②决策者要充分了解有关备选方案的情况;③决策者应建立一个合理的层级结构,以确保命令的有效执行;④决策者进行决策的目的始终在于使本组织获取最大的经济利益。

(2)行为决策理论。行为决策理论的发展始于20世纪50年代。对古典决策理论的"经济人"假设发难的第一人是诺贝尔经济学奖得主赫伯特·A·西蒙,他在《管理行为》一书中指出,理性的和经济的标准都无法确切地说明管理的决策过程,进而提出"有限理性"标准和"满意度"的原则。其他学者对决策者行为做了进一步的研究,他们在研究中也发现,影响决策的不仅有经济因素,还有决策者的心理与行为特征,如态度、情感、经验和动机等。

行为决策理论的主要内容有以下几个方面:①人的理性介于完全理性和非理性之间,即人是有限理性的;②决策者在识别和发现问题中容易受知觉上的偏差的影响,而在对未来的状况做出判断时,直觉的运用往往多于逻辑分析方法的运用;③由于受决策时间和可利用资源的限制,决策者选择的理性是相对的;④在风险型决策中,决策者对待风险的态度对决策起着重要作用;⑤决策者在决策中往往只求满意的结果。

3. 决策的过程包括哪些步骤？每一步骤需要注意哪些问题？

【答】   决策的过程包括下列步骤,具体内容如下:

(1)诊断问题(识别机会)。

管理者必须特别注意要尽可能精确地评估问题和机会。要尽力获取精确的、可信赖的信息,并正确地解释它。同时需要注意处在控制之外的因素也可能对机会和问题的识别产生影响。

(2)明确目标。

所想要获得的结果的数量和质量都要明确下来,因为这两个方面最终指导决策者选择合适的行动路线。

(3)拟定方案。

这一步骤需要创造力和想象力。在提出备选方案时,管理者必须把试图达到的目标铭记在心,而且要提出尽量多的方案。管理者要善于征询他人的意见。

(4)筛选方案。

管理者起码要具备评价每种方案的价值或相对优势/劣势的能力。在评估过程中,要使用预定的决策标准(如预期的质量)并仔细考虑每种方案的预期成本、收益、不确定性和风险,最后对各种方案进行排序。管理者必须仔细考察所掌握的全部事实,并确信自己已获得足够的信息。

(5)执行方案。

管理者要明白,方案的有效执行需要足够数量和种类的资源作保障。管理者还要明白,方案的执行将不可避免地会对各方造成不同程度的影响,一些人的既得利益可能会受到损害。在这种情况下,需要管理者善于做思想工作,帮助他们认识这种损害只是暂时的,或者说是为了组织全局的利益而不是不付出代价,在可能的情况下,管理者还可以拿出相应的补偿方案以消除他们的顾虑,化解方案在执行过程中遇到的阻力。管理者应当明白,方案的实施需要得到广大员工的支持,需要调动他们的积极性。

(6)评估效果。

将方案实际的执行效果与管理者当初所设立的目标进行比较,看是否出现偏差。如果存在偏差,则要找出偏差产生的原因,并采取相应的措施。如果发现偏差是由方案执行过程中某种人为或非人为的因素造成的,那么管理者就应该加强对方案执行的监控并采取切实有效措施,确保已经出现的偏差不扩大甚至有所缩小,从而使方案取得预期的效果。

4. 决策的影响因素有哪些？

【答】　决策的影响因素有以下4个方面：
(1)环境因素：它包括环境的稳定性、市场结构、买卖双方在市场的地位。
(2)组织自身的因素：它包括组织文化、组织的信息化程度、组织对环境的应变模式。
(3)决策问题的性质：它包括问题的紧迫性、问题的重要性。
(4)决策主体的因素：它包括个人对待风险的态度、个人能力、个人价值观和决策群体的关系融洽程度。

5. 比较书中三种集体决策方法的异同，举例说明应用时需要注意的问题。

【答】　三种集体决策方法的异同比较如下：
(1)头脑风暴法。头脑风暴法的特点是：针对解决的问题，相关专家或人员聚在一起，在宽松的氛围中，敞开思路，畅所欲言，寻求多种决策思路。头脑风暴法的特点是倡导创新思维。时间一般在1～2小时，参加者以5～6人为宜。

头脑风暴法的创始人是英国心理学家奥斯本（A. F. Osborn）。该决策方法的四项原则是：各自发表自己的意见，对别人的建议不作评论；建议不必深思熟虑，越多越好；鼓励独立思考、奇思妙想；可以补充完善已有的建议。

(2)名义小组技术。在集体决策中，如果大家对问题性质的了解程度有很大差异，或彼此的意见有较大分歧，直接开会讨论效果并不好，可能争执不下，也可能权威人士发言后大家随声附和。

这时，可以采取"名义小组技术"。管理者先选择一些对要解决的问题有研究或有经验的人作为小组成员，并向他们提供与决策问题相关的信息。小组成员各自先不通气，独立地思考，提出决策建议，并尽可能详细地将自己提出的备选方案写成文字资料。然后召集会议，让小组成员一一陈述自己的方案。在此基础上，小组成员对全部备选方案投票，产生大家最赞同的方案，并形成对其他方案的意见，提交管理者作为决策参考。

(3)德尔菲技术。德尔菲技术是兰德公司提出的，用于听取专家对某一问题的意见。运用这一方法的步骤是：

①根据问题的特点，选择和邀请做过相关研究或有相关经验的专家；

②将与问题有关的信息分别提供给专家，请他们各自独立发表自己的意见，并写成书面材料；

③管理者收集并综合专家们的意见后，将综合意见反馈给各位专家，请他们再次发表意见。如果分歧很大，可以开会集中讨论；否则，管理者分头与专家联络；

④如此反复多次，最后形成代表专家组意见的方案。

6. 结合案例5.3讨论：风险的含义是什么？风险应该如何度量？

【答】　有些决策问题涉及的有些条件是随机的，即该条件发生与否并不能确定，有可能发生，亦有可能不发生，我们把这种不确定性称之为风险。例如在案例5.3中涉及到的三种产品销路状态的发生都有可能，但并不能事先确定哪个条件一定会发生，即无论按照哪种销路状况为条件进行市场预测，都存在一定的风险。

对于风险的度量，没有确定的定量分析方法，我们只能根据手中已有资料，和已掌握信息或历史经验主观判定风险的大小并赋予它一定的概率，发生概率较大则说明其风险较小，发生概率较小则说明其风险较大。但对于相同的风险，不同的人可能会有不同的结论。如案例5.3中该企业所生产产品销路差的概率被认定为0.25，即说明该产品销路比较好的可能性比较大，即生产该种产品的风险较小。

7. 在运用决策树解题时，如果在决策点选取最大值时，有两个或者多个取得最大值，该如何处理？

【答】　　决策树方法的目标可以是最大期望收益，也可以是最大效用。在运用决策树解题时，如果在决策点选取最大值时，有多个取得最大值，可以算出各决策点的期望收益，再从期望收益中选取最大值的决策点即可。

8. 用模拟方法解决实际问题时，只模拟一次有什么问题？如何用模拟运算来解决？模拟运算还能解决什么问题？举例说明。

【答】　　模拟是一种通过产生随机数的实验来求解随机问题的技术，又称蒙特卡罗方法。只模拟一次所得出的结论是不能全信的。

既然随机数产生具有随机性，我们不能完全相信一次模拟的结果。Excel表格里"数据"菜单里的"模拟运算表"可以帮我们模拟多次，为该风险投资决策问题提供更多决策信息。

对于不便使用公式计算的风险投资问题，计算机模拟方法可以一显身手。例如讨论成功概率有相关性的多次投资问题，可以在Excel环境下用模拟的方法解决这一问题。输入数据，分别进行第一次投资和多次投资的模拟，利用"模拟运算法"进行分析，可以为该风险投资决策问题提供更多决策信息。

同步练习

一、单项选择题

1. 根据美国管理学家哈罗德·孔茨的观点，有效决策的判断标准是(　　)。
   A. 最优标准　　　　B. 次优标准　　　　C. 满意标准　　　　D. 合理性标准
2. 被称为决策"硬技术"的决策方法是指(　　)。
   A. 边际分析法　　　　　　　　　　　B. 主观决策法
   C. 科学决策法　　　　　　　　　　　D. 计量决策法
3. 下列(　　)不是决策的特征。
   A. 明确而具体的决策目标　　　　　　B. 有两个以上的备选方案
   C. 以了解和掌握信息为基础　　　　　D. 追求的是最优最好方案
4. 狭义的决策是指(　　)。
   A. 拟定方案　　　　B. 评价方案　　　　C. 选择方案　　　　D. 比较方案
5. 管理的基础是(　　)。
   A. 人员配备　　　　B. 领导　　　　　　C. 决策　　　　　　D. 控制
6. 主观决策法特别适合于(　　)。
   A. 肯定型决策　　　B. 经验决策　　　　C. 非常规决策　　　D. 战术决策

7. 关于决策,正确的说法是(   )。
   A. 决策是管理的基础   B. 管理是决策的基础
   C. 决策是调查的基础   D. 计划是决策的基础
8. 决策树适合下列哪种类型的决策?(   )
   A. 确定型决策   B. 非确定型决策
   C. 风险型决策   D. A、B 和 C
9. 目标管理概念的最初提出者是(   )。
   A. 亨利·莱文森   B. 德鲁克   C. 西勒   D. 泰罗
10. 有一种说法认为"管理就是决策",这实际上意味着(   )。
    A. 对于管理者来说只要善于决策就一定能够获得成功
    B. 管理的复杂性和挑战性都是由于决策的复杂性而导致的
    C. 决策能力对于管理的成功具有特别重要的作用
    D. 管理首先需要的就是面对复杂的环境做出决策
11. 在决策要素中,决策者无法控制但又对决策后果起重大影响的要素是(   )。
    A. 决策方案   B. 决策环境   C. 决策变量   D. 决策评价
12. 对日常工作中为提高生产效率、工作效率而作出的决策,牵涉范围较窄,只对组织产生局部影响的是(   )。
    A. 战略决策   B. 战术决策   C. 管理决策   D. 业务决策
13. 知识敏感型决策对时间和质量的要求(   )。
    A. 不高,较高   B. 较高,也较高
    C. 较高,不高   D. 不高,也不高
14. 喜好风险的人往往会选取风险程度和收益程度属于下列哪样的行动方案?(   )
    A. 较高,较高   B. 较高,较低   C. 较低,较低   D. 不确定
15. 在经营单位组合分析法中,具有较高业务增长率和较低市场占有率的经营单位是(   )。
    A. 金牛   B. 明星   C. 幼童   D. 瘦狗

二、多项选择题
1. 在决策的方案抉择阶段,有直接的判断标准,这主要有三种代表性的观点(   )。
   A. 泰罗提出的"最优"标准   B. 西蒙提出的"有限度的合理性"标准
   C. 西蒙提出的"满意"标准   D. 孔茨提出的合理性标准
2. 一般来说,越是组织的下层主管人员所做出的决策越倾向于(   )。
   A. 战略型   B. 经验型   C. 常规型   D. 肯定型
3. 组织的最高层主管人员所做的决策倾向于(   )。
   A. 战略型   B. 常规型   C. 科学型   D. 肯定型
4. 主观决策法的特点是(   )。
   A. 方法灵便   B. 易产生主观性
   C. 缺乏严格论证   D. 易于为一般管理干部所接受

5. 按决策中变量之间的关系分类有（   ）。

A. 肯定型决策　　　　　　　　　　　　B. 战略决策

C. 战术决策　　　　　　　　　　　　　D. 非肯定型决策

6. 按决策对象的内容分类有（   ）。

A. 经验决策　　　　B. 科学决策　　　　C. 非常规决策　　　　D. 常规决策

7. 决策的程序一般包括（   ）。

A. 确定决策目标　　　　　　　　　　　B. 确定前提

C. 拟定备选方案　　　　　　　　　　　D. 评价备选方案

8. 下列选项中不属于企业的短期决策的是（   ）。

A. 投资方向的选择　　　　　　　　　　B. 人力资源的开发

C. 组织规模的确定　　　　　　　　　　D. 企业日常营销

9. 集体决策的缺点包括（   ）。

A. 花费较多的时间　　　　　　　　　　B. 产生群体思维

C. 产生的备选方案较少　　　　　　　　D. 责任不明

10. 下列选项属于例外问题的是（   ）。

A. 组织结构变化　　　　　　　　　　　B. 重大投资

C. 重要的人事任免　　　　　　　　　　D. 重大政策的制定

11. 决策者只寻求满意结果的原因有（   ）。

A. 只能满足于在现有方案中寻找

B. 决策者能力的缺乏

C. 选择最佳方案需要花大量的时间和金钱

D. 决策者只需要有满意的结果

12. 通过（   ）方法可以提出富有创造性的方案。

A. 独自思考　　　　　　　　　　　　　B. 头脑风暴法

C. 名义小组技术　　　　　　　　　　　D. 德尔菲技术

13. 过去的决策会影响现在的决策是因为（   ）。

A. 过去的决策是正确的

B. 过去的决策是目前决策的起点

C. 过去的决策都是现在的管理者制定的

D. 过去的决策给组织内外部的环境带来了某种程度的变化

14. 头脑风暴法实施的原则有（   ）。

A. 对别人的建议不作任何评价

B. 建议越多越好，想到什么就说什么

C. 鼓励每个人独立思考

D. 可以补充和完善已有的建议使它更具说服力

15. 常用的不确定型决策方法有（   ）。

A. 小中取大法　　　　　　　　　　　　B. 大中取大法

C. 大中取小法　　　　　　　　　　　　D. 最小最大后悔值法

16. 科学决策的主要特征是（　　）。
A. 由领导者做决断
B. 遵循科学的决策程序
C. 依靠专家智囊团和运用科学的决策技术
D. 运用科学的思维方法和科学知识进行决断

17. 调查研究要做到实事求是，必须做到以下几点（　　）。
A. 不能凭主观想象，带着框框去找材料
B. 对所获材料，要尊重事实，不能凭个人好恶任意取舍
C. 对于被调查者提供的材料认真核实
D. 要有明确的调研目的

18. 为了保证决策切实可行，必须注意（　　）。
A. 决策要慎重　　　　　　　　　　B. 决策要及时
C. 目标要最优　　　　　　　　　　D. 方案要最优

19. 拟制方案的基本要求是（　　）。
A. 方案必须有多个
B. 可以不考虑约束条件
C. 方案本身应是严谨的和行之有效的
D. 方案可以是一个

20. 为使用好智囊团，领导者应注意（　　）。
A. 优化智囊团的结构
B. 为智囊团开展工作创造必要的条件
C. 放手让智囊团独立研究
D. 使智囊团服从领导者意图

三、简答题

1. 简述决策的基本过程。
2. 简述正确决策的基本要求。
3. 集体决策的优点有哪些？
4. 如何理解决策遵循的是满意原则，而不是最优原则？
5. 决策的影响因素有哪些？

四、计算题

1. 据市场预测，今后几年市场对某公司产品的需求会扩大（概率0.7），但也存在着销售量减少的可能（概率0.3），公司面临几种可能的选择：

第一：扩建厂房更新设备，需投资700万元，若需求扩大，公司每年可获利300万元；若需求减少，公司每年亏损50万元，服务期限5年。

第二：使用老厂房，更新设备，需投资400万元，若需求扩大，每年可获利100万元；若需求减少，每年也可获利60万元，服务期限5年。

第三：先更新设备，一年后，若销路好，再扩建厂房，每年可获利300万元，共需投资800万元，服务期限总共是5年。

试根据决策树论,进行方案抉择。

2. 某厂要决定下个五年计划期间生产某种电子产品的生产批量。根据以往的销售统计资料及市场预测得知,未来市场出现销路好,销路一般和销路差三种情况的概率分别为 0.3、0.5 和 0.2;若该产品按大、中、小三种不同批量投产,则下个五年计划期内在不同的销售状态下的收益值可以估算出来,如表所示,现要求通过分析确定合理批量,使该企业获得最大收益。

	销路好	销路一般	销路差
	0.3	0.5	0.2
大批生产	20	14	−2
中批生产	12	17	12
小批生产	8	10	10

参考答案

一、单项选择题

1. D 2. D 3. D 4. C 5. C 6. B 7. A 8. C
9. B 10. C 11. B 12. D 13. A 14. A 15. C

二、多项选择题

1. ABC 2. BCD 3. AC 4. ABCD 5. BD 6. AD 7. ABCD
8. ABC 9. ABD 10. ABCD 11. ABC 12. BCD 13. BD 14. ABCD
15. ABD 16. BCD 17. ABC 18. AB 19. AC 20. ABC

三、简答题

1. 决策的基本过程是:找出制定决策的理由;拟定备选方案;对备选方案进行评估、选择;对于付诸实施的方案进行评估。

2. 正确决策的基本要求是:把握问题的要害;明确决策的目标;至少有两个以上的可行方案;对决策方案进行综合评价;敢冒风险;把决定过程看成是一个学习过程。

3. 能更大范围地汇总信息;能拟定更多的备选方案;能得到更多的认同;能更好地沟通;能作出更好的决策。

4. 首先,要想决策达到最优,必须满足以下几个要求:容易获得与决策有关的全部信息;真实了解全部信息的价值所在,并据此制定所有可能的方案;准确预期到每个方案在未来的执行结果。

但是在现实中,这些条件往往得不到满足,具体来说:组织内外存在的一切对组织的现在和未来都会直接或间接地产生某种程度的影响,但决策者很难收集到反映这一切情况的信息;对于收集到的有限信息,决策者的利用能力也是有限的,从而决策者只能制定数量有限的方案;决策所预测的未来状况可能与实际的未来状况有出入,人们对未来的认识是不全面的。

5. 环境的特点影响着组织的活动选择;对习惯的反应模式也影响着组织的活动选择;过去决策;决策者对风险的态度;伦理;组织文化;时间。

四、计算题

1. (1)根据条件绘制决策树。

(2)节点④300×1.0×4－400＝800(万元)

节点⑤100×1.0×4＝400(万元)

由于800＞400 故决策Ⅱ选择扩建厂房。

(3)节点①[300×0.7×5＋(－50)×0.3×5]－700＝275(万元)

节点②[100×0.7×5＋60×0.3×5]－400＝40(万元)

节点③[100×0.7×1＋800×0.7＋60×0.3×5]－400＝320(万元)

由于320＞275＞40

所以应选择第三方案,即先更新设备,若销路好一年后再扩建厂房。

2. (1)根据条件绘制决策树。

(2)计算各节点的期望值。

节点②20×0.3＋14×0.5＋(－2)×0.2＝12.6(万元)

节点③12×0.3＋17×0.5＋12×0.2＝14.5(万元)

节点④8×0.3＋10×0.5＋10×0.2＝9.4(万元)

(3)进行抉择。

由于节点③的期望值最大所以选择中批生产这一方案。

历年真题及全解

1. (北科2009年研)认为管理就是决策的学者是(   )。

A. 拉斯韦尔　　　　B. 亚里士多德　　　　C. 西蒙　　　　D. 阿利森

【答案】　C

【解析】　西蒙认为,组织就是作为决策的个人所组成的系统。决策贯彻于管理的全过程,管理就是决策,组织的任何一个成员第一个决策是参加或不参加这个组织。

2. (北科2008年研)管理上有一条重要的格言"当看上去只有一条路可走时,这条路往往是错误的。"这条格言反映的是(   )。

A. 如果只有一个方案可行的,那么这个方案必然是错的

B. 鼓励人们探求更多的出路,摆脱惟一选择的困境,力争在多种方案中择优

C. 决策方案的拟订是多多益善

D. 以上都不对

【答案】　B

【解析】　一个人在进行判断、决策的时候,必须在多种可供选择的方案中决定取舍。只有拟定出一定数量和质量的可能方案供对比选择,判断、决策才能做到合理。毫无疑问,只有一种备选方案就无所谓择优,没有了择优,决策也就失去了意义。

3. (北科 2009 年研)风险型决策与非确定型决策的区别主要在于( )
A. 风险型决策所承担的风险相对于非确定型决策来说要小
B. 风险型决策面临的是多种可能的自然状态,而非确定型决策面临的是无法预知的自然状态
C. 二者区别不明显
D. 风险决策可以预测未来自然状态出现的概率,而非确定型决策不能预测概率

【答案】 D
【解析】 风险决策与非确定型决策有密切的联系,但二者有着本质的区别,不能将二者混为一谈。风险型决策是指决策者面临的这样一种状态。即能够事先知道事件最终呈现的可能状态,并且可以根据经验知识或历史数据比较精确地预知可能状态出现的可能性的大小,即知道整个事件发生的概率分布。然而,在不确定性的状态下,决策者是不能预知事件发生最终结果的可能状态以及相应的可能性大小即概率分布。

4. (北科 2008 年研)某企事业集团拟开发新产品,现有两个方案,假定其开发费用相同。开发甲产品,估计投产后,市场竞争不激烈时每年获得 150 万元,市场竞争激烈时每年亏损 50 万元。开发乙产品,估计投产后无论市场竞争激烈与否,每年均可获利 80 万元。根据预测,这两种拟开发的产品投产后,出现市场竞争不激烈情况的概率为 0.6,出现市场竞争激烈情况的概率为 0.4。如果只能在这两个方案中选一个,你的评价是什么?( )
A. 开发甲产品比开发乙产品好
B. 开发乙产品比开发甲产品好
C. 开发甲产品与开发乙产品没有什么差别
D. 根据以上资料尚无法下结论

【答案】 B
【解析】 由题意,开发甲产品的期望收益$=(150×0.6)+(-50)×(0.4)=70$(万元);开发乙产品稳获利 80 万元。因为,乙产品的期望收益大于甲产品的期望收益,所以,开发乙产品比开发甲产品好。

第六章
计划与计划工作

知识点归纳

1. 计划的概念

计划是指为了实现决策所确定的目标,预先进行的行动安排。这项行动安排工作包括:在时间和空间两个维度上进一步分解任务和目标,选择任务和目标的实现方式,规定进度,检查与控制行动结果等。

2. 计划的性质

一方面,计划工作是决策的逻辑延续,为了决策所选择的目标活动的实施提供了组织实施保证;另一方面,计划工作又是组织、领导、控制和创新等管理活动的基础,是组织内不同部门、不同成员行动的依据。因此,我们可以从以下四个方面来考察计划的性质。

(1)计划工作是为实现组织目标服务的——目的性。

(2)计划工作是管理活动的桥梁,是组织、领导和控制等管理活动的基础——基础性。

(3)计划工作具有普遍性和秩序性。

(4)计划工作要追求效率——效率性。

3. 计划的类型

理论研究将计划按一定标准进行分类,主要有以下5种:

(1)根据时间长短分——长期计划与短期计划。

(2)根据职能空间分——业务计划、财务计划和人事计划。

(3)根据综合性程度分——战略性计划与战术性计划。

(4)根据明确性分——具体性计划与指导性计划。

(5)根据程序化程度分——程序性计划与非程序性计划。

4. 计划的层次体系

哈罗德·孔茨和海因茨·韦里克从抽象到具体,把计划分为一种层次体系:

(1)目的或使命:反映了一个组织之所以存在的理由或价值。

(2)目标:组织的活动所要达到的结果。

(3)战略:在管理上,战略通常表示一种总的行动方案,是指为实现总目标而做的重点部署和资源安排。

(4)政策:管理人员决策的指南,它规定了行动的方向和界限。

(5)程序:对所要进行的活动规定的时间顺序,它规定了处理未来活动的例行方法。
(6)规则:一种最简单的计划,它规定按照一定的情况,采取或不采取某一特定的活动。
程序可以看作是由一系列的规则所组成的。规则和程序旨在抑制思考,所以,往往用于不希望人们自由行动的场合。政策的目的在于指导人们决策,留有自由裁量的余地;而规则尽管也起着指导作用,但不允许人们自由行动。
(7)方案(或规划):也就是各种项目计划,它包括了为实现既定方针所必须的目标、政策、程序、规划、任务委派、资源安排以及其他要素。
(8)预算:用数字来表示预期结果的一种计划。

5.计划编制过程

计划编制本身也是一个过程,可从以下八个方面开展:
(1)确定目标:确定目标是决策工作的主要任务。目标是指期望的成果。目标为组织整体、各部门和各成员指明了方向,描绘了组织未来的状况,并且作为标准可用来衡量实际的绩效。计划工作主要任务是将决策所确立的目标进行分解,以便落实到各个部门、各个活动环节,并将长期目标分解为各个阶段的目标。
(2)认清现在:认识现在的目的在于寻求合理有效的通向对岸的路径,也即实现目标的途径。认清现在不仅需要有开放的精神,将组织、部门置于更大的系统中,而且要有动态的精神,考查环境、对手与组织自身随时间的变化与相互间的动态反应。
(3)研究过去:研究过去不仅是从过去发生过的事件中得到启示和借鉴,更重要的是探讨过去通向现在的一些规律。
(4)预测并有效地确定计划的重要前提条件:其重要性不仅在于对前提条件认识越清楚、越深刻,计划工作越有效,而且在于组织成员越彻底地理解和同意使用一致的计划前提条件,企业计划工作就越加协调。
(5)拟定和选择可行性行动计划:包括拟定可行性行动计划、评估计划和选定计划等三个内容。
(6)制定主要计划:拟定主要计划就是将所选择的计划用文字形式正式地表达出来,作为一项管理文件。拟写计划要清楚地确定和描述"5W1H"的内容。
(7)制定派生计划:基本计划几乎肯定需要派生计划的支持。
(8)制定预算,用预算使计划数字化:编制预算,一方面是为了计划的指标体系更加明确;另一方面是企业更易于对计划执行进行控制。

经典案例

案例一

施温自行车公司的沉浮

施温于1985年在芝加哥创办了施温自行车公司,后来成长为世界上最大的自行车制造商。在20世纪60年代,施温公司占有美国自行车市场25%的份额。不过,过去的辉煌不代表着未来的荣耀。

小施温是创始人的长孙,1979年他接过公司的控制权,那时,问题已经出现,而糟糕的计划和决策又使已有的问题雪上加霜。

在20世纪70年代,施温公司不断投资于它的强大的零售分销网络和品牌,以便主宰十档变速车市场。但进入80年代,市场转移了,山地车取代十档变速车成为销售量最大的车型,并且轻型的、高技术的、外国产的自行车在成年自行车爱好者中日益普及。施温公司错过了这两次市场转型的机会,它对市场的变化反应太慢,管理层专注于削减成本而不是创新。结果,施温公司的市场份额开始迅速地被更富于远见的制造商夺走,这些制造商销售的品牌有特莱克、坎农戴尔、巨人和钻石等。

或许,施温公司最大的错误是没有把握住自行车是一种全球产品,公司迟迟没有开发海外市场和利用国外的生产条件。一直拖到70年代末,施温公司才开始加入国外竞争,把大量的自行车转移到日本进行生产,但那时,不断扩张的中国台湾的自行车工业已经在价格上击败了日本生产厂家。作为应付这种竞争的一种策略,施温公司开始少量进口中国台湾制造的巨人牌自行车,然后贴上施温商标在美国市场上出售。

1981年,当施温公司设在芝加哥的主要工厂的工人举行罢工时,公司采取了一项现在看来也许是愚蠢至极的行动。管理层不是与工人谈判解决问题,而是关闭了工厂,将工程师和设备迁往台湾的巨人公司自行车工厂。作为与巨人公司合伙关系的一部分,施温公司将一切,包括技术、工程、生产能力都交给了巨人公司,这正是巨人公司要成为占统治地位的自行车制造商所求之不得的。作为交换条件,施温公司获准进口和在美国市场上以施温商标经销巨人公司制造的自行车。正如一家美国竞争者所言:"施温是将特许权盛在银盘上奉送给了巨人公司。"到1984年,巨人公司每年支付给施温公司70万辆自行车,以施温商标销售,占施温公司年销售量的70%。几年后,巨人公司利用从施温公司那里获得的知识,在美国市场上建立了它自己的商标。

到1992年,巨人公司和中国内地的自行车公司,已经在世界市场上占据了统治地位。巨人公司销售的每10辆自行车中,有7辆是以自己的商标出售的,而施温公司怎么样了呢?当它的市场份额在1992年10月跌落到5%时,公司开始申请破产。

【思考】

1. 进入20世纪80年代,市场转移了,山地车取代变速车成为销售量最大的车型,并且轻型的、高技术的、外国生产的自行车在成年自行车爱好者中日益普及。但施温公司对市场的变化反应太慢,错过了这两次市场转型的机会,这说明它的计划具有什么缺陷?

2. 自行车是一种全球产品,而公司没有意识到这一点,迟迟没有开发海外市场和利用国外的生产条件。从此可以看出施温公司的长期计划和短期计划的什么问题?

3. 从此案例谈谈你对计划和决策之间关系的理解?

4. 1981年,当施温公司设在芝加哥的主要工厂的工人举行罢工时,公司管理层关闭了工厂,将工程师和设备迁往台湾的巨人公司自行车工厂。作为与巨人公司合伙关系的一部分,施温公司将一切,包括技术、工程、生产能力都交给了巨人公司,作为交换条件,施温公司获准进口和在美国市场上以施温商标经销巨人公司制造的自行车。对巨人公司此项决策,你如何评价?

【分析】

1. 施温公司不能快速应对市场发生的变化,说明公司缺乏弹性,不能很好地适应越来越动态变化的外部环境,无法及时准确地把握住消费者的需求,违反了计划基本原则中的稳定性和灵活性相结合的原则。进入20世纪80年代,市场转移了,环境变换了,公司的发展策略却没有变化,这不符合计划的灵活性原则,没有把计划的稳定性和灵活性结合起来。

2.可以看出施温公司的长期计划和短期计划没有很好的结合起来。长期计划描述了组织在较长时期的发展方向和方针,规定了组织的各个部门在较长时期内从事某种活动应达到的目标和要求,绘制了组织长期发展的蓝图。长期计划更有远见,能够为组织的发展提供更多的机遇。施温公司没有意识到自行车是一种全球产品,因此,其长期计划缺乏远见,直接影响了对短期计划的指导作用。

3.计划应该以预测为基础,源于决策的需要,计划的好坏直接关系到决策结果的质量,计划具有保证决策目标实现的功能。

4.施温公司为短期利益而放弃自己长远的发展,施温公司将技术、工程、生产能力都交给了巨人公司,等于放弃了自己的核心能力,而一家公司的核心能力是其获得持续竞争优势的基础,所以施温公司在后来的发展中才后继乏力,直至破产。

课后习题全解

1. 简述计划的概念及其性质。

【答】 计划工作是对决策所确定的任务和目标提供一种合理的实现方法。

计划的性质可从以下四方面来考察:①计划工作为实现组织目标服务;②计划工作是管理活动的桥梁,是组织、领导和控制管理活动的基础;③计划工作具有普遍性和秩序性;④计划工作要追求效率。

2. 理解计划的类型及其作用。

【答】 理论研究将计划按一定标准进行分类,具体内容和作用如下:

(1)根据时间长短可分为长期计划和短期计划。财务分析人员习惯于将投资回收期分为长期、中期和短期。长期通常指五年以上,短期一般指一年以内,中期则介于两者之间。管理人员也采用长期、中期和短期来描述计划。长期计划描述了组织在较长时期(通常为五年以上)的发展方向和方针,规定了组织的各个部门在较长时期内从事某种活动应达到的目标和要求,绘制了组织长期发展的蓝图。短期计划具体地规定了组织的各个部门在目前到未来的各个较短的阶段,特别是最近的时段中,应该从事何种活动,从事该种活动应达到何种要求,从而为各组织成员在近期内的行动提供了依据。

(2)按职能空间分类,可以将计划分为业务计划、财务计划及人事计划。财务计划与人事计划是为业务计划服务的,也是围绕着业务计划而展开的。财务计划研究如何从资本的提供和利用上促进业务活动的有效进行,人事计划则分析如何为业务规模的维持或扩大提供人力资源的保证。

(3)根据涉及时间长短及其范围广狭的综合性标准,可以将计划分类为战略性计划与战术性计划。战略性计划是指应用于整体组织的,为组织未来较长时期(通常为五年以上)设立总体目标和寻求组织在环境中的地位的计划。战术性计划是指规定总体目标如何实现的细节的计划,其需要解决的是组织的具体部门或职能在未来各个较短时期内的行动方案。

(4)根据计划内容的明确性标准,可以将计划分类为具体性计划和指导性计划。指导性计划只规定某些一般的方针和行动原则，给予行动者较大自由处置权，它指出重点但不把行动者限定在具体的目标上或特定的行动方案上。相对于指导性计划而言，具体性计划虽然更易于计划的执行、考核及控制，但是它缺少灵活性，而且它要求的明确性和可预见性条件往往很难得到满足。

(5)西蒙把组织活动分为两类。一类是例行活动，指一些重复出现的工作，如订货、材料的出入库等。对这类活动的决策是经常反复的，而且具有一定的结构，因此可以建立一定的决策程序。每当出现这类工作或问题时，就利用既定的程序来解决，而不需要重新研究。这类决策叫程序化决策，与此对应的计划是程序性计划。另一类活动是非例行活动，这些活动不重复出现，比如新产品的开发、生产规模的扩大、品种结构的调整、工资制度的改变等。处理这类问题没有一成不变的方法和程序，因为这类问题在过去尚未发生过，或其性质和结构捉摸不定或极为复杂，再或因为这类问题十分重要而需用个别方法加以处理。解决这类问题的决策叫做非程序化决策，与此对应的计划是非程序性计划。

3. 解释孔茨与韦里克的计划层次体系的基本内容。

【答】　哈罗德·孔茨和海因·韦里克从抽象到具体把计划分为一种层次体系，即：目的或使命；目标；战略；政策；程序；规则；方案（或规划）；预算。

孔茨和韦里克的分类对于我们理解计划及计划工作颇有裨益。下面简要分析各种形式的计划。

(1)目的或使命。它指明一定的组织机构在社会上应起的作用和所处的地位。它决定组织的性质，是决定此组织区别于彼组织的标志。各种有组织的活动，至少应该有自己的目的或使命。

(2)目标。组织的目的或使命往往太抽象、太原则化，它需要进一步具体化为组织一定时期的目标和各部门的目标。组织的使命支配着组织各个时期的目标和各部门的目标，并且组织各个时期的目标和各部门的目标是围绕组织存在的使命所制定的，并为完成组织使命而努力。

(3)战略。战略是为了达到组织总目标而采取的行动和利用资源的总计划，其目的是通过一系列的主要目标和政策来决定和传达希望成为什么样的组织。

(4)政策。政策是指导或沟通决策思想的全面陈述或理解书。政策用来帮助事先决定问题的处理方法，这一方面减少对某些例行事件处理的成本，另一方面把其他计划统一起来了。政策支持分权，同时也支持上级主管对该项分权的控制。政策允许对某些事情有酌情处理的自由，自由处理的权限大小一方面取决于政策自身，另一方面取决于主管人员的管理艺术。

(5)程序。程序是制定处理未来活动的一种必需方法的计划。它详细列出完成某类活动的切实方式，并按时间顺序对必要的活动进行排列。

(6)规则。规则没有酌情处理的余地。它详细地阐明了必需行动或非必需的行动，其本质是一种必须或无须采取某种行动的管理决策。规则通常是最简单形式的计划。

(7)方案（或规划）。方案是一个综合性的计划，它包括目标、政策、程序、规则、任务分配、采取的步骤、要使用的资源，以及为完成既定行动方针所需的其他因素。

(8)预算。预算是一份用数字表示预期结果的报表。预算通常是为规划服务的，但其本身可能就是一项规划。

4. 计划编制包括哪几个阶段的工作？

【答】　　计划编制本身也是一个过程。为了保证编制的计划合理,确保能实现决策的组织落实,计划编制过程中必须采用科学的方法。计划编制包括以下几个阶段的工作：

(1)确定目标。确定目标是决策工作的主要任务。

(2)认清现在。认识现在的目的在于寻求合理有效的通向对岸的路径,也即实现目标的途径。

(3)研究过去。研究过去不仅是从过去发生过的事件中得到启示和借鉴,更重要的是探讨过去通向现在的一些规律。

(4)预测并有效地确定计划的重要前提条件。其重要性不仅在于对前提条件认识越清楚,越深刻,计划工作越有效,而且在于组织成员越彻底地理解和同意使用一致的计划前提条件,企业计划工作就越容易协调。

(5)拟定和选择可行性行动计划。拟定尽可能多的计划,按规定的原则选择一个或几个较优计划。

(6)制定主要计划。拟定主要计划就是要将所选择的计划用文字形式正式地表达出来,作为一项管理文件。

(7)制定派生计划。基本计划肯定需要派生计划的支持。

(8)制定预算,用预算使计划数字化。编制预算,一方面是为了使计划的指标体系更加明确,另一方面是企业更易于对计划的执行进行控制。

同步练习

一、单项选择题

1.根据计划的明确性,可以把计划分类为(　　)。
A.长期计划和短期计划　　　　　　B.战略性计划和战术性计划
C.具体性计划和指导性计划　　　　D.程序性计划和非程序性计划

2.狭义的计划是指(　　)。
A.制定计划　　B.执行计划　　C.检查计划　　D.完成计划

3.下列哪一项活动不属于计划活动的范畴(　　)。
A.目标　　　　B.策略　　　　C.预算　　　　D.实施

4.为了明确企业计划的外部条件,其关键是(　　)。
A.定量预测　　B.定性预测　　C.环境预测　　D.销售预测

5.预测既是计划工作的前提条件,又是计划工作的(　　)。
A.组成部分　　B.基础　　　　C.结果　　　　D.保证

6.计划工作是(　　)。
A.各级管理人员都要从事的工作
B.计划职能部门的工作

C. 高层管理部门所要从事的工作

D. 以上都不是

7. 程序的实质是对所要进行的活动规定时间顺序,因此,程序也是一种( )。

A. 工作步骤　　　　B. 计划前提条件　　C. 规划工作　　　　D. 规章制度

8. 计划工作的核心是( )。

A. 确定目标　　　　　　　　　　B. 估量机会

C. 决策　　　　　　　　　　　　D. 确立计划前提条件

9. 计划工作之所以能使组织经营活动的费用降至最低限度,是因为它强调( )。

A. 经营的效率和一贯性　　　　　B. 决策的有效性

C. 计划的周密性　　　　　　　　D. 未来的不肯定性

10. 计划期限长短应是以能实现或有足够的可能性实现其承诺的( )为准绳。

A. 任务　　　　　　B. 工作量　　　　C. 宗旨　　　　　　D. 定额

11. 计划工作应当是一项( )的工作。

A. 普遍　　　　　　　　　　　　B. 高层管理人员

C. 专业计划人员　　　　　　　　D. 基层职工

12. 确立目标是什么工作的一个主要方面?( )

A. 计划　　　　　　B. 人员配备　　　C. 指导与领导　　　D. 控制

13. 基本建设计划、新产品的开发计划等属于哪个计划?( )

A. 专项　　　　　　B. 综合　　　　　C. 财务　　　　　　D. 生产

14. 在管理的各项工作中,居于领先地位的工作是( )。

A. 计划工作　　　　　　　　　　B. 控制工作

C. 组织工作　　　　　　　　　　D. 指导与领导工作

15. 按计划内容分类的计划是( )。

A. 长期计划　　　　　　　　　　B. 年度计划

C. 专项计划　　　　　　　　　　D. 上层管理计划

16. 指出下列说法( )是正确的。

A. 计划中包含着组织　　　　　　B. 计划对人事提出要求

C. 计划对控制提出要求　　　　　D. 计划贯穿于其他四项职能中

二、多项选择题

1. ( )的计划是有效率的。

A. 能得到最大的剩余　　　　　　B. 能以合理的代价实现目标

C. 成本等于收益　　　　　　　　D. 详细

2. 财务计划和人事计划与业务计划的关系是( )。

A. 财务计划和人事计划是为业务计划服务的

B. 财务计划和人事计划是围绕着业务计划展开的

C. 财务计划研究如何从资本的提供和利用上促进业务活动的有效进行

D. 人事计划分析如何为业务规模的维持或扩大提供人力资源的保证

3. 下列属于非例行活动的是( )。

A. 新产品的开发　　　　　　　　B. 品种结构的调整

C. 工资制度的改革　　　　　　　D. 生产规模的扩大

4. 计划是( )。

A. 面向未来的　　　　　　　　　B. 过去的总结

C. 现状的描述　　　　　　　　　D. 面向行动的

5. 评价行动计划,要注意( )。

A. 认真考察每一个计划的制约因素和隐患

B. 要用总体的效益观点来衡量计划

C. 既要考虑有形的可用数量表示的因素,又要考虑到许多无形的不能用数量表示的因素

D. 不仅要考虑计划执行带来的利益,还要考虑计划执行带来的损失

6. 拟定和选择行动计划包括哪些内容?( )

A. 拟定可行动计划　　　　　　　B. 评估计划

C. 修改计划　　　　　　　　　　D. 选定计划

7. 创新过程一般包括浸润、( )等几个方面。

A. 审思　　　　B. 潜化　　　　C. 突现　　　　D. 调节

8. 计划的任务有( )。

A. 确定目标　　　　　　　　　　B. 分配资源

C. 组织业务活动　　　　　　　　D. 提高效益

三、简答题

1. 解释计划内容的5W1H。
2. 决策与计划的关系是怎么样的?
3. 计划工作在空间维度上进一步展开和细化指的是什么?
4. 计划工作在时间维度上进一步展开和细化指的是什么?
5. 比较具体性计划和指导性计划。
6. 规则与程序的区别是什么?

参考答案

一、单项选择题

1. C　2. A　3. D　4. C　5. B　6. A　7. C　8. C
9. A　10. B　11. B　12. A　13. D　14. A　15. C　16. A

二、多项选择题

1. AB 2. ABCD 3. ABCD 4. AD 5. ABCD 6. ABD 7. ABCD 8. ABCD

三、简答题

1. ①What,做什么？目标与内容；②Why,为什么做？原因；③Who,谁去做？人员；④Where,何地做？地点；⑤When,何时做？时间；⑥How,怎样做？方式,手段。

2. (1)决策是计划的前提,计划是决策的逻辑延续。决策为计划的任务安排提供了依据,计划则为决策所选择的目标活动的实施提供了组织保证。

   (2)在实际工作中,决策与计划是相互渗透,有时甚至是不可分割地交织在一起的。

3. 计划工作在空间维度上进一步展开和细化指的是计划工作把决策所确立的组织目标及其行动方式分解为不同时间段的目标及其行动安排。

4. 计划工作在时间维度上进一步展开和细化指的是计划工作把决策所确立的组织目标及其行动方式分解为不同层次、不同部门、不同成员的目标及其行动安排。

5. (1)具体性计划具有明确规定的目标,不存在模棱两可。

   (2)指导性计划只规定某些一般的方针和行动原则,给予行动者较大自由处置权,它指出重点但不把行动者限定在具体的目标上或特定的行动方案上。

   (3)具体性计划更易执行、考核及其控制,但是缺少灵活性,它要求的明确性和可预见性条件往往很难满足。

6. (1)规则能指导行动但不说明时间顺序。

   (2)可以把程序看作是一系列的规则,但是一条规则可能是或可能不是程序的组成部分。

历年真题及全解

1.（北科2009年研）政策是组织在决策或解决问题时的指导方针及一般规定。以下四条中,哪一条所列的特征组合对政策而言最为恰当？（　　）

A. 一贯性、针对性、可操作性与完整性

B. 一贯性、适应性、可操作与针对性

C. 适应性、针对性、协调性与完整性

D. 一贯性、协调性、适应性与完整性

【答案】　D

【解析】　政策是组织在决策或解决问题时的指导方针及一般规定。它试图为管理者确立一些参数,而不是具体地告诉管理者应该做什么或不应该做什么。因此,政策不具有可操作性和针对性。

2. (北科 2008 年研)某公司为提高管理水平,对公司内部的各种问题进行了梳理与分类,对那些经常发生、反复出现的问题,通过制定明确的政策、规则、程序加以规范。在以下内容中,哪一项属于政策层面的内容?( )

A. 员工在上海、北京、深圳出差,每日住宿与交通总额不得高于 300 元
B. 客户服务部必须在 24 小时内对客户的投诉做出反应
C. 公司只招聘最合适的人员,而不是最优秀的人员
D. 任何车间出了质量事故,都至少要扣发该车间主任的当月奖金

【答案】 C

【解析】 政策不是具体地告诉管理者应该做什么或不应该做什么。ABD 三项均给出了操作性规定。

第七章
战略性计划与计划实施

知识点归纳

1. 战略类型

企业可选择的各种战略类型如下：

(1)基本战略姿态。基本战略揭示企业如何为顾客创造价值。波特认为竞争优势归根结底产生于企业为顾客所能创造的价值：或者在提供同等效益时采取相对低的价格，或者其不同寻常的效益用于补偿溢价而有余。一种基本战略姿态可以有多种实现形式，一种战略形式可以为多种基本战略姿态服务。

(2)企业核心能力与成长战略。美国学者哈梅尔和普拉哈拉德认为，核心能力是组织内的集体知识和集体学习，尤其是协调不同生产技术和整合多种多样技术流的能力，一项能力能否成为企业的核心能力必须通过五项检验：不是单一技术或技能，而是一簇相关的技术和技能的整合；不是物理性资产；用户价值，核心能力必须能够使企业创造顾客可以识别的和看重的且在顾客价值创造中处于关键地位的价值；独特性，与竞争对手相比，核心能力必须是企业所独具的，即使不是独具的，也必须比任何竞争对手胜出一筹；延展性，核心能力是企业向新市场延展的基础，企业可以通过核心能力的延展而创造出丰富多彩的产品。企业成长的基础是核心能力。一种方式是核心能力通过一体化、多角化和加强型战略等战略形式在企业内扩张，另一种方式是核心能力通过出售核心产品、非核心能力的虚拟运作和战略联盟等战略形式在企业间扩张。

(3)防御性战略。在企业成长的道路上，经常需要采取一些防御性战略。以退为进，以迂为直，从而使企业更加健康地成长。常采用的防御性战略有收缩、剥离和清算等方式。

2. 目标管理的基本思想

(1)企业的任务必须转化为目标，企业管理人员必须通过这些目标对下级进行领导，并以此来保证企业总目标的实现。

(2)目标管理是一种程序，使一个组织中的上下各级管理人员统一起来制定共同的目标，确定彼此的责任，并将此项责任作为指导业务和衡量各自贡献的准则。

(3)每个企业管理人员或工人的目标就是企业总目标对他的要求，同时也是这个企业管理人员或工人对企业总目标的贡献。只有每个人的分目标都完成了，企业的总目标才有完成的希望。

(4)管理人员是依据设定的目标进行自我管理，他们以所要达到的目标为依据，进行自我指挥、自我控制，而不是由他的上级来指挥和控制。

(5)企业管理人员对下级进行考核和奖惩也是依据这些分目标。
3. 目标的性质

作为任务分配、自我管理、业绩考核和奖惩实施依据的目标具有如下特征：

(1)层次性。

(2)网络性。

(3)多样性：在考虑多目标时，必须对各目标的相对重要程度进行区分。

(4)可考核性：只要有可能，就规定明确的、可考核的目标。

(5)可接受性：激励力量＝工作目标的效价×期望值。

(6)富有挑战性："跳一跳，摘桃子"。

(7)伴随信息的反馈性。

4. 目标管理的过程

(1)制定目标：包括确定组织的总体目标和各部门的分目标。

(2)明确组织的作用：理想的状况是每个目标与子目标都应有某一个人的明确责任。

(3)执行目标：为了保证实现目标，必须授予相应的权力，使之有能力调动和利用必要的资源。

(4)评价效果：成果的评价是实行奖惩的依据，也是上下左右沟通的机会，同时还是自我控制和自我激励的手段。

(5)实行奖惩：公平合理的奖惩有利于维持和调动组织成员的工作热情和积极性，奖惩有失公正，则会影响成员行为的改善。

(6)制定新目标并开始新的目标管理循环。

5. 滚动计划的思想实质及评价

滚动计划法是一种定期修订未来计划的方法。

(1)滚动计划的基本思想。这种方法根据计划的执行情况和环境变化情况定期修订未来的计划，并逐期向前推移，使短期计划、中期计划有机地结合起来。

(2)滚动计划的评价。滚动计划相对缩短了计划时期，加大了计划的准确性和可操作性，从而是战略性计划实施的有效方法；滚动计划方法使长期计划、中期计划与短期计划相互衔接，短期计划内部各阶段相互衔接；滚动计划方法大大加强了计划的弹性，这对环境剧烈变化的时代尤为重要，它可以提高组织的应变能力。

经典案例

案例一

产品向科技冲刺

文字识别技术既是一项难度很大的研究课题，又是一个应用性很强的技术开发项目。而联机手写汉字识别的发明人刘迎建，就是从自己的工作实践中体会到：突破键盘输入，实现手写是这一技术的最高境界。这项技术的创立和发展,为我国办公自动化开创了一个新的应用领域。而且从一开始就把科研开发定位在市场需求和应用上,从第一代产品开始就不同程度地进入了市场。汉王公司成立后,就开始了市场销售活动,但市场还是启动不了,月销量只有30至50套。到1996年才达到350套/月。在市场处于低迷时,为了生存和发展,公司把目光转向海外,与国外的技术合作。

公司从1993年10月开始把手写汉字识别技术用于香港、台湾的名人、快译通、好易通、神宝、天倚、人因、良英等公司的PDA、个人手写数字助理及PC手写输入系统,并形成一个产业。与此同时,与英特尔公司上海总部开展技术合作;为日立公司、韩国丹一公司研发日、韩文手写识别软件;与日本NTT公司、NEC公司开展技术合作研究,如"日文印刷汉字和非汉字识别"、"打印和手写日文非汉字的识别"、"表格后填信息的抽取和复原"及"表格后填抽取及使用法"等研究项目,通过上述技术研究与合作实践,既锻炼了一支善于解决技术难题的研究队伍,又获得相当数额的经济收入,产生了良好的国际影响。

汉王公司在技术上取得突破性的进展后,迅速实现了科技成果的商品化,形成了科技、市场、产品良性循环的格局。从而使自己所从事的研究和技术均处于国际领先水平,这是汉王坚持不断地实施知识创新、技术创新的结果。1993年公司成立时,联机手写汉字识别技术,就已经达到了相当高的识别率,但是当时还没有被人们所认识,市场培育不成熟。每月的销售量很少,根本无法维持公司的正常运行需求,于是公司就以自己的技术优势,寻求与国外一些电子公司的技术合作,授权使用汉王手写汉字识别技术,建立了OEM捆绑销售,获得数百万元的收入。1996年以来,随着手写识别、扫描识别、语音识别的综合集成,产品品种的增加,销售量大幅度提高,成为国内非键盘汉字输入市场主流和畅销产品,1998年销售额比1997年提高6倍,取得了比较好的经济效益,积累了资金,促进了技术的研究与开发。在激烈的国际竞争中,加快了科技开发步伐,逐步从单一的笔输入产品,研发出一个又一个市场需要的汉王听写、汉王全能阅讯器OCR、读听、邮政信函自动分拣系统、绘画大师、汉王亲笔信、备忘录、小秀才、小画童、事务通、网上寻呼/网上笔谈、名片识别管理、快速增值税发票防伪识别认证系统等系列产品,进一步扩大了市场。

【思考】

1.汉王公司选择的是什么战略?说明其理由。

2.联系汉王公司的成功之路,你认为企业在实施"出奇制胜"的战略原则时,最关键的影响因素是什么?你是如何认识这一重要因素的呢?

【分析】

1.汉王公司选择的是差别化战略。其理由是差别化战略就是企业在行业中别具一格,具有独特性,并且有意识利用形成的差别化,建立起差别竞争优势。从案例来看,汉王公司能够通过对传统的文字输入技术的突破,开创了非键盘输入法,从而建立起差别化竞争优势。并且,通过技术变革和知识创新,将产品差别化优势进行大规模扩散,研制生产出一个又一个市场所需要的产品,从而利用差别化优势给企业带来的较高边际收益,进一步弥补了因追求产品差别化而增加的成本。

2.实施"出奇制胜"的战略原则,最关键的是创新。从汉王成功的道路看,制定战略的过程本身就是管理创新。汉王公司将科研开发的重心建立在市场需求分析的基础上,注重将科研成果转化为商品,这种创新的思维模式确保了公司获得成功。

关于创新在战略中的重要性,我认为:创新来源于对创新机会的认识;创新既要靠推理,更要依靠想象力;创新要从小处做起,要突出重点;创新必须要有强烈的欲望。

案例二

世界知名公司的核心竞争力

世界上有许多著名企业，如索尼（Sony）、丰田（Toyota）、本田（Honda）、卡西欧（Casio）、佳能（Canon）、摩托罗拉（Motorola）、国际商用机器（IBM）等，尽管处于风险高、机遇少和经济不景气的经营环境之中，它们也都赢得了竞争优势。

例如，丰田公司在汽油发动机设计及制造方面的独到之处，使其在汽车、摩托车和除草机等领域内具有独一无二的优势。本田公司之所以能够成功地进入看似无关的轿车、摩托车、发电机、割草机等行业，是因为它拥有在"发动机设计、制造"方面的核心技术优势。NEC的数字技术，特别是超大规模集成电路和系统集成技术是公司的立足之本。佳能公司凭借其在光学、影像和微处理器方面的技术实力占领了照相机、图形扫描仪、复印机和打印机等多种产品的市场。菲利普公司长期以来致力于其光学媒体技术的不断完善，并保持了在该领域内的领先地位。索尼公司凭借着微型化电子产品的设计和制造技术的优势，开发并主宰了诸如袖珍收音机、袖珍光盘唱机、袖珍随身听、袖珍电视机、袖珍笔记本电脑、袖珍摄像机等产品的巨大市场。3M公司利用它在片基、涂层和粘合剂等方面的技术和经验，成功地拓展出了巨大的办公用品市场。完全凭着液晶显示技术的强大实力，卡西欧公司在计算器、液晶电视机、掌上电视机、笔记本电脑显示器、汽车仪表盘等市场上赢得了竞争优势。

本田将发动机制造技术作为自己的核心能力，而把它对经销商关系的管理看作是从属能力。尽管在销售过程中，一位潜在购买者在一个本田的经销商那里的体验并不是不重要，但它不构成核心消费者利益。本田公司也不会强调它的经销商网络能提供比丰田或福特更好的服务。但是，本田在核心能力方面，即在生产世界一流的发动机或动力火车的能力方面，确实能为顾客带来高价值利益，例如：节省燃料、速度快捷、操作简单、减少噪音及振动幅度。于是我们会有趣地发现本田公司在美国大做自己的最新计划广告时，用了很大的篇幅和精力去介绍汽车的发动机，而对它的营销网络几乎很少提到。这并不能说明销售体系不是一种核心能力。

柯达将核心竞争力集中于技术核心竞争力，称之为"战略技术"，它们构成竞争优势的来源，在此技术上柯达的目标是必须保持世界领先。例如，卤化银材料技术就是柯达的战略技术。卤化银是照相中的关键物质，是成像过程有效的光敏催化剂。柯达通过开发新型卤化剂，有效提高了彩照清晰度。

另一类技术柯达称之为"可行技术"（enabling technologies）。这些技术是竞争获胜必需的技术，但并不构成竞争优势，因此在这方面柯达的目标是不比竞争者差，也不必自控。例如，测量卤化银颗粒上少量染料的技术，此技术是制造可再生卤化剂的重要技术，但不是竞争优势的来源。

【思考】
1. 核心竞争力与非核心竞争力的区别在哪里，用哪些标准来判断？
2. 概括核心竞争力的特点？

【分析】
1. 一组技能要成为核心竞争力要符合以下几项标准：

(1)用户价值。核心竞争力必须能对顾客感知的价值做出重大贡献,能够使企业满足消费者的基本利益需要。正是由于这种区别,本田将发动机制造技术作为自己的核心能力,而把它对经销商关系的管理看作是从属能力。

(2)独特性。一种能力要成为核心竞争力,与竞争者相比必须具有独特性,具有排他的竞争优势。这并不是说,某项能力只被一个企业独有才具有核心性,当然,为整个行业普遍具有的能力是不会被定义为核心能力的,除非其水平足以超越同行业其他所有竞争者。如果一种能力在行业中到处可见或极易被模仿,那么把这种能力定为核心核心竞争力就几乎毫无意义了。

(3)延展性。一项特定的技术,从某一特定的业务来看可能是核心的,因为它符合顾客价值和竞争者差异化的检验标准,但它如果不能提供拓展一系列新的产品市场的预期,则从整个企业角度来看,就未必是核心竞争力。例如本田的发动机方面的竞争力推动公司进入了多样化的产品市场。这说明管理者在定义本企业的核心竞争力时,不能只从基于能力基础之上的某一特定产品领域出发,而要着眼于开发新产品市场。

2.核心竞争力是企业的特殊能力,具有如下一些特点:

(1)价值性。核心独特是企业独特的竞争力,应当有利于企业效率的提高,能够使企业在创造价值和降低成本方面比竞争对手更优秀。核心竞争力富有战略价值,它能为顾客带来长期性的关键利益,为企业创造长期性的竞争主动权,为企业创造超过同业平均利润水平的超值利润。

(2)独特性。一个企业所拥有的核心竞争力应该是企业独一无二的。它是在企业发展过程中长期培育而成的,蕴育于企业文化,深深融合于企业内质之中,为该企业员工所共同拥有,难以被其他企业所模仿和替代。

(3)难以模仿性。核心竞争力是企业在长期的生产经营活动中积累形成,深深地印上企业特殊组成、特殊经历的烙印,其他企业难以模仿。核心竞争力由于具有与众不同的独到之处。因此不易被人模仿,任何企业都不能靠简单模仿其他企业而建立自己的核心能力,而应靠自身的不断学习、创造乃至在市场竞争中的磨练,建立和强化独特的核心竞争力。

(4)不可交易性。核心竞争力与特定的企业相伴而生,虽然可以为人们感受到,但无法像其他生产要素一样通过市场交易进行买卖。

(5)延展性。核心竞争力应该具备一定的延展性,应该能为企业打开多种产品市场提供有力支持,对企业一系列产品或服务的竞争力都有促进作用,是企业竞争优势的来源。

课后习题全解

1. 波特的行业竞争结构分析的主要内容是什么?

【答】 根据美国学者波特(Michael E. Porter)的研究,一个行业内部的竞争状态取决于五种基本竞争作用力,如图7-1所示。这些作用力汇集起来决定着该行业的最终利润潜力,并且最终利润潜力也会随着这种合力的变化而发生根本性的变化。一个公司竞争战略的目标在于使公司在行业内进行恰当定位,从而最有效地抗击五种竞争作用力并影响它们朝自己有利的方向变化。

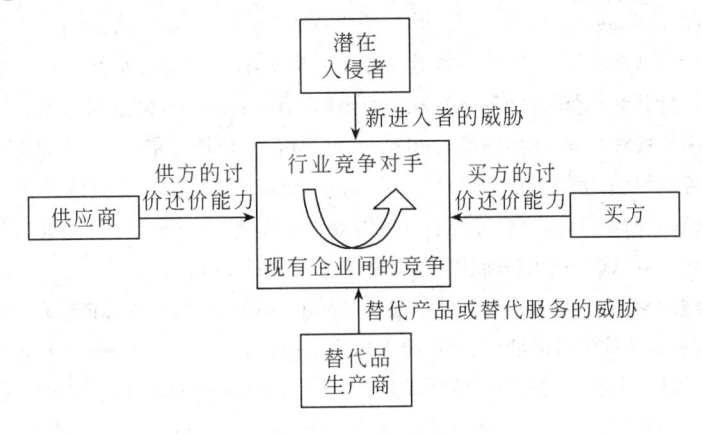

图 7-1 驱动行业竞争的五种力量

2. 影响行业进入障碍的因素有哪些?

【答】 某一行业被入侵的威胁的大小主要取决于行业的进入障碍。影响行业进入障碍的因素主要有:①规模经济;②产品差别化;③转移购买成本;④资本需求;⑤在位优势;⑥政府政策。

3. 影响买方讨价还价能力的因素主要有哪些?

【答】 买方讨价还价能力的影响因素主要有以下 8 点:买方是否大批量或集中购买;买方这一业务在其购买额中的份额大小;产品或服务是否具有价格合理的替代品;买方面临的购买转移成本的大小;本企业的产品、服务是否是买方在生产经营过程中的一项重要投入;买方是否有"后向一体化"的策略;买方行业获利状况;买方对产品是否具有充分信息。

4. 影响供方讨价还价能力的因素主要有哪些?

【答】 供应商的讨价还价能力影响因素主要有以下 6 点:要素供应方行业的集中化程度;要素替代品行业的发展状况;本行业是否是供方集团的主要客户;要素是否为该企业的主要投入资源;要素是否存在差别化或其转移成本是否低;要素供应者是否采取"前向一体化"的威胁。

5. 如何研究竞争对手?

【答】 一般来说,竞争对手可以从以下的群体中辨识出来:①不在本行业但可以克服进入壁垒(尤其是那些不费力气者)进入本行业的企业;②进入本行业可以产生明显的协同效应(synergy)的企业;③由其战略实施而自然进入本行业的企业;④那些通过后向或前向一体化进入本行业的买方或供方。

竞争对手分析的目的是认识在行业竞争中可能成功的战略的性质、竞争对手对各种不同战略可能做出的反应,以及竞争对手对行业变迁及其更广泛的环境变化可能做出的反应。

6. 简述价值链分析的基本内容。

【答】　根据价值链分析法,每个企业都是设计、生产、营销、交货以及对产品起辅助作用的各种价值活动的集合。企业的各种价值活动分为两类,基本活动(primary activities)和辅助活动(support activities)。

按价值活动的工艺顺序,基本活动由五个部分构成:即输入物流(inbound logistics),包括与接收、存储和分配相关的各种活动;生产作业(operations),包括与将投入转化为最终产品形式相关的各种活动;输出物流(outbound logistics),包括与集中、存储和将产品发送给买方有关的各种活动;市场营销和销售(marketing and sales),包括与传递信息、引导和巩固购买有关的各种活动;服务(service),包括与提供服务以增加或保持产品价值有关的各种活动。每种基本活动可以进一步细分或组合,有助于企业内部分析。

辅助活动主要包括:企业基础设施(firm infrastructure),包括总体管理、计划、财务、会计、法律、信息系统等价值活动;人力资源管理(human resource management),包括组织各级员工的招聘、培训、开发和激励等价值活动;技术开发(technology development),包括基础研究、产品设计、媒介研究、工艺与装备设计等价值活动;采购(procurement),指购买用于企业价值链的各种投入的活动,包括原材料采购,以及诸如机器、设备、建筑设施等直接用于生产过程的投入品采购等价值活动。

7. 简述目标市场研究的主要内容。

【答】　企业顾客研究的主要内容包括:总体市场分析、市场细分、目标市场确定和产品定位。

(1)总体市场分析。要分析市场容量首先必须要界定地域和需求性质。根据所界定的地域和需求性质,再分析市场总需求,以及总需求中有支付能力的需求和暂时没有支付能力的潜在需求。市场交易的便利程度主要取决于市场基础建设、法规建设、产权制度和市场制度建设状况。

(2)市场细分。市场细分就是将一个总体市场划分为若干个具有不同特点的顾客群,每个顾客均需要相应的产品或市场组合。市场细分一般包括调查、分析、聚类并描述三个阶段。

(3)目标市场确定。企业用以下三个主要指标来评价细分市场,即细分市场规模及其成长状况;细分市场结构的吸引力,这可以用波特行业竞争结构进行框架分析;企业的目标和资源状况,即使细分市场在规模、增长及其结构吸引力方面都较好,但如果该细分市场不符合企业的目标,则也不宜选择该细分市场为目标市场。

良好的细分市场应具有如下特征,即可测量性,即市场规模、容量和购买力可以测量;丰富性,即市场规模足够大,且有利可图;可接近性,即市场可以有效地接近且能为顾客服务;可实现性,即企业有能力满足该市场的需求。如果细分市场对企业具有吸引力,但市场容量过大,企业过小,从而无法满足该市场需求,则应该对该市场再进一步细分。

(4)产品定位。产品定位是企业为了满足目标市场,确定产品(或服务)的功能、质量、价格、包装、销售渠道、服务方式等。

8. 理解各种战略类型的内涵。

【答】　企业可选择的各种战略类型主要有以下3种:

(1)基本战略姿态。企业基本战略揭示企业如何为顾客创造价值。波特认为"竞争优势归根结底产生于企业为顾客创造的价值,或者在提供同等效益时采取相对低价格,或者其不同寻常的效益用于补偿溢价而有余。"一种基本战略姿态可以有多种实现形式,比如,多元化和一体化战略都可以是成本领先或特色优势战略姿态。同样,一种战略形式可以为多种基本战略姿态服务,比如,多元化战略既可以实现成本领先的战略姿态,又可以实现特色优势的战略姿态。

(2)企业核心能力与成长战略。美国学者哈梅尔(G. Hamel)和普拉哈拉德(C. K. Prahalad)认为,"核心能力是组织内的集体知识和集体学习,尤其是协调不同生产技术和整合多种多样技术流的能力",一项能力能否成为企业的核心能力必须通过五项检验。

①不是单一技术或技能,而是一簇相关的技术或技能的整合。

②不是物理性资产。

③用户价值。核心能力必须能够使企业创造顾客可以识别的和看重的且在顾客价值创造中处于关键地位的价值。

④独特性。与竞争对手相比,核心能力必须是企业所独具的,即使不是独具的,也必须比任何竞争对手胜出一筹。

⑤延展性。核心能力是企业向新市场延展的基础,企业可以通过核心能力的延展而创造出丰富多彩的产品。

企业成长的基础是核心能力。一种方式是核心能力通过一体化、多角化和加强型战略等战略形式在企业内扩张,另一种方式是核心能力通过出售核心产品、非核心能力的虚拟运作和战略联盟等战略形式在企业间扩张。

(3)防御性战略。在企业成长的道路上,经常需要采取一些防御性战略。以退为进,以迂为直,从而使企业更加健康地成长。常采用的防御性战略有收缩、剥离和清算等方式。

9. 何谓目标管理?其特点是什么?如何利用目标管理组织计划的实施?

【答】 目标管理的基本思想:

(1)企业的任务必须转化为目标,企业管理人员必须通过这些目标对下级进行领导,并以此来保证企业总目标的实现。

(2)目标管理是一种程序,使一个组织中的上下各级管理人员统一起来制定共同的目标,确定彼此的责任,并将此项责任作为指导业务和衡量各自贡献的准则。

(3)每个企业管理人员或工人的分目标就是企业总目标对他的要求,同时也是这个企业管理人员或工人对企业总目标的贡献。

(4)管理人员和工人依据设定的目标进行自我管理,他们以所要达到的目标为依据,进行自我指挥、自我控制,而不是由他的上级来指挥和控制。

(5)企业管理人员对下级进行考核和奖惩也是依据这些分目标。

目标管理的特点有以下 7 点:目标的层次性,组织目标形成一个有层次的体系,从广泛的组织战略性目标到特定的个人目标;目标网络,它从某一具体目标实施规划的整体协调方面来考察组织目标;目标的多样性,在考虑追求多个目标的同时必须对各目标的相对重要程度进行区分;目标的可考核性,要让目标可以考核就要将目标量化;目标的可接受性;目标的挑战性;伴随信息反馈性。

目标的实施过程包括:①制定目标。包括确定组织的总体目标和各部门的分目标。总体目标是组织在未来从事活动要达到的状况和水平,其实现有赖于全体成员的共同努力。为了协调这些成员在不同时空的努力,各个部门的各个成员都要建立与组织目标相结合的分目标。这样就形成了一个以组织总体目标为中心的一贯到底的目标体系。在制定每个部门和每个成员的目标时,上级要向下级提出方针和目标,下级要根据上级的方针和目标制定目标方案,在此基础上进行协商,最后由上级综合考虑后作出决定。

②明确组织的作用。理想的情况是,每个目标和子目标都应有某一个人的明确责任。

③执行目标。组织中各层次、各部门的成员为完成分目标,必须从事一定的活动,活动中必须利用一定的资源。为了保证他们有条件组织目标活动的开展,必须授予相应的权力,使之有能力调动和利用必要的资源。

④评价成果。成果评价既是实行奖惩的依据,也是上下左右沟通的机会,同时还是自我控制和自我激励的手段。成果评价既包括上级对下级的评价,也包括下级对上级的评价。

⑤实行奖惩。组织对不同成员的奖惩是以上述各种评价的综合结果为依据的。奖惩可以是物质的,也可以是精神的。公平合理的奖惩有利于维持和调动组织成员饱满的工作热情和积极性,奖惩有失公正,则会影响成员的工作积极性。

⑥制定新目标并开始新的目标管理循环。成果评价与成员行为奖惩,既是对某一阶段组织活动效果以及组织成员贡献的总结,也为下一阶段的工作提供了参考和借鉴。在此基础上,组织成员及各个层次、部门制定新的目标并组织实施,即展开目标管理的新一轮循环。

10. 网络计划技术的基本原理是什么?

【答】 网络计划技术的原理,是把一项工作或项目分成各种作业,然后根据作业顺序进行排列,通过网络图对整个工作或项目进行统筹规划和控制,以便用最少的人力、物力、财力资源,以最快的速度完成工作。

11. 滚动方式计划有何基本特点?

【答】 滚动计划方法虽然使得计划编制和实施工作的任务量加大,但在计算机广泛应用的今天,其优点十分明显。其最突出的优点是计划更加切合实际,并且使战略性计划的实施也更加切合实际。战略性计划是指应用于整体组织的,为组织未来较长时期(通常为五年以上)设立总体目标和寻求组织在环境中的地位的计划。由于人们无法对未来的环境变化作出准确的估计和判断,所以计划针对的时期越长,不准确性就越大,其实施难度也越大。滚动计划相对缩短了计划时期,加大了计划的准确和可操作性,从而是战略性计划实施的有效方法。其次,滚动计划方法使长期计划、中期计划与短期计划相互衔接,短期计划内部各阶段相互衔接。这就保证了即使环境变化出现某些不平衡时,各期计划也能及时地进行调节,从而基本保持一致。第三,滚动计划方法大大加强了计划的弹性,这在环境剧烈变化的时代尤为重要,它可以提高组织的应变能力。

同步练习

一、单项选择题

1. 总体规划和各个分支规划必须以某种逻辑的方式关联起来,因此,战略规划必须采用(   )。
   A. 开放结构　　　B. 组织结构　　　C. 反馈结构　　　D. 系统结构

2. 战略规划所得出的实质性成果是(   )。
   A. 企业的兼并　　　　　　　　B. 产品多样化
   C. 组织机构调整　　　　　　　D. 以上都是

3. 在一个战略经营单位中,与总体战略规划有关的长期资金的筹措与分配、对外投资、承包、兼并等重大权限应(   )。
   A. 高度集中　　　　　　　　　B. 尽可能分权
   C. 分开管理　　　　　　　　　D. 由职工参与决策

4. 下列哪个词不能用来阐述战略?(   )
   A. 全局性　　　　B. 长远性　　　C. 普遍性　　　D. 根本性

5. 一旦关键因素达到了(   ),公司就立刻将备用的应变规划付诸实施。
   A. 盈亏平衡点　　　　　　　　B. 战略控制点
   C. 事件突发点　　　　　　　　D. 投入产出点

6. 如果公司为规划实施的各项具体工作独立地制定行动计划和分配资源,则控制就比较(   )。
   A. 松懈　　　　B. 严密　　　　C. 困难　　　　D. 容易

7. 对于公司来说,战略最具一般意义的本质特征是(   )。
   A. 对抗性　　　　B. 全局性　　　C. 长远性　　　D. 风险性

8. 组织战略实施的基本要求不包括(   )。
   A. 统一全体员工思想　　　　　B. 超越可直接控制的界限
   C. 战略使命的具体落实　　　　D. 根据环境变化及时调整战略

9. 公司经营战略导向包括(   )。
   A. 产品和市场选择　　　　　　B. 公司重大资源的配置
   C. 组织结构的调整　　　　　　D. 以上都是

10. 公司在制定战略规划时,要超越可直接控制的界限,因而(   )对于进行错综复杂的规划工作是必不可少的。
    A. 开放模式　　　B. 系统模式　　　C. 封闭模式　　　D. 反馈模式

11. 德鲁克指出企业是由它的(   )来定义的。
    A. 名字　　　　B. 章程　　　　C. 公司条例　　　D. 任务

二、多项选择题

1. 把战略性计划所确定的目标在时间和空间两个维度展开(   )。

   A. 具体地规定了组织的各个部门在目前到未来的各个较短的时期阶段应该从事何种活动

   B. 具体规定了从事该种活动应达到何种要求

   C. 为各组织成员在近期内的行动提供了依据

   D. 保证了组织目标的实现

2. 实践中对计划组织实施行之有效的方法主要有哪些？(   )

   A. 决策树法　　　　　　　　　　B. 滚动方式计划

   C. 网络计划技术　　　　　　　　D. 目标管理

3. 关于关键路线，下列说法正确的是(   )。

   A. 一个网络图中只有一条关键路线

   B. 关键路线的路长决定了整个计划任务所需的时间

   C. 关键路线上各工序完工时间提前或推迟都直接影响着整个活动能否按时完工

   D. 确定关键路线，据此合理地安排各种资源，对各工序活动进行进度控制，是利用网络计划技术的主要目的

4. 目标网络的内涵是(   )。

   A. 组织制订各种目标时，必须要与许多约束因素相协调

   B. 目标和计划很少是线性的

   C. 主管人员必须确保目标网络中的每个组成部分要相互协调

   D. 组织中的各个部门在制订自己部门的目标时，必须要与其他部门相协调

5. 目标定量化(   )。

   A. 是目标考核的途径

   B. 往往会损失组织运行的一些效率

   C. 有利于组织活动的控制

   D. 能给成员的奖惩带来很多方便

6. 设置目标一般要求(   )。

   A. 目标的数量不宜太大

   B. 如有可能，也应明示所期望的质量和为实现目标的计划成本

   C. 能促进个人和职业上的成长和发展，对员工具有挑战性

   D. 适时地向员工反馈目标完成情况

7. 成果评价(   )。

   A. 是实行奖惩的依据

   B. 是上下左右沟通的机会

   C. 是自我控制和自我激励的手段

   D. 既包括上级对下级的评价，也包括下级对上级、同级关系部门相互之间以及各层次自我的评价

8. 组织对不同成员的奖惩(　　)。
A. 是以各种评价的综合结果为依据的
B. 可以是物质的,也可以是精神的
C. 公平合理的奖惩有利于维持和调动组织成员饱满的工作热情和积极性
D. 奖惩有失公正,则会影响这些成员行为的改善

9. 滚动计划方法的作用是(　　)。
A. 计划更加切合实际,并且使战略性计划的实施也更加切合实际
B. 使长期计划、中期计划与短期计划相互衔接
C. 使短期计划内部各阶段相互衔接
D. 大大加强了计划的弹性

10. 愿景和使命陈述应该是(　　)的。
A. 生动活泼　　　　B. 言简意赅　　　　C. 富有意义和鼓舞性　　　　D. 易于记诵

11. 核心价值观(　　)。
A. 是企业持久的本质的原则
B. 是一般性的指导原则
C. 可以为了经济利益和短期好处暂时放弃
D. 不需要理性的或外在的理由

12. 核心目标(　　)。
A. 是企业存在的理由和目的
B. 是具体的目标和公司战略
C. 有效的核心目标反映了为公司工作的内在动力
D. 表达了公司的灵魂

13. 战略制定的原则是(　　)。
A. 扬长避短　　　　B. 趋利避害　　　　C. 满足顾客　　　　D. 及时制定

14. 行业内现有竞争对手分析,包括(　　)。
A. 竞争对手基本情况研究　　　　B. 主要竞争对手研究
C. 主要竞争对手的发展动向研究　　　　D. 次要竞争对手研究

15. 竞争对手基本情况研究包括(　　)等方面。
A. 竞争对手的数量　　　　B. 竞争对手的分布
C. 竞争对手的领域　　　　D. 它们各自的规模、资金、技术力量等

16. 影响买方讨价还价能力的因素包括(　　)。
A. 买方集中购买　　　　B. 买方的购买转移成本
C. 产品有价格合理的替代品　　　　D. 买方行业获利状况

17. 一个行业内战略群的形成与变化有各种原因,如(　　)。
A. 企业成立时所依赖的技术条件不同　　　　B. 企业的目标不同
C. 强调"压制式的管理"　　　　D. 企业成立时所依赖的资源条件不同

18. 企业的基本活动包括（　　）。
A. 内部和外部后勤　　　　　　　　B. 生产作业
C. 市场营销和销售　　　　　　　　D. 服务
19. 通用经营战略模式有（　　）。
A. 开发型　　　　B. 防守型　　　　C. 分析型　　　　D. 主动型

三、简答题

1. 目标管理基本思想是什么？
2. 简述目标管理的过程。
3. 滚动计划法的基本思想是什么？
4. 如何评价滚动计划法？
5. 网络计划技术有什么优点？

参考答案

一、单项选择题

1. D　2. D　3. A　4. D　5. B　6. C　7. B　8. A　9. D　10. B　11. D

二、多项选择题

1. ABC　2. BCD　3. ABCD　4. ABCD　5. ABCD　6. ABCD　7. ABCD
8. ABCD　9. ABCD　10. ABCD　11. ABD　12. ACD　13. ABC　14. ABCD
15. ABCD　16. ABCD　17. ABCD　18. ABCD　19. ABD

三、简答题

1.（1）企业的任务必须转化为目标，企业管理人员必须通过这些目标对下级进行领导并以此来保证企业总目标的实现。

（2）目标管理是一种程序，使一个组织中的上下各级管理人员会统一起来制订共同的目标，确定彼此的成果责任，并以此项责任来作为指导业务和衡量各自贡献的准则。

（3）每个企业管理人员或工人的分目标就是企业总目标对他的要求，同时也是这个企业管理人员或工人对企业总目标的贡献。

（4）管理人员和工人是靠目标来自我管理，由所要达到的目标为依据，进行自我指挥、自我控制，而不是由他的上级来指挥和控制。

（5）企业管理人员对下级进行考核和奖惩也是依据这些分目标。

2. ①制定目标包括确定组织的总体目标和各部门的分目标；②明确组织的作用；③执行目标；④评价成果；⑤实行奖惩，组织对不同成员的奖惩，是以各种评价的综合结果为依据的，奖惩可以是物质的，也可以是精神的；⑥制定新目标并开始新的目标管理循环。

3. 这种方法根据计划的执行情况和环境变化情况定期修订未来的计划，并逐期向前推移，使短期计划、中期计划有机地结合起来。由于在计划工作中很难准确地预测将来影响企业经营所面临的经济、政治、文化、技术、产业、顾客等各种变化因素,而且随着计划期的延长,这种不确定性就越来越大。因此,若机械地按几年以前的计划实施,或机械地、静态地执行战略性计划,则可能导致巨大的错误和损失。滚动计划法可以避免这种不确定性可能带来的不良后果。具体做法是,采用近细远粗的办法制定计划。

4.滚动计划方法虽然使得计划编制和实施工作的任务量加大,但在计算机时代的今天,其优点十分明显。

(1)计划更加切合实际,并且使战略性计划的实施也更加切合实际。战略性计划是指应用于整体组织的,为组织未来较长时期(通常为5年以上)设立总体目标和寻求组织在环境中的地位的计划。由于人们无法对未来的环境变化作出准确的估计和判断,所以计划针对的时期越长,不准确性就越大,其实施难度也越大。滚动计划相对缩短了计划时期,加大了计划的准确和可操作性,从而是战略性计划实施的有效方法。

(2)滚动计划方法使长期计划、中期计划与短期计划相互衔接,短期计划内部各阶段相互衔接。这就保证了即使由于环境变化出现某些不平衡时也能及时地进行调节,使各期计划基本保持一致。

(3)滚动计划方法大大加强了计划的弹性,这对环境剧烈变化的时代尤为重要,它可以提高组织的应变能力。

5.(1)该技术能把整个工程的各个项目的时间顺序和相互关系清晰地表明,并指出了完成任务的关键环节和路线。因此,管理者在制定计划时可以统筹安排,全面考虑,又不失重点。在实施过程中,管理者可以进行重点管理。

(2)可对工程的时间进度与资源利用实施优化。在计划实施过程中,管理者调动非关键路线上的人力、物力和财力从事关键作业,进行综合平衡。这既可节省资源又能加快工程进度。

(3)可事先评价达到目标的可能性。该技术指出了计划实施过程中可能发生的困难点,以及这些困难点对整个任务产生的影响,准备好应急措施,从而减少完不成任务的风险。

(4)便于组织与控制。管理者可以将工程,特别是复杂的大项目,分成许多支持系统来分别组织实施与控制,这种既化整为零又聚零为整的管理方法,可以达到局部和整体的协调一致。

(5)易于操作,并具有广泛的应用范围,适用于各行各业,以及各种任务。

历年真题及全解

1.(北邮2009年研)前向一体化。

【答】　　前向一体化是指企业通过收购或兼并若干商业企业,或者拥有和控制其分销系统,实行产销一体化。即指获得分销商或零售商的所有权或加强对它们的控制,也就是指企业根据市场的需要和生产技术的可能条件,利用自己的优势,把成品进行深加工的战略。实施前向一体化的一种有效方式是特许经营,采用特许经营的形式授权其他厂商经销自己的产品提供售后服务,是用途最广、也是非常有效的前向一体化方式。

第八章

组织设计

知识点归纳

1. 组织设计的任务

组织设计的任务是设计清晰的组织结构,规划和设计组织中各部门的职能和职权,确定组织中职能职权、参谋职权、直线职权的活动范围并编制职务说明书。

为了达到组织设计的理想效果,组织设计者需要完成以下三项任务:职能与职务的分析与设计;部门设计;层级设计。

2. 组织设计的原则

在组织设计的过程中,还应该遵循一些最基本的原则,这些原则都是在长期管理实践中的经验积累,应该为组织设计者所重视。

(1)专业化分工原则。

(2)统一指挥原则。

(3)控制幅度原则。

(4)权责对等原则。

(5)柔性经济原则。

3. 组织设计的影响因素

权变的组织设计是指以系统、动态的观点来思考和设计组织,它要求把组织看成一个与外部环境有着密切联系的开放式组织系统。因此,权变的组织设计必须考虑战略、环境、规模、技术等系列影响因素,针对不同的组织特点设计不同的组织结构。

(1)环境的影响。一般环境;特定环境。

(2)战略的影响。战略的影响是指决定和影响组织活动性质及根本方向的总目标,以及实现这一总目标的路径和方法。

战略发展分为四个不同阶段:数量扩大阶段;地区开拓阶段;纵向联合发展阶段;产品多样化阶段。

(3)技术的影响。技术是指把原材料等资源转化为最终产品或服务的机械力和智力。

(4)组织规模与生命周期的影响。大型组织与小型组织在组织结构上的区别：规范化程度、集权化程度、复杂化程度、人员结构比率。

组织生命周期的不同阶段：创业阶段、集合阶段、规范化阶段、精细阶段。

4. 组织的部门化

协调的有效方法就是组织的部门化，即按照职能的相似性、任务活动相似性或关系紧密性的原则把组织中的专业技能人员分类集合在各个部门内，然后配以专职的管理人员来协调领导，统一指挥。

组织部门化的基本原则有以下3点：因事设职和因人设职相结合的原则；分工与协作相结合的原则；精简高效的部门设计原则。

5. 组织部门化的基本形式

组织的部门有多种不同的划分方法，依据不同的划分标准可以形成以下几种不同的部门化形式。

(1)职能部门化：就是按照生产、财务、营销、人事、研发等基本活动相似或技能相似的要求，分类设立专门的管理部门。

(2)产品或服务部门化。

(3)地域部门化：就是按照地域的分散化程度划分企业的业务活动，继而设置管理部门管理其业务活动。

(4)顾客部门化：就是根据目标顾客的不同利益需求来划分组织的业务活动。

(5)流程部门化。

(6)矩阵型结构。

(7)动态网络型结构。

6. 组织层级化设计中的集权与分权

集权和分权是组织层级化设计的两种相反的权力分配方式。

集权是指决策指挥权在组织层级系统中较高层次上的集中。分权是指决策指挥权在组织层级系统中较低管理层次上的分散。

在组织层级化设计中，影响组织分权程度的主要因素有组织规模的大小、政策的统一性、员工的数量和基本素质、组织的可控性、组织所处的成长阶段。

7. 组织层级化设计中的有效授权

(1)授权就是组织为了共享内部权力，激励员工努力工作，而把某些权力或职权授予下级。上级仍然保留着对下级的指挥和监督权。授权的含义有分派任务、授予权力或职权、明确责任。

(2)要想使授权具有充分而理想的效果，组织必须提供的要素条件有共享的信息、充分提高授权对象的知识和技能、放权和奖励绩效。

(3)授权的过程：诊断阶段；实施阶段；反馈阶段。

(4)授权的原则：重要性原则；适度原则；权责一致原则；级差授权原则。

经典案例

案例一

巴恩斯医院

下面这一事件发生在天气凉爽的 10 月的某一天,地点在圣路易斯的巴恩斯医院。黛安娜·波兰斯基给医院的院长戴维斯博士打来电话,要求立即作出一项新的人事安排。从黛安娜的急切声音中,戴维斯能感觉得到发生了什么事。他告诉她马上过来见她。大约 5 分钟后,波兰斯基走进了戴维斯的办公室,递给他一封辞职信。

"戴维斯博士,我再也干不下去了,"她开始申述:"我在产科当护士长已经四个月了,我简直干不下去了。我怎么能干得了这工作呢?我有两个上司,每个人都有不同的要求,都要求优先处理。要知道,我只是一个凡人。我已经尽最大的努力适应这种工作,但看来这是不可能的。让我给你举个例子吧。请相信我,这是一件平平常常的事。像这样的事情,每天都在发生"。

"昨天早上 7:45 我来到办公室就发现桌上留了张纸条,是达纳·杰克逊(医院的主任护士)给我的。她告诉我,她上午 10 点钟需要一份床位利用情况报告,供她下午在向董事会作汇报时用。我知道,这样一份报告至少要花一个半小时才能写出来。30 分钟以后,乔伊斯(黛安娜的直接主管,基层护士监督员)走进来问我为什么我的两位护士不在班上。我告诉她雷诺兹医生(外科主任)从我这要走了她们两位,说是急诊外科手术正缺人手,需要借用一下。我告诉她,我也反对过,但雷诺兹坚持说只能这么办。你猜,乔伊斯说什么?她叫我立即让这些护士回到产科部。她还说,一个小时以后,她会回来检查我是否把这事办好了!我跟你说,戴维斯博士,这种事情每天都发生好几次的。一家医院就只能这样运作吗?"

【思考】

戴维斯博士能做些什么来改进现状?"巴恩斯医院的结构并没有问题。问题在于,黛安娜·波兰斯基不是一个有效的监督者。"对此,你是赞同还是不赞同?提出你的理由。

【分析】

主要根据两个原则来分析,即:权责一致原则;指挥统一原则。

案例二

麦肯锡学习型组织

麦肯锡公司从 1980 年开始就把知识的学习和积累作为获得和保持竞争优势的一项重要工作,在公司内营造一种平等竞争、激发智慧的环境。在成功地战胜最初来自公司内部的抵制后;一个新的核心理念终于在公司扎下根来,这就是:知识的积累和提高,必须成为公司的中心任务;知识的学习过程必须是持续不断的,而不是与特定咨询项目相联系的暂时性工作;不断学习过程必须由完善、严格的制度来保证和规范。公司将持续的全员学习任务作为制度固定下来以后,逐渐深入人心,它逐渐成为麦肯锡公司的一项优良传统,为加强公司的知识储备,提升公司的核心竞争力打下了坚实的基础。

有效的学习机麦肯锡带来了两个方面的好处:一是有助于发展一批具有良好知识储备和经验的咨询专家;一是不断充实和更新公司的知识和信息资源为以后的工作提供便利的条件,并与外部环境日新月异的变化相适应。麦肯锡公司不但建立了科学的制度促进学习,而且还通过专门的组织机构加以保证:从公司内选拔若干名在各个领域有突出贡献的专家作为在每个部门推进学习机制的负责人,并由他们再负责从部门里挑选六七个在实践领域和知识管理等方面都有丰富经验和热情的人员组成核心团队。麦肯锡的领导人还意识到,公司里最成功的员工往往都拥有庞大的个人关系网络。因此,对原先公司内部这种建立在非正式人际关系基础上的知识传递方式并不能简单加以取缔,而是应该很好地加以利用,以作为对正式学习机制的有益补充。由核心的学习领导小组在每个地区的分支机构里发掘并利用这种内部的关系网络作为信息和知识传播的渠道,实现全公司范围内的知识共享。

为了进一步促进知识和信息在组织内的充分流通,麦肯锡公司还打破了以往建立在客户规模和重要性基础上的内部科层组织体系,取而代之的是以知识贡献率为衡量标准的评价体系。这样组织内的每一个部门和每一个成员都受到知识贡献的压力,而不是仅仅将工作重点放在发展客户方面。

【思考】

1. 麦肯锡公司是如何通过组织设计实现分工协作的?
2. 麦肯锡公司是如何处理制度化管理与人性的关系的?

【分析】

1. 从案例我们可以看到,有效的学习机制为麦肯锡带来了两个方面的好处:一是有助于发展一批具有良好知识储备和经验的咨询专家;一是不断充实和更新公司的知识和信息资源为以后的工作提供便利的条件,并与外部环境日新月异的变化相适应。可见麦肯锡的学习机制是分工协作的结果。从麦肯锡1980年以来的学习机制建立可以看到处理好了如下五个关系:分工关系;部门化;权限关系;沟通与协商;程序化。

2. 结合麦肯锡的这一特点回答:麦肯锡的领导人意识到了公司里最成功的员工往往都拥有庞大的个人关系网络。因此,对原先麦肯锡内部这种建立在非正式人际关系基础上的知识传递方式并不能简单加以取缔,而是应该很好地加以利用,以作为对正式学习机制的有益补充。其中的理论要点是:

(1)制度化管理倾向于把管理过程和企业组织设计为一架精确、完美无缺的机器,只讲规律,只讲科学,只讲理性,而不考虑人性。企业组织是由人组成的集团,人不是机器,不可能像机器一样准确、稳定、节律有制,人有感情,有情绪,有追求,有本能。

(2)推行制度化管理的同时,要处理好下述两组矛盾平衡关系,即"经"与"权"的关系、他律与自律的关系。

课后习题全解

1. 组织设计的任务是什么？组织设计受到哪些因素的影响？

【答】　组织设计的任务是设计清晰的组织结构，规划和设计组织中各部门的职能和职权，确定组织中职能职权、参谋职权、直线职权的活动范围并编制职务说明书。

影响组织设计的因素有四个，即环境、战略、技术与组织规模。

(1)环境的影响。环境包括一般环境和特定环境两部分。一般环境包括对组织管理目标产生间接影响的诸如经济、政治、社会文化以及技术等环境条件，这些条件最终会影响到组织现行的管理实践。特定环境包括对组织管理目标产生直接影响的诸如政府、顾客、竞争对手、供应商等具体环境条件。特定环境对每个组织而言都是不同的，并且会随一般环境条件的变化而变化，两者具有互动性。

(2)战略的影响。战略是指决定和影响组织活动性质及根本方向的总目标，以及实现这一总目标的路径和方法。钱德勒的研究认为，新的组织结构如不因战略而异，就将毫无效果。

(3)技术的影响。技术是指把原材料等资源转化为最终产品或服务的机械力和智力。任何组织都需要通过技术将投入转换为产出，于是组织的设计就需要因技术的变化而变化，特别是技术模式的重大转变，往往要求组织结构做出相应的改变和调整。

(4)组织规模与生命周期的影响。布劳(Peter Blau)等人曾对组织规模与组织设计之间的关系作了大量研究，认为组织规模是影响组织结构的最重要的因素，即大规模会提高组织复杂性程度，并连带提高专业化和规范化的程度。可以想象，当组织业务呈现扩张趋势、组织员工增加、管理层次增多、组织专业化程度不断提高时，组织的复杂化程度也会不断提高，这必然给组织的协调管理带来更大的困难。而随着内外环境不确定因素的增加，管理层也愈来愈难把握实际情况的变化并迅速做出正确决策，组织进行分权式的变革成为必要。

2. 何谓部门化？部门化的形式有哪些？这些不同形式有何特征？

【答】　协调的有效方法就是组织的部门化，即按照职能相似性、任务活动相似性或关系紧密性的原则把组织中的专业技能人员分类集合在各个部门内，然后配以专职的管理人员来协调领导，统一指挥。

组织的部门有多种不同的划分方式，依据不同的划分标准，可以形成以下几种不同的部门化形式：职能部门化，产品或服务部门化，地域部门化，顾客部门化，流程部门化，矩阵型结构，动态网络型结构。其中，职能部门化和流程部门化是按工作的过程标准来划分的，而其余几种则是按工作的结果标准来划分的。

(1)职能部门化。职能部门是一种传统而基本的组织形式。职能部门化就是按照生产、财务管理、营销、人事、研发等基本活动相似或技能相似的要求，分类设立专门的管理部门。

职能部门化的优点主要是能够突出业务活动的重点，确保高层主管的权威性并使之能有效地管理组织的基本活动；符合活动专业化的分工要求，能够充分有效地发挥员工的才能，调动员工学习的积极性，并且简化了培训，强化了控制，避免了重叠，最终有利于管理目标的实现。

职能部门化的缺点主要是由于人、财、物等资源的过分集中,不利于开拓远区市场或按照目标顾客的需求组织分工;同时,这种划分方式也可能助长部门主义风气,使得部门之间难以协调配合,部门利益高于企业整体利益的思想可能会影响到组织总目标的实现;另外,由于职权的过分集中,部门主管虽容易得到锻炼,却不利于高级管理人员的全面培养和提高,也不利于"多面手"式的人才成长。

(2)产品或服务部门化。在品种单一、规模较小的企业,按职能进行组织分工是理想的部门化划分形式。然而,随着企业的进一步成长与发展,企业面临着增加产品线和扩大生产规模以获取规模经济和范围经济的经营压力,管理组织的工作也将变得日益复杂。这时,就有必要以业务活动的结果为标准来重新划分企业的活动。按照产品或服务的要求对企业活动进行分组,即产品或服务部门化,就是一种典型的结果划分法。

产品或服务部门化的优点主要是各部门专注于产品的经营,并且充分合理地利用专有资产,提高专业化经营的效率水平,这不仅有助于促进不同产品和服务项目间的合理竞争,而且有助于比较不同部门对企业的贡献,有助于决策部门加强对企业产品与服务的指导和调整;另外,这种划分方式也为"多面手"式的管理人才提供了较好的成长条件。

产品或服务部门化的缺点主要是企业需要更多的"多面手"式的人才去管理各个产品部门;各个部门同样有可能存在本位主义倾向,这势必会影响到企业总目标的实现;另外,部门中某些职能管理机构的重复会导致管理费用的增加,同时也增加了总部对"多面手"式人才的监督成本。

(3)地域部门化。地域部门化就是按照地域的分散化程度划分企业的业务活动,继而设置管理部门管理其业务活动。随着经济活动范围日趋广阔,企业特别是大型企业愈来愈需要跨越地域的限制去开拓外部的市场。不同的文化环境,造就出不同的劳动价值观,企业根据地域的不同设置管理部门,为的是更好地针对各地的特殊环境条件组织业务活动的发展。

地域部门化的主要优点是组织可以把责权下放到地方,鼓励地方参与决策和经营;地区管理者还可以直接面对本地市场的需求灵活决策;通过在当地招募职能部门人员,既可以缓解当地的就业压力,争取宽松的经营环境,又可以充分利用当地有效的资源进行市场开拓;同时减少了许多外派成本,也减小了不确定性风险。

地域部门化的主要缺点是企业所需的能够派赴各个区域的地区主管比较稀缺,且比较难控制;另外,各地区可能会因存在职能机构设置重叠而导致管理成本过高。

(4)顾客部门化。顾客部门化就是根据目标顾客的不同利益需求来划分组织的业务活动。在激烈的市场竞争中,顾客的需求导向越来越明显,企业应当在满足顾客需求的同时,努力创造顾客的未来需求,顾客部门化顺应了需求发展的这种趋势。

顾客部门化的主要优点是企业可以通过设立不同的部门满足目标顾客各种特殊而广泛的需求;同时能有效获得用户真诚的意见反馈,这有利于企业不断改进自己的工作;另外,企业能够持续有效地发挥自己的核心专长,不断创造顾客的需求,从而在这一领域内建立持久性竞争优势。

顾客部门化的缺点是可能会增加与顾客需求不匹配而引发的矛盾和冲突;需要更多能妥善协调和处理与顾客关系的管理人员和一般人员;另外,顾客需求偏好的转移,可能使企业无法时时刻刻都能明确顾客的需求分类,结果会造成产品或服务结构的不合理,影响对顾客需求的满足。

(5)流程部门化。流程部门化按照工作或业务流程来组织业务活动。人员、材料、设备比较集中或业务流程连续是实现流程部门化的基础。例如，一家发电厂的生产流程经过燃煤输送、锅炉燃烧、汽轮机冲动、电力输出、电力配送等几个主要过程。

流程部门化的优点是组织能够充分发挥集中的技术优势，易于协调管理，对市场需求的变动也能够快速敏捷地反应，容易取得较明显的集合优势；另外也简化了培训，容易在组织内部形成良好的相互学习的氛围，会产生较为明显的学习经验曲线效应。

流程部门化的缺点是部门之间的紧密协作有可能得不到贯彻；也会产生部门间的利益冲突；另外，权责相对集中，不利于培养出"多面手"式的管理人才。

(6)矩阵型结构。矩阵型组织结构是由纵横两套管理系统组成的矩形组织结构，一套是纵向的职能管理系统，另一套是为完成某项任务而组成的横向项目系统，横向和纵向的职权具有平衡对等性。矩阵型结构打破了统一指挥的传统原则，它有多重指挥线。当组织面临较高的环境不确定性，组织目标需要同时反映技术和产品双重要求时，矩阵型结构应该是一种理想的组织形式。

其优点是由不同背景、不同技能、不同专业知识的人员为某个特定项目共同工作，一方面可以取得专业化分工的好处，另一方面可以跨越各职能部门获取他们所需要的各种支持活动；资源可以在不同产品之间灵活分配；通过加强不同部门之间的配合和信息交流，可以有效地克服职能部门之间相互脱节的弱点，同时易于发挥事业单位机构灵活的特点，增强职能人员直接参与项目管理的积极性，增强矩阵主管和项目人员共同组织项目实施的责任感和工作热情。

矩阵型结构的缺点是组织中的信息和权力等资源一旦不能共享，项目经理与职能经理之间势必会为争取有限的资源或因权力不平衡而发生矛盾，这反而会产生适得其反的后果，协调处理这些矛盾必然要牵扯管理者更多的精力，并付出更多的组织成本。另外，一些项目成员接受双重领导，他们要具备较好的人际沟通能力和平衡协调矛盾的技能；成员之间还可能会存在任务分配不明确、权责不统一的问题，这同样会影响组织效率的发挥。如何客观公正地评价其绩效，并在成本、时间、质量方面进行有效地控制将是此类组织机构正常运行的关键。

(7)动态网络型结构。动态网络型结构是一种以项目为中心，通过与其他组织建立研发、生产制造、营销等业务合同网，有效发挥核心业务专长的协作型组织形式。动态网络型组织结构是组织基于日新月异的信息技术，为了应对更为激烈的市场竞争而发展起来的一种临时性组织。它以市场的组合方式替代传统的纵向层级组织，实现了组织内在核心优势与市场外部资源优势的动态有机结合，进而更具敏捷性和快速应变能力，这种组织结构可视为组织结构扁平化趋势的一个极端例子。

动态网络型结构的优点是组织结构具有更大的灵活性和柔性。以项目为中心的合作可以更好地结合市场需求来整合各项资源，而且容易操作，网络中的各个价值链部分也随时可以根据市场需求的变动情况增加、调整或撤出；另外，这种组织结构简单、精练，由于组织中的大多数活动都实现了外包，而这些活动更多地靠电子商务来协调处理，组织结构可以进一步扁平化，效率也更高了。

动态网络型结构的缺点是可控性太差。这种组织的有效动作是通过与独立的供应商广泛而密切的合作来实现的，由于存在着道德风险和逆向选择性，一旦组织所依存的外部资源出现问题,如质量问题、提价问题、及时交货问题等,组织将陷于非常被动的境地。另外,外部合作组织都是临时的,如果网络中的某一合作单位因故退出且不可替代,组织将面临解体的危险。网络组织还要求建立较高的组织文化以保持组织的凝聚力,然而,由于项目是临时的,员工随时都有被解雇的可能,因而员工对组织的忠诚度也比较低。

3. 何谓管理幅度?如何确定合理的管理幅度?

【答】 所谓管理幅度,也称组织幅度,是指组织中上级主管能够直接有效地指挥和领导下属的数量。这些下属的任务是分担上级主管的管理工作,并将组织任务进行层层分解,然后付诸实施。显然,组织幅度应该是有限的,因为一定幅度的下属数量固然能够减少上级必须直接从事的业务工作量,但同时也增加了上级协调这些人员之间关系的工作量。

有效的管理幅度受到诸多因素的影响,主要有:管理者和被管理者的能力,工作内容,工作条件和工作环境。

4. 组织层级设计中影响分权的因素有哪些?

【答】 在组织层级化设计中,影响组织分权程度的主要因素有以下几个方面:

(1)组织规模的大小。组织规模增大,管理的层级和部门数量就会增多,信息的传递速度和准确性就会降低。因此,组织需要及时分权,以减缓决策层的工作压力,使其能够集中精力于最重要的事务。

(2)政策的统一性。如果组织内部各个方面的政策是统一的,集权最容易达到管理目标的一致性。然而,一个组织所面临的环境是复杂多变的,为了灵活应对这种局面,组织往往会在不同的阶段、不同的场合采取不同的政策,这虽然会破坏组织政策的统一性,却可能有利于激发下属的工作热情和创新精神。

(3)员工的数量和基本素质。如果员工的数量和基本素质能够保证组织任务的完成,组织可以更多地分权;组织如果缺乏足够的受过良好训练的管理人员,其基本素质不能符合分权式管理的基本要求,分权将会受到很大的限制。

(4)组织的可控性。组织中各个部门的工作性质大多不同,有些关键的职能部门,如财务会计等部门往往需要相对地集权,而有些业务部门,如研发、市场营销等部门,或者是区域性部门却需要相对地分权。组织需要考虑的是围绕任务目标的实现,如何对分散的各类活动进行有效地控制。

(5)组织所处的成长阶段。在组织成长的初始阶段,为了有效管理和控制组织的运行,往往采取集权的管理方式;随着组织的成长,管理的复杂性逐渐增强,组织分权的压力也就比较大,管理者对权力的偏好就会减弱。

5. 为什么要分权?如何进行有效的分权?

【答】 分权是指决策指挥权在组织层级系统中较低管理层次上的分散。组织高层将其一部分决策指挥权分配给下级组织机构和部门的负责人,使他们充分行使这些权力,支配组织的某些资源,并在其工作职责范围内自主地解决某些问题。一个组织内部要实行专业化分工,就必须分权。否则,组织便无法运转。

绝对的集权意味着组织中的全部权力集中在一个主管手中,组织活动的所有决策均由该主管作出,主管直接面对所有的命令执行者,中间没有任何管理人员,也没有任何中层管理机构。这在现代社会经济组织中几乎是不可能的,也是做不到的。

有效的分权必须掌握以下4项原则：

(1)重要性原则。组织分权必须建立在相互信任的基础上,所分权不能是一些无关紧要的部分,要敢于把一些重要的权力或职权放下去,使下级充分认识到上级的信任和管理工作的重要性,并把具体任务落到实处。

(2)适度原则。分权还必须建立在效率的基础上,分权过少往往造成主管工作量过大,过多又会造成杂乱无序。

(3)权责一致原则。权责不一致会使得被托付人要么滥用职权导致形式主义,要么无所适从造成工作失误。

(4)级差分权原则。越级授权会造成中间层次在工作上的混乱和被动,破坏管理秩序。

同步练习

一、单项选择题

1. 下列三种战略中,对计划管理要求最严格的是( )。
   A. 保守型战略　　　　　　　　B. 风险型战略
   C. 分析型战略　　　　　　　　D. 中立型战略

2. 下列三种战略中,以分权为主的是( )。
   A. 保守型战略　　　　　　　　B. 风险型战略
   C. 分析型战略　　　　　　　　D. 中立型战略

3. 下列三种战略中,高层管理人员以工程师和成本专家为主的是( )。
   A. 保守型战略　　　　　　　　B. 风险型战略
   C. 分析型战略　　　　　　　　D. 中立型战略

4. 下列技术类型中,集权程度比较高的是( )。
   A. 单件小批生产　　B. 大批量生产　　C. 连续生产　　D. 间断生产

5. 下列哪类企业最适合采用矩阵式组织结构?( )
   A. 纺织厂　　　　B. 医院　　　　C. 电视剧制作中心　　D. 学校

6. 矩阵式组织的主要缺点是( )。
   A. 分权不充分　　　　　　　　B. 多头领导
   C. 对项目经理要求高　　　　　D. 组织稳定性差

7. 企业的组织结构必须与其战略相匹配,企业战略对组织结构设计的影响是( )。
   A. 战略不同,要求开展的业务活动也会不同,从而会影响部门设置
   B. 不同的战略有不同的重点,会影响各部门与职务的相对重要性及相互关系
   C. AB都对
   D. AB都不对

8. 一家产品单一的跨国公司在世界许多地区拥有客户和分支机构,该公司的组织结构应考虑按( )因素来划分部门。
   A. 职能　　　　　B. 产品　　　　　C. 地区　　　　　D. 矩阵结构

9. 某企业的员工在工作中经常接到来自上边的两个甚至是相互冲突的命令,以下哪种说法指出了导致这种现象的本质原因?（　　）

　　A. 该公司在组织设计上采取了职能结构
　　B. 该公司在组织运作中出现了越权指挥的问题
　　C. 该公司的组织层次设计过多
　　D. 该公司组织运行中有意或无意地违背了统一指挥的原则

10. 企业中管理干部的管理幅度,是指（　　）。

　　A. 直接管理的下属数量　　　　　　B. 所管理的部门数量
　　C. 所管理的全部下属数量　　　　　D. B 和 C

11. 某公司随着经营范围的扩大,其由总经理直辖的营销人员也从 3 人增加到 100 人。最近,公司发现营销队伍似乎有点松散,对公司的一些做法也有异议,但又找不到确切的原因。从管理的角度看,你认为出现这种情况的最主要原因最大可能在于（　　）。

　　A. 营销人员太多,产生了鱼龙混杂的情况
　　B. 总经理投入的管理时间不够,致使营销人员产生了看法
　　C. 总经理的管理幅度太宽,以致无法对营销队伍进行有效的管理
　　D. 营销队伍的管理层次太多,使得总经理无法与营销人员有效沟通

12. 以下各种说法中,你认为哪一种最能说明企业组织所采取的是越来越分权的做法?（　　）

　　A. 更多的管理人员能对下属提出的建议行使否决权
　　B. 下属提出更多的建议并有更大的比例被付诸实施
　　C. 较低层次的管理人员愿意提出更多、更重要的改进建议
　　D. 采取了更多的措施减轻高层主要领导的工作负担

13. 很多企业都是由小到大逐步发展起来的,一般在开始时往往采用的组织结构是直线制。但是业务的扩大以及人员队伍的增加,使得高层管理者不得不通过授权的方式委托一批有实力的专业人员进行职能化管理。但是,直线职能制组织形式也存在一些固有的缺陷。下列哪种说法不是直线职能制组织形式的缺陷?（　　）

　　A. 成员的工作位置不固定,容易产生临时观念
　　B. 各职能单位自成体系,往往不重视工作中的横向信息沟通
　　C. 组织弹性不足,对环境变化的反映比较迟钝
　　D. 不利于培养综合型管理人才

14. 不论是在企业还是在政府机构,秘书一般都是帮助高层管理者进行工作的,他们在组织的职权等级链上的位置是很低的,但是人们常常感到秘书的权力很大。那么秘书拥有的是什么权力?（　　）

　　A. 合法权力
　　B. 个人影响权力
　　C. 强制权力
　　D. 没有任何权力,只是比一般人更有机会接近领导

15. 日本松下电器公司的创始人松下幸之助曾有一段名言：当你仅有100人时，你必须站在第一线，即使你叫喊甚至打他们。但如果发展到1,000人，你就不可能留在第一线，而是身居其中。当企业增至10,000名职工时，你就必须退居到后面，并对职工们表示敬意和谢意。这段话说明（　　）。

A. 企业规模扩大之后，管理者的地位逐渐上升，高层管理者无须事必躬亲

B. 企业规模的扩大是全体同仁共同努力的结果，对此，老板应心存感激

C. 企业规模扩大之后，管理的复杂性随之增大，管理者也应有所分工

D. 管理规模越大，管理者越需注意自己对下属的态度

16. 戴立在改革开放初期创办了一家小型私营食品企业。由于产品口味好、价格面向一般大众，很快就确立了消费者认可的品牌，销路非常好。在此情况下，戴立企业的员工人数也随之增加，由原来的6名家族成员增加到现有的120名，工厂规模也扩大了很多。在感受成功喜悦的同时，戴立也意识到前所未有的困扰——他越来越感觉到工作力不从心。每天疲于奔命处理各种各样的琐事。但是，尽管如此，工厂的管理还是给人以很混乱的感觉。为此，戴立请教了许多人，具有代表性的建议有以下四种，哪个最有效？（　　）

A. 戴立应抽出时间去某著名商学院接受管理方面的培训

B. 应聘请一位顾问，帮他出谋划策

C. 对于企业的组织结构进行改组，在戴立和一线工人之间增加一个管理层

D. 应招聘一位能干的助理，帮助他处理各种琐事

17. 作为企业的总裁，王晶在近几个月里一直都在寻找时间来思考一下公司的长远发展问题。这个星期他加班加点把手里的一些琐事都处理完了，从今天开始他准备不受干扰地集中考虑重大问题。一大早他就坐在办公室考虑这个问题。但好景不长，正常上班一到，大约每隔二十分钟左右就有人进来签字或者请示。王晶非常恼火。你认为这种情况的原因最可能是（　　）。

A. 今天企业中出现了紧急情况

B. 王晶可能比较集权

C. 企业中的其他管理者都不能负起责任来

D. 企业中没有良好的计划

18. 某总经理把产品销售的责任委派给一位市场经营的副总经理，由其负责所有地区的经销办事处，但同时总经理又要求各地区经销办事处的经理们直接向总会计师汇报每天的销售数字，而总会计师也可以直接向各经销办事处经理们下指令。总经理的这种做法违反了什么原则？（　　）

A. 权责对等原则　　　　　　　　　B. 命令统一原则

C. 集权化原则　　　　　　　　　　D. 职务提高、职能分散原则

19. 针对当前形形色色的管理现象，某公司的一位老处长深有感触地说："有的人拥有磨盘大的权力拣不起一粒芝麻，而有的人仅有芝麻大的权力却能推动磨盘。"这句话反映的情况表明（　　）。

A. 个人性权力所产生的影响力有时会大于职务性权力所产生的影响力

B. 个人性权力所产生的影响力并不比职务性权力所产生的影响力小

C. 非正式组织越来越盛行，并且正在发挥越来越大的作用

D. 这里所描述的只是一种偶然的管理现象，并不具有任何实际意义

20. 某公司有员工64人,假设管理幅度为8人,该公司的管理人员应为多少人?管理层次有多少层?(   )

A. 10人 4层　　　　B. 9人 3层　　　　C. 9人 4层　　　　D. 8人 3层

21. 某公司下属分公司的会计科长一方面要向分公司经理报告工作,另一方面又要遵守由总公司财务经理制订的会计规章和设计的会计报表,会计科长的直接主管应该是(   )。

A. 分公司经理　　　　　　　　　B. 总公司财务经理
C. 总公司总经理　　　　　　　　D. 上述三人都是

22. 康全公司是一家设计环保设备的公司,经营规模虽然不大但发展迅速。公司成立以来,为了保持行动的统一性,一直实行较强的集权。请问当下列哪一种情况出现时,公司更有可能改变其过强的集权倾向?(   )

A. 宏观经济增长速度加快　　　　B. 公司经营业务范围拓宽
C. 市场对企业产品的需求下降　　D. 国家发布了新的技术标准

23. 下面四种情形中,最能体现集权的组织形式是(   )。

A. 公司总经理电话通知销售部经理,把这批产品尽快发到深圳可龙公司,我刚刚与他们联系好

B. 面对激烈的竞争市场,总经理在高层管理会议上讲到:截止昨天为止,我全面审查了各部门上个月的工作情况,发现生产和销售都没能完成当月指标;而其他部门也出现各种各样的问题。现在,我命令每个部门必须严格按照公司规定的各项指标开展工作。凡是上个月没完成目标的部门,礼拜五必须拿出整改方案

C. 陈经理是一个严肃认真的人,员工很难看到他露出笑容。一旦出现差错总会受到严厉的批评。因此,员工都感觉到公司的气氛非常紧张,有些员工甚至因此而退出了公司

D. 总经理每天在上班开始之前,都微笑地在公司大门迎接员工的到来;每逢员工过生日,他也总要亲自向员工本人道一声"生日快乐"

24. 直线型组织结构的优点是(   )。

A. 联系简捷　　　　　　　　　　B. 部门间协调较好
C. 专业分工较细　　　　　　　　D. 不会发生较多失误

25. 矩阵制组织结构的优点是(   )。

A. 组织关系简单明了　　　　　　B. 稳定性强
C. 整体协调性强　　　　　　　　D. 有利于各种人才的培养

26. 在以下组织结构形式中,能够有效结合组织的纵向垂直管理和横向水平管理的组织结构形式是(   )。

A. 直线职能制　　B. 部门直线制　　C. 事业部制　　D. 矩阵制

27. 管理组织的最基本结构形式是(   )。

A. 职能型　　　　B. 直线型　　　　C. 直线职能型　　D. 矩阵型

28. 管理幅度和管理层次的关系是(   )。

A. 正比例关系　　　　　　　　　B. 反比例关系
C. 没有什么关系　　　　　　　　D. 有密切关系

29. 有效管理幅度是指(   )。

A. 一名上级领导者能够直接地、有效地领导的下级人数

B. 一个上级机构能够直接地、有效地领导的下级机构数

C. 一名上级领导者能够直接地、有效地领导的下级机构总数

D. 一名上级领导者能够直接地领导的下级总数

30. 企业规模较大、产品种类多、工艺差别大、市场比较广阔多变,适宜采用(　　)。
   A. 直线——职能制组织形式　　　　　　B. 事业部制组织机构形式
   C. 矩阵制组织结构形式　　　　　　　　D. 动态网络型组织结构

31. 在管理学中,定义为"影响力"的权力除"专长权"和"个人影响权"外,还包括(　　)。
   A. 随机处置权　　B. 制度权　　C. 奖惩权　　D. 任免权

32. 所谓授权,是指(　　)。
   A. 在组织设计时,规定下属管理岗位必要的职责与权限
   B. 在组织调整时,规定下属管理岗位必要的职责与权限
   C. 领导者将部分处理问题的权力委派给某些下属
   D. 委托代理关系

33. 在直线职能制组织机构形式中,职能科室的性质是(　　)。
   A. 决策机构　　B. 指挥机构　　C. 参谋机构　　D. 协调机构

二、多项选择题

1. 影响有效管理幅度的因素主要有(　　)。
   A. 管理者和被管理者的工作内容
   B. 管理者和被管理者的工作能力
   C. 管理者和被管理者的工作环境
   D. 管理者和被管理者的工作报酬

2. 下列因素中有助于管理幅度扩大的因素是哪些?(　　)
   A. 主管所处的管理层次较高
   B. 计划制定得详尽周到
   C. 主管的综合能力、理解能力、表达能力强
   D. 下属的工作地点在地理上比较分散

3. 组织设计的原则包括(　　)。
   A. 因人设职与因事设职相结合
   B. 命令统一
   C. 人人有事做
   D. 尽量减轻主要管理者的压力,多设副职

4. 保守型战略的企业、风险型战略的企业、分析型战略的企业各采取(　　)。
   A. 刚性结构　　　　　　　　　　　　B. 柔性结构
   C. 兼具刚性和柔性的结构　　　　　　D. 中型结构

5. 采取分析型战略的企业,对(　　)部门实行详细而严格的计划管理,而对产品的(　　)部门实行较为粗泛的计划管理。
   A. 研究开发　　　　　　　　　　　　B. 生产
   C. 市场营销　　　　　　　　　　　　D. 售后服务

6. 成功的( )的组织具有柔性结构,成功的( )的组织具有刚性结构。
A. 单件小批生产　　　　　　　　　B. 大批大量
C. 连续生产　　　　　　　　　　　D. 间断生产
7. 规模的扩大对组织结构的影响包括( )。
A. 分权化　　　　　　　　　　　　B. 集权化
C. 规范化　　　　　　　　　　　　D. 专职管理人员的数量增加
8. 下列哪些指标能够用来对组织的分权程度作出判断?( )
A. 决策的频度　　　　　　　　　　B. 决策的幅度
C. 决策重要性　　　　　　　　　　D. 对决策的控制程度
9. 下列因素中对分权有促进作用的是( )。
A. 组织的规模　　　　　　　　　　B. 政策的统一性
C. 培训管理人员的需要　　　　　　D. 活动的分散性
10. 下列关于产品部门化的优势,不正确的说法是( )。
A. 有利于促进企业内的竞争
B. 有利于节约成本,减少机构的重复设置
C. 有利于企业及时调整生产方向
D. 有利于维护最高行政指挥的权威,有利于维护组织的统一性
11. 扁平结构的组织具有的优点有( )。
A. 信息传递速度快
B. 每位主管能够对下属进行详尽的指导
C. 有利于下属发挥主动性和首创精神
D. 信息失真的可能性小
12. 在当代社会,规模较大的组织通常由( )等部分组成。
A. 领导中心　　　　　　　　　　　B. 情报信息系统
C. 咨询参谋系统　　　　　　　　　D. 执行系统
13. 组织结构的设计,应遵循( )等原则。
A. 目标性原则　　　　　　　　　　B. 分工协作原则
C. 有效跨度原则　　　　　　　　　D. 直线职能原则
14. 组织机构设计的程序依次是( )。
A. 调查研究,明确指导思想　　　　B. 组合与划分
C. 控制与修正　　　　　　　　　　D. 分解与排列

三、简答题
1. 管理者与被管理者的工作能力、工作内容和性质、工作条件如何影响管理幅度?
2. 工作环境如何影响企业的管理幅度?
3. 组织结构设计的步骤如何?
4. 组织设计中逻辑性地要求首先要考虑工作的特点和需要,是否意味着可以忽略人的要素?
5. 采取分析型战略的企业,其组织结构的设计有何特征?
6. 信息技术对于企业的组织结构有何影响?

参考答案

一、单项选择题

1. A 2. B 3. C 4. B 5. C 6. B 7. C 8. C 9. D 10. A 11. C
12. B 13. C 14. D 15. C 16. C 17. B 18. B 19. A 20. B 21. A 22. B
23. B 24. B 25. D 26. D 27. A 28. B 29. A 30. C 31. D 32. C 33. C

二、多项选择题

1. ABC 2. BC 3. AB 4. ABC 5. AC 6. AB 7. ACD
8. ABCD 9. ACD 10. BD 11. ACD 12. ABCD 13. ABC 14. ADBC

三、简答题

1.（1）主管的综合能力、理解能力、表达能力强，则可以迅速地把握问题的关键，就下属的请示提出恰当的指导建议，并使下属明确地理解，从而可以缩短与每一位下属在接触中占用的时间；同样，如果下属具备符合要求的能力，受过良好的系统培训，则可以在很多问题上根据自己的符合组织要求的主见去解决，从而可以减少向上司请示、占用上司时间的频率。这样，管理的幅度便可适当宽些。

（2）主管所处的管理层次。主管的工作在于决策和用人。处在管理系统中的不同层次，决策与用人的比重各不相同。决策的工作量越大，主管用于指导、协调下属的时间就越少；而越接近组织的高层，主管人员的决策职能越重要，所以其管理幅度要较中层和基层管理人员小。

（3）下属工作的相似性。下属从事的工作内容和性质相近，则对每人工作的指导和建议也大体相同。这种情况下，同一主管对较多下属的指挥和监督是不会有什么困难的。

（4）计划的完善程度。下属如果单纯地执行计划，且计划本身制定的详尽周到，下属对计划的目的和要求明确，那么，主管对下属指导所需的时间就不多；相反，如果下属不仅要执行计划，而且要将计划进一步分解，或计划本身不完善，那么，对下属指导、解释的工作量就会相应增加，从而减小有效管理幅度。

（5）非管理事务的多少。主管作为组织不同层次的代表往往必须占用相当时间去进行一些非管理性事务。这种现象对管理幅度也会产生消极的影响。

（6）助手的配备情况。如果有关下属的所有问题，不分轻重缓急，都要主管去亲自处理，那么，必然要花费他大量的时间，他能直接领导的下属数量也会受到进一步的限制。

（7）信息手段的配备情况。利用先进的技术去收集、处理、传输信息，不仅可帮助主管更早、更全面地了解下属的工作情况，从而可以及时地提出忠告和建议，而且可使下属了解更多的与自己工作有关的信息，从而更能自主、自如地处理份内的事务。这显然有利于扩大主管的管理幅度。

（8）工作地点的相近性。不同下属的工作岗位在地理上的分散，会增加下属与主管以及下属之间的沟通困难，从而会影响主管直属部下的数量。

2.组织环境稳定与否会影响组织活动内容和政策的调整频度与幅度。环境变化越快，变化程度越大，组织中遇到的新问题越多，下属向上级的请示就越有必要、越经常；相反，上级能用于指导下属工作的时间和精力却越少，因为他必需花更多的时间去关注环境的变化，考虑应变的措施。因此，环境越不稳定，各层主管人员的管理幅度越受到限制。

3.组织设计者一般要完成以下三个步骤的工作：

(1)职务设计与分析。职务设计与分析是组织设计的最基础工作。职务设计是在目标活动逐步分解的基础上,设计和确定组织内从事具体管理工作所需的职务类别和数量,分析担任每个职务的人员应负的责任,应具备的素质。

(2)部门划分。根据各个职务所从事的工作内容的性质以及职务间的相互关系,依照一定的原则,可以将各个职务组合成称为"部门"的管理单位。

(3)结构的形成。职务设计和部门划分是根据工作要求来进行的。在此基础上,还要根据组织内外能够获取的现有人力资源,对初步设计的部门和职务进行调整,并平衡各部门、各职务的工作量,以使组织机构合理。如果再次分析的结果证明初步设计是合理的,那么剩下的任务便是根据各自工作的性质和内容,规定各管理机构之间的职责、权限以及义务关系,使各管理部门和职务形成一个严密的网络。

4. 组织设计过程中必须重视人的因素。

(1)组织设计往往并不是全新的、迄今为止还不存在的组织设计职务和机构。在通常情况下,我们遇到的实际上是组织的再设计问题,这时就不能不考虑到现有组织中现有成员的特点。组织设计的目的就不仅是要保证"事事有人做",而且要保证"有能力的人有机会去做他们真正胜任的工作"。

(2)组织中各部门各岗位的工作最终是要人去完成的,即使是一个全新的组织,也并不总是能在社会上招聘到每个职务所需的理想人员的。组织机构和结构的设计,不能不考虑到组织内外现有人力资源的特点。

(3)任何组织,首先是人的集合,而不是事和物的集合。向社会培养各种合格有用的人才是所有社会组织不可推卸的社会责任。

5. 采取分析型战略的企业,其组织结构的设计兼具刚性和柔性的特征。

(1)既强调纵向的职能控制,也重视横向的项目协调。

(2)对生产部门和市场营销部门实行详细而严格的计划管理,而对产品的研究开发部门则实行较为粗泛的计划管理。

(3)高层管理层由老产品的生产管理、技术管理等职能部门的领导及新产品的事业部领导联合组成,前者代表企业的原有阵地,后者代表企业进攻的方向。

(4)信息在传统部门间主要为纵向沟通,在新兴部门间及其余传统部门间主要为横向沟通。

(5)权力的控制是集权与分权的适当结合。

6. (1)使组织机构呈现出扁平化的趋势。

(2)对集权化和分权化可能带来双重影响。希望集权化的管理者能够运用先进技术去获得更多的信息和做出更多的决策。同时管理者也能够向下属分散信息并且增强参与性与自主性。

(3)加强或改善企业内部各部门间以及各部门内工作人员间的协调。

(4)要求给下属以较大的工作自主权。

(5)提高专业人员比率。

历年真题及全解

1. (北科 2008 年研)组织设计必须考虑到人的因素即(　　)。
   A. 有利于人的能力的提高　　　　　　B. 有利于人的发展
   C. 有利于个性的发挥　　　　　　　　D. 有利于个人潜能的发挥

【答案】　B

【解析】　组织设计的目的就是要通过创构柔性灵活的组织,动态地反映外在环境变化的要求,并且能够在组织演化成长的过程中,有效积聚新的组织资源,同时协调好组织中部门与部门之间、人员与任务之间的关系,使员工明确自己在组织中应有的权力和应担负的责任,有效地保证组织活动的开展,最终保证组织目标的实现。

2. (北科 2008 年研)某公司职员在工作中经常接到来自上边的两个有时甚至相互冲突的命令。以下哪种说法指出了导致这一现象的最本质原因?(   )

A. 该公司在组织设计上采取了职能型结构

B. 该公司在组织运行中出现了直越级指挥问题

C. 该公司在组织层次设计过多

D. 该公司组织设计违背了统一指挥原则

【答案】　D

【解析】　统一指挥原则是指每个下属应当而且只能向一个上级主管直接报告工作。不遵循统一指挥原则,让多个上级发出冲突的命令或优先处理要求,会造成许多问题。

3. (北科 2009 年研)某公司属下分公司的会计科长一方面要向分公司经理报告工作、另一方面又要遵守由总公司财务经理制定和设计的会计规章、会计报表。试问,会计科长的直接管理应该是(   )。

A. 总公司财务经理　　　　　　B. 总公司总经理

C. 分公司经理　　　　　　　　D. 总公司财务经理和分公司经理

【答案】　C

【解析】　此公司采用的是职能制组织机构,分公司的经理是会计科长的直接主管,总公司财务经理也是分公司会计科长的上级,但不是直接主管。

4. (北科 2008 年研)下列说法中不正确的是(   )。

A. 管理幅度越大,管理层次就越少;管理幅度越小,管理层次就会相应增加

B. 管理者的能力强、素质高,管理幅度就可以比较大;反之,管理幅度就应该相对较小

C. 管理者需要处理的非管理事务较多,管理幅度的设计就需要相对加大,否则,则可以相应缩小

D. 下属工作内容的相似性程度高,管理幅度的设计可以较大;而相似性程度低的下属工作,管理幅度的设计就应该相应缩小

【答案】　C

【解析】　管理幅度是指一个上级直接领导与指挥下属的人数。影响管理幅度的因素很多,如下属工作内容的相似性,相似程度越高,管理幅度设计越大,反之则上。C 项,管理者需要处理的非管理事务较多,管理幅度的设计就需要相对较小,否则,则可以相应较大。

第九章

人力资源管理

知识点归纳

1. 人力资源计划的任务

系统评价组织中人力资源的需求量、选配合适的人员、制定和实施人员培训计划。

2. 人力资源计划的过程

人力资源计划的整个过程大致可以分为六个步骤。前三个步骤分别是：在组织战略规划框架之下编制人力资源计划、招聘员工、选用员工。这一阶段的目的是要发掘有能力的人才并加以选用。后三个步骤分别是：职前引导、培训、职业生涯发展。这三项活动是为了确保组织既能留住人才，又能使员工技能得以更新。符合组织未来的发展要求。上述程序均会受到来自于政府和法律的约束。

3. 人力资源计划编制的原则

(1)既要保证企业短期自下而上的需要，也要能促进企业的长期发展。

通过人力资源计划的编制和组织实施，不仅要确保组织获得必要的人力资源，而且要保证组织中干部队伍的补充和管理者素质的不断提高。

(2)既要能促进员工现有人力资源价值的实现，又要能为员工的长期发展提供机会。

人力资源计划的编制和组织实施既要注意现有人力资源条件的充分运用，而且要在使用中为他们提供提高和完善自己的机会。

4. 员工招聘来源

人力资源计划中最为关键的一项任务是能够招到并留住有才能的管理干部。依据来源不同，组织可以通过外部招聘和内部提升两种方式来选择和填补管理岗位的短缺。

(1)外部招聘。外部招聘就是根据组织制定的标准和程序从组织外部选拔符合空缺职位要求的员工。选择员工具有动态性，特别是一些高级人员岗位和专业岗位，常常需要组织将选择的范围扩展到全国甚至全球劳动力市场。

(2)内部提升。内部提升是指组织内部成员的能力和素质得到充分确认之后，被委以比原来责任更大、职位更高的职务，以填补组织中由于发展或其他原因而空缺的管理职务。

5. 绩效评估

它是指组织定期对个人或群体小组的工作行为及业绩进行考察、评估和测度的一种正式制度。通过制订的标准与员工的工作绩效记录进行比较并及时将绩效评估结果反馈给员工，可以起到有效地检测及控制作用。

6.绩效评估的作用

在人力资源管理中,绩效评估的作用体现在以下几方面:
(1)绩效评估为最佳决策提供了重要的参考依据。
(2)绩效评估为组织发展提供了重要支持。
(3)绩效评估为员工提供一面有益的"镜子"。
(4)绩效评估为确定员工的工作报酬提供依据。
(5)绩效评估为员工潜能的评估以及相关人事调整提供依据。

经典案例

案例一

重要工作人员有特殊困难怎么办?
——就事论事,灵活应用人事政策

林培是公司董事长孟林的爱将,他有财务主管的背景,且为公司解决了很多棘手的问题,孟林有意在明年任命林培为分厂的厂长。但是林培没有外地营销的经历,而公司制度规定要当主管必须有外地营销的经历,且人事部经理高温坚持这一点。为此,孟林决定派林培到西安去任职。但是,林培因为私人理由——太太身体不好要住院,担心去了西安得不到好的治疗,女儿只有三岁,全靠家里老人帮忙。为此,林培婉拒了孟林的委任。这使孟林很矛盾,如果坚持把孟林留下不外放,而仍然让他晋升,那么对其他人不公平,也无法建立公司人事政策的威信。另一方面,如果他命令林培非去西安不可,对林培来讲,又不能让他心甘情愿为公司效命,搞僵了的话,他可能一走了之转向公司的对手处工作。

【思考】
1.董事长孟林该怎么做,来尽量消除这种尴尬的局面?
2.从该案例中,我们可以学到哪些经验教训?

【分析】
1.孟林应该采取比较灵活的办法,把事情安排妥当。身为董事长,他可以整体检查一下公司的人事状况为由,要高温提供下述资料:①外地各公司的主要职位;②担任上述各职位的先决条件;③上列各职位现任人员名单;④上列人员的背景资料包括年纪、婚姻状况、儿女人数与年龄;⑤上列人员任现职的时间;⑥上列人员调职或升迁的大约时间;⑦上列人员未来可能的调升途径;⑧上列各职位出缺时,可能的接任人选。在高温准备这些资料的同时,孟林可以查询一下林培的妻子到底需要何种医疗环境,哪些城市可以提供这种服务。最好不要惊动林培。在高温的配合下,把公司的全国用人计划检查完之后,可能提出若干新的措施,安排林培到新的地方如北京、天津等地,这样,既与公司人事政策不违背,也考虑到了林培的个人原因。换句话说,把原来为林培一个人的特别照顾,扩大为整体的调整,使为个人的色彩不着痕迹。此举不仅解决目前的两难局面,也可以借此改正许多人事与组织上的缺点。

2.可以得到的经验教训有:政策是死的,人是活的,有很多种方法解决棘手的人事问题;对于有困难的工作人员应当灵活处理,网开一面。未来的领导一定不能留下不好的记录。

案例二

新提升的业务经理

洛拉·埃德沃兹刚被她的经理——鲍勃提升为业务经理。对鲍勃来说,洛拉是候选人中最优秀的一个,尽管他认为洛拉很内向,且尚不具有管理者应有的自信,但是,他相信洛拉在今后的工作中会不断提高。提升对洛拉来说是很突然的,她有点不安,因为她不能确信她是否能胜任这个工作。尽管如此,她听到这个消息还是很高兴,尤其是鲍勃对她表现出的信任使她很受鼓舞。但是令洛拉担心的是斯蒂文,他一直是一个不好相处的同伴,而且对鲍勃的工作又颇有微辞,这次提升使洛拉成了斯蒂文的上司,更可能使斯蒂文不满。

洛拉决定,要有步骤地在她的下属心目中树立起领导的形象。但她马上发现,要与同事、朋友们建立起新工作关系并非易事。于是,她找每个人进行面谈,试图通过面谈来阐述她对这个部门的计划和目标,并建立起她的威信。同时,她需要每个人对部门工作提出意见和建议,由她集中起来,从而决定以后的努力方向。而且她还想知道她的下属们的个人目标,由此可以决定她应该做些什么来帮助他们达到这些目标。她鼓励员工们去寻找需要改进的地方,并把这些同他们的工作联系起来。除了斯蒂文,谈话进行得都很顺利。由于斯蒂文的敌视和妒忌,他拒绝谈论他自己。于是洛拉说她尊重他,并且希望得到他的帮助。由于斯蒂文的不合作态度,谈话很快结束了。但是洛拉还是对斯蒂文说,愿意在他愿意的任何时候与他进行更积极的沟通。

【思考】

如果你是洛拉,你会如何对待斯蒂文?

【分析】

本案例分析的要点在于要抓住员工工作绩效和员工提升等相关的理论,只要抓住这两个理论的内容就可以简单地回答这个问题。

课后习题全解

1. 不同层次的管理人员应具备哪些基本素质?

【答】 管理人员应具备以下基本素质:

(1)管理的愿望。强烈的管理愿望是有效开展工作的基本前提。对某些管理人员来说,担任管理工作意味着在组织中取得较高的地位、名誉以及与之相对应的报酬,这将产生很强的激励效用。对大多数员工来说,管理意味着可以利用制度赋予的权力来组织劳动,意味着可以通过自己的知识和技能以及与他人的合作来实现自我价值,这将带来心理上的极大满足感。毋庸讳言,管理意味着对种种权力的运用。管理能力低下、自信心不足或对权力不感兴趣的人自然也就不会负责任地、有效地使用权力,这样就难以达到理想而积极的工作效果。

(2)良好的品德。良好的品德是每个组织成员都应具备的基本素质。对于管理人员来说,担任管理职务意味着拥有一定的职权,而组织对权力的运用不可能随时进行严密、细致、有效的监督,所以权力能否正确运用在很大程度上只能取决于管理人员的自觉性和自律性。

(3)勇于创新的精神。对于一个现代组织来说,管理的任务决不仅仅是执行上级的命令,维持系统的运转,而是要能在组织系统或部门的工作中不断创新。只有不断创新,组织才能充满生机和活力,才能不断发展。创新意味着要打破传统机制的束缚,做以前没有做过的事,而这一切都没有现成的程序或规律可循。因此,创新需要冒很大的风险,而且往往是希望取得的成功越大,需要冒的风险也越多。要使组织更具创新活力,组织就必须努力创造敢于冒风险、鼓励创新的良好氛围。

(4)较高的决策能力。随着组织权力的日趋下移,对组织中员工的决策能力的要求有不断提高的趋势。对管理人员来说,为了更好地完成组织的任务,不仅要计划和安排好自己的工作,而且更重要的是要通过一系列的决策组织和协调好下属的工作。

2. 试比较管理人员内部晋升与外部招聘的优点和局限性。

【答】　　(1)内部晋升。内部晋升是指组织内部成员的能力和素质得到充分确认之后,被委以比原来责任更大、职位更高的职务,以填补组织中由于发展或其他原因而空缺了的管理职务。

内部晋升制度具有以下优点:①有利于调动员工的工作积极性;②有利于吸引外部人才;③有利于保证选聘工作的正确性;④有利于被聘者迅速开展工作。

内部晋升制度也可能会带来如下一些弊端:①可能会导致组织内部"近亲繁殖"现象的发生。从内部晋升的人员往往喜欢模仿上级的管理方法。这虽然可使过去的经验和优良作风得到继承,但也有可能使不良作风得以发展,这极不利于组织的管理创新和管理水平的提高。②可能会引起同事之间的矛盾。在若干个候选人中提升其中一名员工时,虽可能提高员工的士气,但也可能使其他落选者产生不满情绪。这种情绪可能出于嫉妒,也可能出于"欠公平的感觉",无论哪一种情况都不利于被提拔者展开工作,也不利于组织中人员的团结与合作。

(2)外部招聘。外部招聘就是根据组织制订的标准和程序从组织外部选拔符合空缺职位要求的员工。选择员工具有动态性,特别是一些高级员工和专业岗位,组织常常需要将选择的范围扩展到全国甚至全球劳动力市场。

外部招聘的优点:具备难得的"外部竞争优势";有利于平息并缓和内部竞争之间的紧张关系;能够为组织输送新血液。

外部招聘的局限性:外聘者对组织缺乏深入了解;组织对外聘者缺乏了解;外聘者对内部员工积极性造成打击。

3. 员工培训的目的是什么?

【答】　　培训是指组织通过对员工有计划、有针对性的教育和训练,使其能够改进目前知识和能力的一项连续而有效的工作。培训旨在提高员工队伍的素质,促进组织的发展,实现以下四个方面的具体目标:

(1)补充知识。随着科学技术进步速度的加快,人们原先拥有的知识与技能在不断老化。为了防止组织中各层级人员工作技能的衰退,组织必须对员工进行不断地培训,使他们掌握与工作有关的最新知识和技能。这些知识和技能,虽然可以在工作前的学校教育中获取,但更应该在工作中根据实际情况不断地加以补充和更新,使它们在实践中不断地得到锤炼和提升。

(2) 发展能力。员工培训的一个主要目的便是根据工作的要求,努力提高他们在决策、用人、激励、沟通、创新等各方面的综合能力。特别是随着工作的日益复杂化和非个人行为化,改进组织内部人际关系的能力要求不断提高,这使得组织内对合作的培训变得愈发重要,这也是衡量组织竞争力的重要体现。

(3) 转变观念。每个组织都有自己的文化价值观念和基本行为准则。员工培训的重要目标就是要通过对组织中各个成员特别是对新聘管理人员的培训,使他们能够根据环境和组织的要求转变观念,逐步了解并融于组织文化之中,形成统一的价值观念,按照组织中普遍的行动准则来从事管理工作,与组织目标同步。

(4) 交流信息。组织培训员工的基本要求是要通过培训加强员工之间的信息交流,特别是使新员工能够及时了解组织在一定时期内的政策变化、技术发展、经营环境、绩效水平、市场状况等方面的情况,熟悉未来的合作伙伴,准确而及时地定位。

4. 员工培训的方法有哪些?

【答】 一个组织中的培训对象主要有:新来员工、基层员工、一般技术或管理人员、高级技术或管理人员。员工培训的方法有多种,依据所在职位的不同,可以分为新员工的培训(导入培训)、在职培训和离职培训三种形式。

同步练习

一、单项选择题

1. 为了确保主管人员选聘过程中能做到公开竞争原则,其大前提是( )。
   A. 足够多的人才数量　　　　　　B. 足够好的人才质量
   C. 人才流动　　　　　　　　　　D. 主管人员培训

2. 主管人员的工作质量是通过( )了解的。
   A. 选人　　　　B. 用人　　　　C. 育人　　　　D. 评人

3. 人员配备要求采取( )。
   A. 封闭的系统方法　　　　　　　B. 半封闭的系统方法
   C. 半开放的系统方法　　　　　　D. 开放的系统方法

4. 适合评价任何一种职位,特别是对主管人员职位来说最有创意和最有前途的方法是( )。
   A. 比较法　　　B. 职务系数法　　C. 时距制定法　　D. 四象限法

5. 管理学中的人员配备,是对( )的配备。
   A. 全体人员　　B. 主管人员　　C. 非主管人员　　D. 高层管理者

6. "对主管职务及其相应人员的要求越是明确,培训和评价主管人员的方法越是完善,主管人员工作的质量也就越有保证"是人员配备工作的( )原理。
   A. 用人之长　　B. 职务要求明确　　C. 责权利一致　　D. 公开竞争

7. 主管人员的用人艺术之一是知人善任,这也反映了人员配备工作的( )原理要求。
   A. 公开竞争　　B. 责权利一致　　C. 不断培养　　D. 用人之长

8. 把"员工视为活动主体、公司主人"是哪一种人力资源管理模式？（　　）
   A. 自我中心式、非理性化家族管理　　　B. 以人为中心、非理性化家族管理
   C. 以人为中心、理性化团队管理　　　　D. 自我中心式、理性化团队管理
9. 每个员工都明确企业发展目标，团结协作，努力实现企业目标，反映了"以人为中心、理性化团队管理"模式的什么特点？（　　）
   A. 封闭式的自危表现　　　　　　　　　B. 开放式的悦纳表现
   C. 封闭式的悦纳表现　　　　　　　　　D. 开放式的自危表现
10. 与员工同甘共苦、同舟共济，反映了人本管理哪方面的基本内容？（　　）
    A. 人的管理第一　　　　　　　　　　　B. 激励为主要方式
    C. 积极开发人力资源　　　　　　　　　D. 培育和发挥团队精神
11. 人员配备的工作包括（　　）。
    A. 制定工作规范、选配、培训组织成员
    B. 确定人员需用量、选配、培训组织成员
    C. 确定人员结构、选配、培训组织成员
    D. 确定人员需用量、选配、考核、晋升组织成员

二、多项选择题
1. 主管人员的选聘是人员配备中最关键的一个步骤。选聘的依据可以概括为（　　）。
   A. 职位的要求　　　　　　　　　　　　B. 外部就业压力
   C. 主管人员应具备的素质和能力　　　　D. 曾接受过培训的员工数量
2. 在主管人员选聘过程中，应当遵循以下原理（　　）。
   A. 公开竞争原理　　　　　　　　　　　B. 灵活性原理
   C. 弹性结构原理　　　　　　　　　　　D. 用人之长原理
3. 做好主管人员的考评工作，必须做到以下要求（　　）。
   A. 考评指标要灵活　　　　　　　　　　B. 考评指标要客观
   C. 考评方法要可行　　　　　　　　　　D. 考评时间要得当
4. 员工培训的目标有三类（　　）。
   A. 增知　　　　　B. 转态　　　　　C. 育能　　　　　D. 立志

三、简答题
1. 简述对主管人员培训的方法有哪几种？
2. 对主管人员考评的主要要求有哪些？
3. 人员配备有何重要性？
4. 在选聘的过程中要注意哪些问题？

参考答案

一、单项选择题
   1. A　2. D　3. D　4. C　5. A　6. B　7. D　8. C　9. B　10. D　11. B

二、多项选择题

1. AC 2. AD 3. BCD 4. ABC

三、简答题

1. 要点：①理论培训；②职务轮换：非主管工作的轮换、在主管职位间轮换、事先未规定的主管职务间轮换；③提升：有计划的提升、临时提升；④设立副职；⑤研讨会；⑥辅导。

2. ①考评指标要客观，指标的含义要准确、具体，尽可能定量化；②考评方法要可行，考评项目要适中，考评的结果客观可靠，要明确所采用方法的目的与意义；③考评时间要适当；④考评结果要反馈，公开，需要较高的信息沟通技巧。

3. ①人员配备是组织有效活动的保证；②人员配备是做好指导与领导以及控制工作的关键；③人员配备是组织发展的准备。

4. ①选聘的条件要适当；②对选拔人员的要求；③要注意候选人的潜在能力；④要敢于启用年轻人；⑤正确对待文凭与水平的关系。

历年真题及全解

1. （北科 2008 年研）有一天，某公司总经理发现会议室的窗户很脏，好像很久没有打扫过，便打电话将这件事告诉了行政后勤部负责人，该负责人立刻打电话告诉事务科长，事务科长又打电话给公务班长。公务班长便派了两名员工，很快就将会议室窗户擦干净。过了一段时间，同样的情况再次出现，这表明该公司在管理方面存在着什么问题？（ ）
A. 组织层次太多   B. 总经理越级指挥
C. 各部门职责不清   D. 员工缺乏工作主动性

【答案】 D

【解析】 当经理催促时，工作才能完成，这说明了员工缺乏工作主动性。A项，组织层次太多并不影响"擦窗户"任务的完成；B项，总经理没有越级指挥员工，他只是指挥了自己的直接下属；C项，该公司各部门职责很清楚，没有出现有了问题找不到人的情况，也没有出现互相推诿的情况。

2. （中国传媒大学 2009 年研、北邮 2008 年研）绩效评估

【答】 绩效评估又称绩效考、绩效评价等，是指组织定期对个人或群体小组的工作行为及业绩进行考察、评估和测度的一种正式制度。用过去制定的标准与员工的工作绩效记录进行比较并及时将绩效评估结果反馈给员工，可以起到有效的检测及控制作用。在人力资源管理中，绩效评估的作用体现在：①为最佳决策提供了重要的参考依据；②为组织发展提供了重要的支持；③为员工提供了一面有益的"镜子"；④为确定员工的工作报酬提供依据；⑤为员工潜能的评价以及相关人事调整提供了依据。

第十章

组织变革与组织文化

知识点归纳

1. 组织变革的类型

依据不同的标准,组织变革可以划分为不同的类型。

(1)战略性变革:指组织对其长期发展战略或使命所做的变革。

(2)结构性变革:指组织需要根据环境的变化适时对组织的结构进行变革,并重新在组织中进行权力和责任的分配,使组织变得更为柔性灵活、易于合作。

(3)流程主导性变革:指组织紧密围绕其关键目标和核心能力,充分应用现代信息技术对业务流程进行重新构造。这种变革会使组织结构、组织文化、用户服务、质量、成本等各个方面产生重大的改变。

(4)以人为中心的变革:以人为中心的变革是指组织必须通过对员工的培训、教育等引导,使他们能够在观念、态度和行为方面与组织保持一致。

2. 组织变革的目标

组织变革的基本目标是提高组织的适应能力,总的来看,应包括以下三个方面:

(1)使组织更具环境适应性。组织要想在动荡的环境中生存并得以发展,就必须顺势变革自己的任务目标、组织结构、决策程序、人员配备、管理制度等。只有如此,组织才能有效地把握各种机会,识别并应对各种威胁,使组织更具环境适应性。

(2)使管理者更具环境适应性。管理者一方面需要调整过去的领导风格和决策程序,使组织更具灵活性和柔性;另一方面,管理者要能根据环境的变化要求重构层级之间、工作团队之间的各种关系,使组织变革的实施更具针对性和可操作性。

(3)使员工更具环境适应性。组织变革的最直接感受者就是组织的员工。组织要使人员更具环境适应性,就必须不断地进行再教育和再培训,决策中更多地重视员工的参与和授权,要能根据环境的变化改造和更新整个组织文化。

3. 组织变革的内容

组织变革过程的主要变量因素包括人员、结构、任务和技术,具体内容有以下几方面:

(1)对人员的变革。人员的变革是指员工在态度、技能、期望、认知和行为上的改变。变革的主要任务是组织成员之间在权力和利益等资源方面的重新分配。

(2)对结构的变革。结构的变革包括权力关系、协调机制、集权程度、职务等其他结构参数的变化。管理者的任务就是要对如何选择组织设计模式,如何制定工作计划,如何授予权力以及授权程度等一系列行动做出决策。

(3)对技术与任务的变革。技术与任务的改变包括对作业流程与方法的重新设计、修正和组合,包括更换机器设备,采用新技术和新方法等。

4. 消除组织变革阻力的管理对策

为了确保组织变革的顺利进行,必须事先针对变革中的种种阻力进行充分的研究,并采取一些具体的措施。

(1)客观分析变革的推力和阻力的强弱。勒温曾提出适用力场分析的方法研究变革的阻力。其要点是:把组织中支持变革和反对变革的所有因素分为推力和阻力两种力量,前者发动并维持变革,后者反对和阻碍变革。当两力均衡时,组织维持原状,当推力大于阻力时,变革向前发展,反之变革受到阻碍。管理层应当分析推力和阻力的强弱,采取有效措施,增强支持因素,削弱反对因素,进而推动变革的深入进行。

(2)创新组织文化。冰山理论认为,假如把水面之上的冰山比作组织结构、规章制度、任务技术、生产发展等要素,那么,水面之下的冰体便是由组织的价值观体系、组织成员的态度体系、组织行为体系等组成的组织文化。只有创新组织文化并渗透到每个成员的行为之中,才能使露出水面的改革行为变得更为坚定,也才能使变革具有稳固的发展基础。

(3)创新策略方法和手段。为了避免组织变革中可能会造成的重大失误,使人们坚定变革成功的信心,变革者必须采用比较周密可行的变革方案,并从小范围逐渐延伸扩大,特别是要注意调动管理层变革的积极性,尽可能削减团体对组织变革的抵触情绪,力争使变革的目标与团体的目标相一致,提高员工的参与程度。

5. 组织文化的结构

一般认为,组织文化有三个层次结构,即潜层次、表层和显现层三层。

(1)潜层次的精神层。这是指组织文化中的核心和主体,是广大员工共同而潜在的意识形态,包括管理哲学、敬业精神、人本主义的价值观念、道德观念等。

(2)表层的制度系统。又称制度层,指体现某个具体组织文化特色的各种规章制度、道德规范和员工行为准则的总和,也包括组织内分工协作关系的组织结构,是组织文化核心层(内隐部分)与显现层的中间层,是由虚体文化(意识形态)向实体文化转化的中介。

(3)显现层的组织文化载体。又称物质层,是指凝聚着组织文化抽象内容的物质体的外在显现,既包括组织整个物质的和精神的活动过程、组织行为、组织体产出等外在表现形式,也包括组织实体性的文化设备、设施等。显现层是组织文化最直观的部分,也是人们最易于感知的部分。

6. 组织文化的核心内容

从最能体现组织文化特征的内容来看,组织文化包括组织价值观、组织精神、伦理规范以及组织素养等。

(1)组织的价值观。组织的价值观就是组织内部管理层的全体成员和部分员工对该组织的生产、经营、服务等活动以及指导这些活动的一般看法或基本观点。

(2)组织精神。组织精神是指组织经过共同努力奋斗和长期培养所逐步形成的,认识和看待事物的共同心理趋势、价值取向和主导意识。

(3)伦理规范。伦理规范是指从道德意义上考虑的、由社会向人们提出并应当遵守的行为准则，它通过社会公众舆论规范人们的行为。

7. 组织文化的功能

组织文化作为一种自组织系统，具有很多特定的功能。其主要功能有以下几点：

(1)整合功能。组织文化通过培育组织成员的认同感和归属感，建立起成员与组织之间的相互信任和依存关系，使个人的行为以及沟通方式与整个组织有机地整合在一起，形成相对稳固的文化氛围，以此激发出组织成员的主观能动性，并为组织的共同目标而努力。

(2)适应功能。组织文化能从根本上改变员工的旧有价值观念，建立起新的价值观念，使之适应组织外部环境的变化要求。组织文化具有某种程度的强制性和改造性，其效用是帮助组织指导员工的日常活动，使其能快速地适应外部环境因素的变化。

(3)导向功能。组织文化作为团体共同价值观，只是一种软性的理智约束，通过组织的共同价值观不断地向个人价值观渗透和内化，使组织自动生成一套自我调控机制，以一种适应性文化引导着组织的行为和活动。

(4)发展功能。组织在不断的发展过程中所形成的文化沉淀，通过无数次的辐射、反馈和强化，会随着实践的发展而不断地更新和优化，推动组织文化从一个高度向另一个高度迈进。

(5)持续功能。组织文化的形成是一个复杂的过程，往往会受到政治的、社会的、人文的和自然环境等诸多因素的影响，因此，它的形成需要经过长期的倡导和培育。

经典案例

案例一

施内尔的公司

埃贡·施内尔是一位曾在某电子公司工作的聪明年轻的工程师，虽然作为一名工程师，他在公司事业上十分成功，也十分喜欢自己的工作——开发电子游戏机，但他还是决定辞职成立自己的VGI公司。他想尽方法，四处借钱，也想出了许多好办法来经营，尽管如此，他失败了，而且几乎破产。最后，在一家大型零售联营企业给予他一张为数很大的订单之后，他取得了成功。但成功之后接着又是失败，失败之后又取得了新的成功。

雇员喜欢在施内尔的公司工作，因为这里的气氛轻松，这种轻松的气氛有助于新想法的发展。可是，来自大型的、井井有条的公司的竞争日益激烈了。尽管如此，一些绝妙的主意使市场对某些产品的需求量仍然很大，公司跟不上生产，但是，扩大生产需要资本。于是，施内尔先生决定公开发行股票与某一大公司联营，这一做法使公司增加了几百万美元的资金。施内尔原本决定继续担任VGI公司的总经理，但他经营公司的兴趣明显减少，观察家们描述此时的公司状况为"一团糟"。施内尔先生承认自己不是一个好总经理，同意改组公司，由约翰·纽瑟姆先生担任公司的总裁，这位新上任的总裁的首批决定之一是任命一名新的销售经理，以克服以前由有技术经验的人员担任此职务的弱点。

纽瑟姆先生还行使了强有力的管理领导权,制定了许多新程序,规定了明显的目标,设置了严格的财务控制。由松散管理到严格管理这一改变,触怒了许多老资格的工程师,他们中的很多人离开了公司,有些甚至成立了自己的软件公司,从而成为他们以前工作过的公司的直接竞争者。

【思考】

1. 施内尔先生初期成功的主要原因在于(　　)。

A. 初期 VGI 公司处在以生产导向的卖方市场,适于采用职能组织机构

B. 初期 VGI 公司规模较小,易于管理

C. 将决策权下放至组织机构最底层

D. 相信技术工程师可以做好销售经理

2. 施内尔先生最终失败的主要原因在于(　　)。

A. 权力过于分散

B. 不能均衡授权

C. 企业的组织机构不能随企业的目标、计划及外部环境的改变而改变

D. 权力不分明

3. 约翰·纽瑟姆围绕人员进行组织的变更,结果使许多老资格的工程师纷纷离开公司,这一事实说明纽瑟姆犯的一个最大的错误是忽视了(　　)。

A. 围绕人员进行组织工作的风险性

B. 不同的人会希望干不同的事

C. 所有必要的任务都有人愿意承担

D. 充分发挥雇员的长处

4. 领导者按照被授权者的才能大小和知识水平高低予以授权,被称为(　　)。

A. 权以能授,爵以功授　　　　　　B. 分权原理

C. 不可越权授权　　　　　　　　　D. 因事设人,视能授权

5. 施内尔先生领导的集权程度与纽瑟姆先生领导的分权程度相较(　　)。

A. 前者低,后者高　　　　　　　　B. 前者高,后者低

C. 两者都高　　　　　　　　　　　D. 两者都低

6. 结合案例,按照权变理论,你认为领导是否有效取决于(　　)。

A. 领导者是否适应所处的具体环境　B. 固定不变的领导行为

C. 领导者个人的品质和修养　　　　D. 民主型领导还是放任型领导

7. 根据以上分析,你以为良好的组织工作应该是(　　)。

A. 对外部环境和组织目标的调查

B. 组织的长期随机变动

C. 对组织内外环境和适应性调整

D. 组织的重大变革

【分析】

1. D　2. C　3. A　4. B　5. C　6. A　7. C

案例二

海尔的崛起

海尔集团是在1984年引进德国利勃海尔电冰箱生产技术成立的青岛电冰箱总厂基础上发展起来的国家特大型企业。经过短短15年的时间，海尔集团从一个亏空147万元的集体小厂迅速成长为拥有白色家电、黑色家电和米色家电的中国家电第一品牌，到1999年海尔产品包括58大门类9200多个品种，企业销售收入以平均每年81.6%的速度高速、持续、稳定增长，1999年，集团工业销售收入实现215亿元。1997年8月，海尔被国家经贸委确定为中国六家首批技术创新试点企业之一，重点扶持冲击世界500强。而海尔长期成功企业文化的建设，对海尔的崛起有着举足轻重的作用。以下就是海尔文化的具体体现：

一、美国海尔人：当日的工作决不往后拖！

1999年7月中旬美国洛杉矶地区的气温高达40多度，连路上也少有人走动。一次，因运输公司驾驶员的原因，运往洛杉矶的洗衣机零部件多放了一箱，这件事本来不影响工作，找机会调回来即可，但美国海尔贸易有限公司零售部件经理丹先生不这么认为，他说：当天的日清中就定下了要调回来的内容，哪能把当日该完成的工作往后拖呢？于是丹先生冒着酷暑把这箱零部件及时调了回来。

二、金昌顺现在工作为何这么"顺"？

金昌顺经过培训上岗，干起了冰箱总装焊接工，他的梦想是想当"海尔焊接大王"。光想当然不行，更要平日好好练。怎么个练法？因为心急，刚开始金昌顺就碰了"钉子"，在一次焊接比赛中成绩不理想，便一度产生了消沉情绪。他的师傅发现这个现象后，便开导他说，任何能力的提高都有一个过程，不要心急，工作效果如果日事日毕，日清日高，每天提高1%，长期坚持下来，就会有几何级数的提高。师傅的话深深触动了金昌顺。从此后，他苦练基本功，空余时间寻来些废旧的切割管子，天天晚上进行练习。同事们说："发现废旧管子就给小金，他这个拆劲真让人佩服！"金昌顺焊接技术天天有提高，他终于实现了自己的梦想，在1998年冰箱事业部举行的焊接比武中，金昌顺连续三次夺得"焊接明星"称号，并受到公司的嘉奖。

三、这位员工的上级应负什么责任！

1995年7月的一天，原洗衣机有限总公司公布了一则处理决定，某质检员由于责任心不强，造成洗衣机选择开关差错和漏检，被罚款50元。这位员工作为最基层的普通员工承担了她所应该承担的工作责任，但是，从这位员工身上反映出的质保体系上存在的问题——如何防止漏检的不合格品流入市场，这一责任也应像处理这位员工这样落到实处，找到责任人。这位员工问题的背后，实际还存在着更大的隐患，毕竟当时的洗衣机有限总公司的产品开箱合格率和社会返修率与第一名牌的要求还有很大的差距，这一切决不是这位员工一个人造成的，体系上的漏洞使这位员工的"偶然"行为变成了"必然"。既然如此，掌握全局的干部更应该承担责任在前，先检查系统保障的问题，才能使错误越来越少。根据80/20原则，这位员工的上级——原洗衣机有限总公司分管质量的负责人也自罚300元并做出了书面检查。

【思考】

请从企业文化角度分析海尔崛起的原因。

【分析】
　　企业文化是一种从实际从事经济活动的组织之中形成的组织文化。它所包含的价值观念、行为准则等意识形态和物质形态均为该组织成员所共同认可。海尔作为全球增长速度最快的跨国公司之一,其核心竞争力就是以海尔企业文化为基础的海尔品牌。其成功的原因主要有三点:
　　(1)重视企业精神文化建设。企业的精神文化是用以指导企业开展生产经营活动的各种行为规范、群体意识和价值观念,是以企业精神为核心的价值体系。①"日清"的观念,使员工的工作效率大大提高,体现了海尔企业文化中的组织精神与组织价值观。如案例中提到"工作效果如果日事日毕,日清日高,每天提高1‰,长期坚持下来,就会有几何级数的提高。"在这种观念的指导下,不仅员工的技能得到了很快的提高,而且促进了企业整体效率的提高。②员工积极创新的精神,也是海尔企业文化的精神。"当日的工作当日完成"的"日清日高"的观念就是一大创新。
　　(2)重视质量管理,争创品牌,这体现了企业物质文化。对质量管理严格要求,如"原洗衣机有限总公司公布了一则处理决定,某质检员由于责任心不强,造成洗衣机选择开关差错和漏检,被罚款50元,"并要追究领导者的责任,对不称职的员工以及管理者都要进行严格惩治。
　　(3)在企业文化的功能方面体现了如下功能:自我改造功能:组织文化能从根本上改变员工的价值观念,建立起全新的价值观念,从而适应组织正常实践活动的需要。激励功能:员工能够受到鼓舞,处处感到满意,有了极大的荣誉感和责任心,自觉地为获得新的、更大的成功而瞄准下一个目标。金昌顺对自身的更高要求的例子正体现了海尔企业文化中对员工的激励,而且使员工树立了良好的价值观念。

课后习题全解

1. 试分析组织变革的内涵与必要性

【答】　　组织变革就是组织根据内外环境的变化,及时明确组织活动的内容或重点,并据此对组织中的岗位、机构(岗位的组合)以及结构(机构间的权力配置)进行调整,以适应组织发展的要求。
　　任何一个组织,无论过去如何成功,都必须随着环境的变化而不断地调整自我并与之相适应。组织变革的根本目的是为了提高组织的效能。在动荡不定的环境条件下,要想使组织顺利地成长和发展,就必须自觉地研究组织变革的内容、阻力及其一般规律,研究有效管理变革的具体措施和方法,以积极引导和实施组织的变革。

2. 组织变革过程中包括哪些主要工作?

【答】　　组织变革过程主要有以下几个步骤的工作:
　　(1)诊断组织现状,发现变革征兆。
　　组织变革的第一步就是要对现有的组织进行全面的诊断。
　　(2)分析变革因素,制定改革方案。
　　组织诊断任务完成之后,就要对组织变革的具体因素进行分析,如职能设置是否合理,决策中的分权程度如何,员工参与改革的积极性怎样,流程中的业务衔接是否紧密,各管理层级间或职能机构的关系是否易于协调等。在此基础上制定几个可行的改革方案,以供选择。

(3)选择正确方案,实施变革计划。

制定改革方案的任务完成之后,组织需要选择正确的实施方案,然后制定具体的改革计划并贯彻实施。

(4)评价变革效果,及时进行反馈。

组织变革是一个包括众多复杂变量的转换过程,再好的改革计划也不能保证完全取得理想的效果。因此,变革结束之后,管理者必须对改革的结果进行总结和评价,及时反馈新的信息。对于没有取得理想效果的改革措施,应当给予必要的分析和评价,然后再做取舍。

3. 组织变革过程中可能遇到哪些阻力?如何克服这些阻力?

【答】 任何组织变革都可能会遇到来自组织成员个人或群体因对变革不确定后果的担忧而引发的阻力。

(1)个人阻力包括以下几个方面:

①利益上的影响;②心理上的影响。

(2)团体对变革的阻力包括以下几个方面:

①组织结构变动的影响;②人际关系调整的影响。

为了确保组织变革的顺利进行,必须事先针对变革中的种种阻力进行充分的研究,并采取一些具体的管理对策。

(1)客观分析变革的推力和阻力的强弱。

管理层应当分析推力和阻力的强弱,采取有效措施,增强支持因素,削弱反对因素,进而推动变革的深入进行。

(2)创新组织文化。

只有创新组织文化并渗透到每个成员的行为之中,才能使露出水面的改革行为变得更为坚定,也才能够使变革具有稳固的发展基础。

(3)创新策略的方法和手段。

为了避免组织变革中可能会造成的重大失误,使人们坚定变革成功的信心,必须采用比较周密可行的变革方案,并从小范围逐渐延伸扩大。

4. 何谓组织文化?你认为组织文化有哪些特征?

【答】 组织文化是组织在长期的实践活动中所形成的并且为组织成员普遍认可和遵循的具有本组织特色的价值观念、团体意识、工作作风、行为规范和思维方式的总和。

组织文化具有以下几个主要特征:

(1)超个体的独特性。每个组织都有其独特的组织文化,这是由不同的国家和民族、不同的地域、不同的时代背景以及不同的行业特点所形成的。如美国的组织文化强调能力主义、个人奋斗和不断进取;日本文化深受儒家文化的影响,强调团队合作、家族精神。

(2)相对稳定性。组织文化是组织在长期的发展中逐渐积累而成的,具有较强的稳定性,不会因组织结构的改变、战略的转移或产品与服务的调整而随时变化。一个组织中,精神文化又比物质文化具有更多的稳定性。

(3)融合继承性。每一个组织都是在特定的文化背景之下形成的,必然会接受和继承这个国家和民族的文化传统和价值体系。但是,组织文化在发展过程中,也必须注意吸收其他组织的优秀文化,融合世界上最新的文明成果,不断地充实和发展自我。也正是这种融合继承性使得组织文化能够更加适应时代的要求,并且形成历史性与时代性相统一的组织文化。

(4)发展性。组织文化随着历史的积累、社会的进步、环境的变迁以及组织变革逐步演进和发展。强势、健康的文化有助于组织适应外部环境和变革,而弱势、不健康的文化则可能导致组织的不良发展。改革现有的组织文化,重新设计和塑造健康的组织文化过程就是组织适应外部环境变化,改变员工价值观念的过程。

5. 企业家在企业文化形成中有何作用?

【答】　企业文化首先是在企业中的主要管理者(或称企业家)的倡导下形成的。同时,只有当企业家倡导的价值观念和行为准则为企业员工广泛认同、普遍接受、并自觉地作为自己行为的选择依据时,企业文化才能在真正意义上形成。

企业文化首先是企业家文化。企业家倡导某种价值观念和行为准则主要借助两种途径:

(1)在日常工作中,不仅言传,而且身教,不仅提出并促使企业员工接受某种价值观念,而且身体力行,自觉表现出与自己倡导的价值观和行为准则相应的行为选择,以求对身边的人,进而通过身边的人对企业组织中其他成员的行为产生潜移默化的影响。这种潜移默化通常需要假以时日,所以企业文化的建设通常是一个漫长的过程。

(2)借助重大事件的成功处理,促进企业成员对重要价值观和行为准则的认同。

企业生产经营活动中经常遇到一些突发性的重大事件。这些事件处理的妥善与否对企业的持续发展可能产生重要影响。处理得当可能为企业的未来发展提供重要机遇,而处理不当则可能引发企业自下而上的危机。在这些事件的处理过程中,企业主管会自觉或不自觉地依循某些价值观念以及与之相应的行为准则。事件的成功处理则可使这些价值观念和行为准则为企业员工所认同并在日后的工作中自觉模仿。企业文化便可能在这种自觉模仿或认同的基础上逐渐形成。

6. 如何塑造企业文化?

【答】　组织文化的塑造是个长期的过程,同时也是组织发展过程中的一项艰巨、细致的系统工程。许多组织致力于导入 CIS 系统(Corporation Identity System),颇有成效,它已成为一种直观的、便于理解和操作的组织文化塑造方法。从路径上讲,组织文化的塑造需要经过以下几个过程:

(1)确立正确的组织价值观。组织价值观是整个组织文化的核心,选择正确的组织价值观是塑造良好组织文化的首要战略问题。选择组织价值观首要立足于本组织的具体特点,根据自己的目的、环境要求和组成方式等特点选择适合自身发展的组织文化模式;其次要把握住组织价值观与组织文化各要素之间的相互协调,因为各要素只有经过科学的组合与匹配才能实现系统整体优化。

(2)强化员工的认同感。在选择并确立了组织价值观和组织文化模式之后,就应把基本认可的方案通过一定的强化灌输方法使其深入人心。

(3)提炼定格。组织价值观的形成不是一蹴而就的,必须经过分析、归纳和提炼方能定格。

(4)巩固落实。要巩固落实已提炼定格的组织文化,首先要建立必要的制度保障;其次,领导者在塑造组织文化的过程中有着决定性的作用,他们应起到率先垂范的作用,必须更新观念并能带领组织成员为建设优秀组织文化而共同努力。

(5)在发展中不断丰富和完善。任何一种组织文化都是特定历史的产物,当组织的内外条件发生变化时,组织必须不失时机地丰富、完善和发展组织文化。

同步练习

一、单项选择题

1. 关于组织文化,正确的说法是(　　)。
   A. 变化较慢,一旦形成便日趋加强
   B. 变化较快,随时补充新的内容
   C. 变化较慢,但每年都会抛弃一些过时的内容
   D. 变化较快,特别是企业管理人员变更时

2. 下列关于组织文化的说法中不正确的是(　　)。
   A. 一般的文化都是在非自觉的状态下形成的,组织文化则可以是在组织努力的情况下形成
   B. 文化组织具有自我延续性,不会因为领导层的人事变更而立即消失
   C. 仁者见仁,智者见智,组织文化应该使组织成员面对某些伦理问题时产生多角度的认识
   D. 组织文化的内容和力量会对组织员工的行为产生影响

3. 塑造组织文化时,应该注意(　　)。
   A. 主要考虑社会要求和行业特点,和本组织的具体情况无关
   B. 组织领导者的模范行为在组织文化的塑造中起到号召和导向作用
   C. 组织文化主要靠自律,所以不需要建立制度
   D. 组织文化一旦形成,就无需改变

4. 组织文化具有(　　)。
   A. 较强的创新性,打破传统观念和价值体系
   B. 独立于环境,始终保持高雅性和纯洁性
   C. 在内外条件发生变化时,淘汰旧文化,发展新文化
   D. 以不变应万变,始终保持稳定性

5. 一家企业的组织精神是团结、守纪、高效、创新,严格管理和团队协作是该厂两大特色,该厂规定,迟到一次罚款 20 元。一天,全市普降历史上少有的大雪,公交车像牛车一样爬行,结果当天全厂有 85% 的职工迟到。遇到这种情况,你认为下列四种方案中哪一种对企业最有利?(　　)
   A. 一律扣罚 20 元,以维持厂纪的严肃性
   B. 一律免罚 20 元,以体现工厂对职工的关心
   C. 一律免罚 20 元,并宣布当天早下班 2 小时,以方便职工
   D. 考虑情况特殊,每人少扣 10 元,即迟到者每人扣罚 10 元

6. 关于组织文化的特征,下列说法不正确的是( )。
　A. 组织文化的中心是人本文化　　　　B. 组织文化的管理方式以柔性管理为主
　C. 组织文化的核心是组织精神　　　　D. 组织文化的重要任务是增强群体凝聚力
7. 组织精神( )。
　A. 一般是在组织的发展历程中自发形成的
　B. 其表述必须详细具体,保证每个人都充分理解
　C. 折射出一个组织的整体素质和精神风格
　D. 是组织文化的核心
8. 文化的特性不包括( )。
　A. 民族性　　　B. 多样性　　　C. 整体性　　　D. 绝对性
9. 关于组织文化的功能,正确的是( )。
　A. 组织文化具有某种程度的强制性和改造性
　B. 组织文化对组织成员具有明文规定的具体硬性要求
　C. 组织的领导层一旦变动,组织文化一般会受到很大影响,甚至立即消失
　D. 组织文化无法从根本上改变组织成员旧有的价值观念
10. 从组织外部招聘管理人员可以带来"外来优势"是指被聘干部( )。
　A. 没有历史包袱　　B. 制度权　　C. 奖惩权　　D. 任免权
11. 祥龙公司原是一家以生产经营床上用品为主的大型企业。该公司生产的床单和枕巾从20世纪60年代开始就受到欢迎,但近年来效益持续下滑。据分析,困扰公司高层领导的问题主要是公司主要产品的市场需求发生了重大变化;公司在产品开发、制造、销售等环节中存在严重的沟通障碍;对主要竞争者的行为缺乏有效的反应。据此,公司高层管理部门当前首先应该采取的措施为( )。
　A. 重新明确公司业务定位　　　　　　B. 进行组织机构调整
　C. 加强公司产品开发能力　　　　　　D. 加强人力资源管理
12. 某公司是一个网络公司,它最适合以下哪种企业文化类型?( )
　A. 硬汉式文化　　　　　　　　　　　B. "拼命干,尽情玩"文化
　C. 攻坚文化　　　　　　　　　　　　D. 过程文化
13. 深层的企业文化是指( )。
　A. 厂容厂貌　　　　　　　　　　　　B. 职工风貌
　C. 产品形象　　　　　　　　　　　　D. 沉淀于企业及职工的心理意识形态
14. 下列关于企业文化的精神层、制度层和物质层的关系,正确的是( )。
　A. 物质层规范和制约着精神层和制度层
　B. 制度层是企业文化的外在表现
　C. 精神层是物质层和制度层的思想内涵,是企业文化的核心和灵魂
　D. 制度层是物质层和精神层的载体

15. 现在电视、广播里的广告越来越多,色彩缤纷的广告牌、广告画更是铺天盖地。以上的情况是以下企业文化力哪种功能的体现?( )

A. 凝聚功能　　　　　　　　　　B. 激励功能

C. 辐射功能　　　　　　　　　　D. 导向功能和约束功能

16. 某 S 公司是一家刚起步的公司,公司的产品刚刚开始出发,面临着如何进入市场的问题。这一产品是一种全新的营养补品,与市场上已有的产品有着很大的不同。公司决定先集中力量在邻近的大城市搞"广告轰炸",在这点上公司上下意见一致,但在广告的侧重点上,大家发生了争议。你认为广告侧重应放在( )因素上。

A. 企业形象及公司名称　　　　　B. 产品商标

C. 产品包装　　　　　　　　　　D. 本公司产品与其他产品的区别

二、多项选择题

1. 工业社会中企业文化的功能与特点包括( )。

A. 企业文化是作为企业经营的一种副产品而出现的

B. 企业文化作为一种主要手段而发挥作用

C. 企业文化基本上反映了企业组织的记忆

D. 企业文化是多元的

2. 组织设计的分工和协作原则要求明确组织各部门及其人员的( )。

A. 相互关系　　　B. 协作方法　　　C. 工作范围　　　D. 工作内容

3. 非正式组织对正式组织的工作可能造成的危害包括( )。

A. 影响正式组织的变革　　　　　B. 影响命令的畅通

C. 束缚成员个人的发展　　　　　D. 影响信息传递速度

三、简答题

1. 何谓组织精神?

2. 何谓组织价值观?

3. 何谓组织形象?

4. 在塑造组织文化的过程中,选择价值标准有什么前提?

5. 选择价值标准要注意什么?

6. 如何强化员工认同?

7. 如何提炼定格?

8. 如何巩固落实组织文化?

参考答案

一、单项选择题

1. A　2. C　3. B　4. B　5. C　6. C　7. D　8. D

9. A　10. A　11. B　12. B　13. D　14. C　15. C　16. D

二、多项选择题
1. AC　2. BCD　3. ABD

三、简答题
1. 作为组织灵魂的组织精神,一般是指经过精心培养而逐步形成的并为全体组织成员认同的思想境界、价值取向和主导意识。它反映了组织成员对本组织的特征、地位、形象和风气的理解和认同,也蕴含着对本组织的发展、命运和未来所抱有的理想与希望,折射出一个组织的整体素质和精神风格,成为凝聚组织成员的无形的共同信念和精神力量。

2. 组织价值观是指组织评判事物和指导行为的基本信念、总体观点和选择方针。它具有①调节性。组织价值观以鲜明的感召力和强烈的凝聚力,有效地协调、组合、规范、影响和调整组织的各种实践活动;②评判性。组织价值观一旦成为固定的思维模式,就会对现实事物和社会生活作出好坏优劣的衡量评判,或者肯定与否定的取舍选择;③驱动性。组织价值观可以持久地促使组织去追求某种价值目标,这种由强烈的欲望所形成的内在驱动力往往构成推动组织行为的动力机制和激励机制。

3. 组织形象是指社会公众和组织成员对组织、组织行为与组织各种活动成果的总体印象和总体评价,反映的是社会公众对组织的承认程度,体现了组织的声誉和知名度。组织形象包括人员素质、组织风格、人文环境、发展战略、文化氛围、服务设施、工作场合和组织外貌等内容,其中对组织形象影响较大的因素有五个,即服务(产品形象)、环境形象、成员形象、组织领导者形象和社会形象。

4. 选择组织价值观有两个前提。①要立足于本组织的具体特点。不同的组织有不同的目的、环境、习惯和组成方式,由此构成千差万别的组织类型,因此必须准确地把握本组织的特点,选择适合自身发展的组织价值观,否则就不会得到广大员工和社会公众的认同与理解;②要把握住组织价值观与组织文化各要素之间的相互协调,因为各要素只有经过科学的组合与匹配才能实现系统的整体优化。

5. ①组织价值标准要正确、明晰、科学,具有鲜明特点;②组织价值观和组织文化要体现组织的宗旨、管理战略和发展方向;③要切实调查本组织员工的认可程度和接纳程度,使之与本组织员工的基本素质相和谐,过高或过低的标准都很难奏效;④选择组织价值观要坚持群众路线,充分发挥群众的创造精神,认真听取群众的各种意见,并经过自上而下和自下而上的多次反复,审慎地筛选出既符合本组织特点又反映员工心态的组织价值观和组织文化模式。

6. ①充分利用一切宣传工具和手段,大张旗鼓地宣传组织文化的内容和要求,使之家喻户晓,人人皆知,以创造浓厚的环境氛围;②树立榜样人物。典型榜样是组织精神和组织文化的人格化身与形象缩影,能够以其特有的感染力、影响力和号召力为组织成员提供可以仿效的具体榜样,而组织成员也正是从英雄人物和典型榜样的精神风貌、价值追求、工作态度和言行表现之中深刻理解到组织文化的实质和意义;③培训教育。有目的的培训与教育,能够使组织成员系统接受和强化认同组织所倡导的组织精神和组织文化。

7. ①精心分析。在经过群众性的初步认同实践之后,应当将反馈回来的意见加以剖析和评价,详细分析和仔细比较实践结果与规划方案的差距,必要时可吸收有关专家和员工的合理化意见;②全面归纳。在系统分析的基础上,进行综合的整理、归纳、总结和反思,采取去粗取精、去伪存真、由此及彼、由表及里的方法,删除那些落后的、不为员工所认可的内容与形式,保留那些进步的、卓有成效的、为广大员工所接受的内容与形式;③精练定格。把经过科学论证的和实践检验的组织精神、组织价值观、组织文化,予以条理化、完善化、格式化,加以必要的理论加工和文字处理,用精练的语言表述出来。

8.(1)建立必要的制度。在组织文化演变为全体员工的习惯行为之前,要使每一位成员都能自觉主动地按照组织文化和组织精神的标准去行事,几乎是不可能的。即使在组织文化业已成熟的组织中,个别成员背离组织宗旨的行为也会经常发生。因此,建立某种奖优罚劣的规章制度是十分必要的。

(2)领导率先垂范。组织领导者在塑造组织文化的过程中起着决定性的作用,他本人的模范行为就是一种无声的号召和导向,会对广大员工产生强大的示范效应。所以任何一个组织如果没有组织领导者的以身作则,要想培育和巩固优秀的组织文化是非常困难的。这就要求组织领导者观念更新、作风正派、率先垂范,真正肩负起带领组织成员共建优秀组织文化的历史重任。

历年真题及全解

1.（北科 2011 年研）组织冲突。

【答】　组织冲突是指组织内部成员之间、不同部门之间、个人与组织之间由于在工作方式、利益、性格、文化价值观等方面的不一致性所导致的彼此相抵触、争执甚至攻击等行为。任何一个组织都不同程度地存在各种各样的冲突,特别是在变革中是不可避免的。

2.（南昌大学 2012 年研;首都师范大学 2011 年研）组织文化。

【答】　组织文化是组织在长期的实践活动中所形成的并且为组织成员普遍认可和遵循的具有本组织特色的价值观念、团体意识、工作作风、行为规范和思维方式的总和。

第十一章

领导概论

知识点归纳

1. 领导与管理的区别

领导和管理有着密切的关系,从表面上看,两者似乎没有什么差别,人们通常将它们混为一谈。但实际上,两者既有紧密联系,又有很大差异。领导与管理的共同之处在于:从行为方式看,领导和管理都是一种在组织内部通过影响他人的协调活动,实现组织目标的过程。从权力的构成看,两者也都与组织层级的岗位设置有关。

综合各人研究的结果,领导者与管理者的关注点存在差异,领导者关注"剖析、开发、价值观、期望和鼓舞、长期视角,询问'做什么'和'为什么做'、挑战现状、做正确的事";管理者关注"执行、维护、控制和结果、短期视角,询问'怎么做'和'何时做'、接受现状、正确做事"。

就组织中的个人而言,可能既是领导者,又是管理者;也可能只是领导者,而不是管理者;也可能是管理者,而不是真正的领导者。两者分离的原因在于,管理者的本质是依赖被上级任命而拥有某种职位赋予的合法权力而进行管理,被管理者往往因追求奖励或害怕处罚而服从管理。而领导者的本质就体现在被领导者的追随和服从,它完全取决于追随者的意愿,而并不完全取决于领导者的职位与合法权力。

2. 领导者的作用

领导就是指挥、带领、引导和鼓励部下为实现目标而努力的过程。

领导者带领、引导和鼓舞部下为实现目标而努力的过程中,要具有指挥、协调和激励三个方面的作用。

(1)指挥作用指在组织活动中,需要有头脑清醒、胸怀全局,能高瞻远瞩、运筹帷幄的领导者帮助组织成员认清所处的环境和形势,指明活动的目标和达到目标的路径。

(2)协调作用指组织在内外因素的干扰下,需要领导者来协调组织成员之间的关系和活动,朝着共同的目标前进。

(3)激励作用指领导者为组织成员主动创造能力发展空间和职业生涯发展的行为。

3. 领导权力的来源

领导权力通常就是指影响他人的能力,在组织中就是指排除各种障碍完成任务,达到目标的能力。法兰西和雷温等人认为领导权力有五种来源:

(1)法定性权力。法定性权力是由个人在组织中的职位决定的。个人由于被任命担任某一职位,因而获得了相应的法定权力和权威地位。但拥有法定权力的权威,并不等于就是领导。

(2)奖赏性权力。奖赏性权力是指个人控制着对方所重视的资源而对其施加影响的能力。奖赏性权力是否有效,关键在于领导者要确切了解对方的真实需要。

(3)惩罚性权力。惩罚性权力是指通过强制性的处罚或剥夺而影响他人的能力。利用人们对惩罚和失去既得利益的恐慌心理而影响和改变他的态度和行为。

(4)感召性权力。感召性权力是由于领导者拥有吸引别人的个性、品德、作风引起人们的认同、赞赏、钦佩、羡慕而自愿地追随和服从他。感召性权力的大小与职位高低无关,只取决于个人的行为。

(5)专长性权力。专长性权力是知识的权力,指的是因为人在某一领域所特有的专长而影响他人。

4. 领导风格类型

(1)按权力运用方式划分:集权式领导和民主式领导。

(2)按创新方式划分:魅力型领导和变革型领导。

(3)按思维方式划分:事务型领导和战略型领导。

5. 领导特性

20世纪90年代领导特性理论出现了一些新的观点,认为领导者确实具有某些共同的特征,但是领导者的特性并不是先天具有的,而是后天形成的。他们都是经过非常勤奋的努力学习和在实践中长期艰苦锻炼,才渐渐成为有效领导者的。

有效的领导者具有共同特性,一般有以下几点:

(1)努力进取,渴望成功;

(2)强烈的权力欲望;

(3)正直诚信,言行一致;

(4)充满自信;

(5)追求知识和信息。

经典案例

案例一

韩总经理的管理方式

韩总经理认为最有效的方法驱使部下就是令其感动,因此在这方面下了不少功夫;如果在会议上对哪个干部疾言厉色地呵斥过,那么事后便会私下给予和风细雨的抚慰,对这一点从不疏忽。每位干部的婚丧嫁娶他也从不缺席,大病小灾时更能看到他的身影,得到他的宽慰。因此,对于总经理的粗暴、轻率以及明显的片面、偏激,部下都如同孩子面对自己专制的家长那般生气、无奈而又不减亲情。

韩总经理对公司的控制,全靠自己事必躬亲,严加督管。当他坐上飞往国外的飞机,想去"看看外国人是怎样管理企业的"时,在家主持工作的副总经理正坐在会议室里翻着签到簿,苦恼地说:"韩总走后的第一个例会,就有三分之一的干部没到!现在规定,下次例会起,不请假、没出差又不到会的,每人罚10元钱!"副总只能给自己找一个小小台阶来下。虽然韩总经理可以对公司任何一名干部训诫、叱骂乃至撤免,而身为副总,最重要的任务只是维持良好的干部关系。

对于这种情况,韩总经理十分清楚。他说:"有好几个经理好像是我的影子,别人一看到他上班了,就知道我回来了。我还听说副总布置工作,总是被当面顶回。副总执行的是谁的决策?你们就这样支持我韩总的工作?今后对于不听招呼的干部,副总也可以当场撤免——我给他这个权力"

【思考】
根据案例,分析韩总经理的管理方式,并评价其中的利弊。

【分析】
韩总的管理方式显然是一种国内最常见的"家长式管理"。

优点:机构简化、权力集中、命令统一、决策迅速。家长式集权管理与小规模时期的企业状况是比较适应的,它具有高度的灵活性,对市场的反映、决策和实施都非常快。

缺点:随着企业规模的扩大,在企业发展到一定程度时,市场竞争加剧,经营复杂度增加,企业所需处理的事务就将超出所有者个人"有限理性"的限制,是中间管理层的重要性将日益突出。因为过于依赖于"家长"的经验和权威,不利于民主化、科学化的管理,不适应对复杂环境的驾驭,极易造成决策失误。可把家长式管理模式的负面影响归纳为以下五点:①家长式管理模式导致企业战略决策失误;②企业缺乏科学有效的管理机制;③企业发展到一定规模之后独裁和集权化倾向严重;④家长式管理模式使得企业短期投机行为严重;⑤家长式管理模式无法适应企业对人才的更高需求。

案例二

该如何当总监

孙工所在的监理项目部由六位监理人员组成。监理人是受业主委托在工地现场对施工单位的施工质量进行监督,对工程中所进行的每一道工序进行检查,验收合格后,施工单位方可进行下道工序的施工。六位监理人员各有分工。其中赵工——总监代表,是该项目部的领导;其他五个监理分别是沈工——负责钢筋工程验收;刘工——负责模板工程验收;宋工——负责混凝土工程验收;孙工——负责电气安装工程验收;黄工——负责暖通工程验收。

赵工从事监理项目总的领导工作,责任心强,对下属们的监理工作总是事事过问,尽心尽责,整日从早忙到晚,似乎把另五位监理的工作都由他一人来做才放心。他曾讲"以前,某工程只有我一个土建监理,一切事都办得很好,现在包括我有六位土建监理,可监理起工程来,并未感觉到轻松,倒更有麻烦事多起来的感觉。"其他监理评价赵工的工作是:"做不到点上,越忙越乱。"

沈工负责钢筋验收,工作努力,不怕吃苦,现场经验多,职称是六位监理中最低的——助理工程师。刘工负责模板工程验收，理论水平高，写作能力强，工作认真负责。宋工负责混凝土工程验收，工作踏实肯干，任劳任怨，不善言谈。孙工和黄工分别负责电气和暖通工程验收，工作认真，水平可以。

　　工程开始时，工作进展还比较顺利，但不久，监理人员内部就出现了矛盾。几位监理对总监代表赵工的工作方法产生了意见，特别是沈工，他认为赵工对自己的工作成绩从未给予肯定，还时常遭受批评。例如，有一次沈工在检查钢筋时发现有问题，他立即通知了施工单位整改。赵工在现场巡视时也发现了问题，赵工回来后就批评沈工，为什么没发现问题，当沈工说明不但发现了问题并已做了处理后，赵工仍批评沈工为什么没向他汇报。有时还出现这样的问题，项目监理已将问题指给施工单位并指出整改方法，而项目总监赵工发现同一问题也向施工单位指出整改方法，造成施工单位不知听谁的这种混乱现象。再有，每个月末，监理项目部要将本月工作质量、发生的问题、验评次数、优良率曲线等情况写成"监理月报"送交业主及质量监督站，开始这些工作都是由赵工亲自完成，但赵工逐渐感觉自己太忙，就提出让大家轮流写，写完后再由赵工核对修改。刘工认为，月报不是任何人都能很好地完成它。事实证明，刘工写的月报内容详实，赵工基本不必修改，而其他监理写的月报，赵工要花几个小时的时间进行修改。有时，因赵工有其他事，月报未来得及修改，造成月报不能按时完成发出。

　　由于赵工的领导方式，几位监理无法与赵工沟通，使得整体的办事效率降低，士气低落，施工单位及业主对监理也不满意，工程速度和质量受到影响。

【思考】
　　1. 赵工的问题出在哪儿？违反了哪些管理理论？
　　2. 如何改进赵工的管理方式？

【分析】
　　1. ①过度集中，事事不放手，不利于调动下属的积极性；②不会分权与授权，很多方面是越权指挥。直接违反了统一指挥和统一命令原则；③工作不分主次，抓小放大；④对下属缺乏必要的沟通，激励不够。
　　2. ①放权，不越级指挥；②本人作为主管，应当集中作好监理的总体规划、控制和协调工作。如监理月报这样的综合管理工作，应当亲自完成；③加强正面激励，注意与其他监理人员的沟通，批评要有的放矢。

课后习题全解

1. 何谓领导？领导在管理中的作用具体表现在哪些方面？

【答】　　"领导"有两种词性含义。一种是名词属性的"领导"，即"领导者"的简称；二是动词属性的"领导"，即"领导行为"的简称，指"领导者"所从事的活动。

　　因此，领导者必须具备①领导者必须有部下或追随者；②领导者拥有影响追随者的能力或力量,它们既包括由组织赋予领导者的职位和权力,也包括领导者个人所具有的影响力;③领导行为具有明确的目的,可以通过影响部下来实现组织的目标。领导就是指挥、带领、引导和鼓励部下为实现目标而努力的过程。

领导者在带领、引导和鼓舞部下为实现组织目标而努力的过程中,要具有指挥、协调和激励三个方面的作用。

(1)指挥作用。指在组织活动中,需要有头脑清醒、胸怀全局,能高瞻远瞩、运筹帷幄的领导者帮助组织成员认清所处的环境和形势,指明活动的目标和达到目标的路径。

(2)协调作用。指组织在内外因素的干扰下,需要领导者来协调组织成员之间的关系和活动,朝着共同的目标前进。

(3)激励作用。指领导者为组织成员主动创造能力发展空间和职业生涯发展的行为。

2. 如何根据不同标准分析和研究不同类型领导的特点?

【答】　(1)按领导者权力运用方式,可以将领导风格分为两类,即集权式领导者和民主式领导者。

①集权式领导者。所谓集权,是指领导者把权力进行集中的行为和过程。因此,所谓集权式领导者,就是把管理的制度权力相对牢固地进行控制的领导者。由于管理的制度权力是由多种权力的细则构成的,如各级领导的法定权、奖赏权、惩罚权等,都有正式的规章制度严格地明文规定。这就意味着对被领导者或下属而言,受控制的力度较大。在整个组织内部,资源的流动及其效率主要取决于集权式领导者对管理制度的理解和运用。同时,个人专长权和模范权是他行使上述制度权力成功与否的重要基础。这种领导者把权力的获取和利用看成是自我的人生价值。

②民主式领导者。和集权式领导者形成鲜明对比的是民主式领导者。这种领导者的特征是向被领导者授权,鼓励下属的参与,并且主要依赖于其个人专长和模范作用影响下属。从管理学角度看,意味着这样的领导者通过对管理制度权力的分解,进一步通过激励下属的需要,去实现组织的目标。

(2)按领导者在领导过程中进行制度创新的方式,可以把领导风格分为魅力型领导者和变革型领导者。

①魅力型领导者。这种领导者有着鼓励下属超越他们预期绩效水平的能力。他们的影响力来自以下方面:有能力陈述一种下属可以识别的、富有想象力的未来远景;有能力提炼出一种每个人都坚定不移赞同的组织价值观系统;信任下属并获取他们充分信任的回报;提升下属对新结果的意识;激励他们为了部门或组织利益而超越自身的利益。这种领导者不像事务型领导者那样看不到未来光明的远景,而是善于创造一种变革的氛围,热衷于提出新奇的、富有洞察力的想法,把未来描绘成诱人的蓝图,并且还能用这样的想法去刺激、激励和推动其他人勤奋工作。此外,这种领导者对下属有某种情感号召力,可以鲜明地拥护某种达成共识的观念,有未来眼光,而且能就此和下属沟通并激励下属。

②变革型领导者。这种领导者鼓励下属为了组织的利益而超越自身利益,并能对下属产

生深远而不同寻常的影响,如美国微软公司的比尔·盖茨。这种领导者关心每个下属的日常生活和发展需要,帮助下属用新观念分析老问题,进而改变他们对问题的看法,能够激励、唤醒和鼓舞下属为达到组织或群体目标而付出加倍的努力。

(3)按领导者在领导过程中的思维方式,可以将领导者分为两类,即事务型领导者和战略型领导者。

①事务型领导者。事务型领导者也可称为维持型领导者。这种领导者通过明确角色和任务要求,激励下属向着既定的目标活动,并且尽量考虑和满足下属的社会需要,通过协作活动提高下属的生产率水平。他们对组织的管理职能和程序推崇备至,勤奋、谦和而且公正。他们以把事情理顺、工作有条不紊地进行引以为豪。这种领导者重视非人格的绩效内容,如计划、日程和预算,对组织有使命感,并且严格遵守组织的规范和价值观。

②战略型领导者。战略型领导者的特征是用战略思维进行决策。战略本质上是一种动态的决策和计划过程,战略追求的是长期目标,行动过程是以战略意图为指南,以战略使命为目标基础。因此,战略的基本特征是行动的长期性、整体性和前瞻性。对战略领导者而言,是将领导的权力与全面调动组织的内外资源相结合,实现组织长远目标,把组织的价值活动进行动态调整,在市场竞争中站稳脚跟的同时,积极竞争未来,抢占未来商机领域的制高点。战略领导者认为组织的资源由有形资源、无形资源和有目的地整合资源的能力构成。他们的焦点经常超越传统的组织边界范围中的活动,进入组织之间的相互关联区,并将这种区域视为组织潜在的利润基地。

3. 菲德勒权变理论的主要观点是什么?该理论对管理者有何启示?

【答】　权变理论认为不存在一种"普遍适用"的领导方式或领导风格,领导工作强烈地受到领导者所处的客观环境的影响。或者说,领导者和领导方式是某种既定环境的产物,即 $S=f(L, F, E)$。在上式中,S 代表领导方式,L 代表领导者特征,F 代表追随者特征,E 代表环境。即领导方式是领导者特征、追随者特征和环境的函数。

领导者特征主要指领导者的个人品质、价值观和工作经历。追随者特征主要指追随者的个人品质、价值观、工作能力等。环境主要指工作特征、组织特征、社会状况、文化影响、心理因素等。工作是具有创造性还是简单重复,组织的规章制度是比较严密还是宽松,社会时尚是倾向于追随服从还是推崇个人能力等,都会对领导方式产生强烈的影响。

菲德勒将权变理论具体化为三个方面,即职位权力、任务结构和上下级关系。①所谓职位权力是指领导者所处的职位具有的权威和权力的大小,或者说领导的法定权、惩罚权、奖励权的大小。权力越大,群体成员遵从指导的程度越高,领导的环境也就越好;反之,则越差。②任务结构是指任务的明确程度和部下对这些任务的负责程度。如果这些任务越明确,而且部下责任心越强,则领导环境越好;反之,则越差。③上下级关系是指下属乐于追随的程度。如果下级对上级越尊重,并且乐于追随,则上下级关系越好,领导环境也越好;反之,则越差。

菲德勒认为环境的好坏对领导的目标有重大影响。对低 LPC 型领导来说,比较重视工作任务的完成。如果环境较差,他将首先保证完成任务;当环境较好时,任务能够完成,这时他的目标将是搞好人际关系。对高 LPC 型领导来说,比较重视人际关系。如果环境较差,他将首先将人际关系放在首位;如果环境较好时,人际关系也比较融洽,这时他将追求完成工作任务。

4. 路径—目标理论的主要观点是什么？该理论对管理者有何启示？

【答】　路径—目标理论是罗伯特·豪斯(Robert House)发展的一种领导权变理论。该理论认为,领导者的工作是帮助下属达到他们的目标,并提供必要的指导和支持,以确保各自的目标与群体或组织的总体目标一致。所谓"路径—目标"是指有效的领导者既要帮助下属充分理解工作目标,又要指明实现目标所应遵循的路径。

根据路径—目标理论,领导者的行为被下属接受的程度,取决于下属是将这种行为视为获得当前满足的源泉,还是作为未来满足的手段。领导者行为的激励作用在于:①使下属的需要满足取决于下属有效的工作绩效;②提供有效绩效所必需的辅导、指导、支持和奖励。

路径—目标理论提出了两类情景变量作为领导行为—结果关系的中间变量,即环境因素(任务结构、正式权力系统和工作群体)和下属的个人特点(控制点、经验和知觉能力)。控制点是指个体对环境变化影响自身行为的认识程度。根据这种认识程度的大小,控制点分为内向控制点和外向控制点两种。内向控制点是说明个体充分相信自我行为主导未来而不是环境控制未来的观念,外向控制点则是说明个体把自我行为的结果归于环境影响的观念。依此,下属分为内向控制点(internal locus of control)和外向控制点(external locus of control)两种类型。环境因素和下属个人特点决定着领导行为类型的选择。这一理论指出,当环境因素与领导者行为相比重复或领导者行为与下属的特点不一致时,效果皆不佳。

5. 领导生命周期理论的主要观点是什么？该理论对管理者有何启示？

【答】　领导生命周期理论是由美国管理学者保罗·赫塞(Paul Hersey)和肯尼斯·布兰查德(Kenneth Blanchard)提出的。他们补充了另外一种因素,即领导行为在确定是任务绩效还是维持行为更重要之前应当考虑的因素——下属的成熟度(maturity),并以此发展为领导方式生命周期理论。这一理论把下属的成熟度作为关键的情景因素,认为依据下属的成熟度水平选择正确的领导方式,决定着领导者的成功。

赫塞和布兰查德把成熟度定义为个体对自己的直接行为负责任的能力和意愿。它包括工作成熟度(job maturity)和心理成熟度(psychological maturity),工作成熟度是下属完成任务时具有的相关技能和技术知识水平。心理成熟度是下属的自信心和自尊心。高成熟度的下属既有能力又有信心做好某项工作。

生命周期理论提出任务行为和关系行为这两种领导维度,并且将每种维度进行了细化,从而组合成四种具体的领导方式:

(1)指导型(telling)领导(高任务——低关系),领导者定义角色,告诉下属应该做什么、怎样做以及在何时何地做。

(2)推销型(selling)领导(高任务——高关系),领导者同时提供指导行为与支持行为。

(3) 参与型(participating)领导(低任务——高关系),领导者与下属共同决策,领导者的主要角色是提供便利条件和沟通。

(4) 授权型(delegating)领导(低任务——低关系),领导者提供不多的指导或支持。在此基础上,领导方式和任务成熟之间的关系如图 11-1 所示。图中 S 代表四种领导方式,分别是授权、参与、推销和指导,它们依赖于下属的成熟度 M,M_1 表示低成熟度、M_4 表示高成熟度。这样一来,赫塞和布兰查德就把领导方式和员工的行为关系通过成熟度联系起来,形成一种周期性的领导方式。当下属的成熟度水平不断提高时,领导者不但可以减少对活动的控制,而且还可以不断减少关系行为。

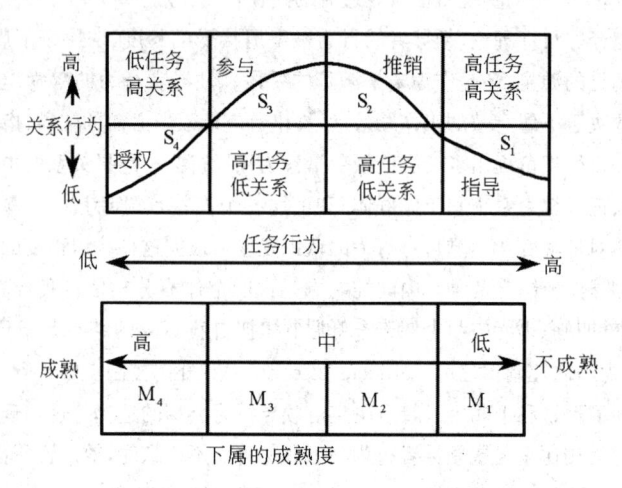

图 11-1 领导方式生命周期

同步练习

一、单项选择题

1. 提出领导者应具备的五种激励特征、八种品质特征的是( )。
   A. 亨利　　　　　B. 鲍莫尔　　　　　C. 吉沙利　　　　　D. 戴维斯

2. 在菲德勒模型中,下列哪种情况属于较好的领导环境?( )
   A. 人际关系差,工作结构复杂,职位权力强
   B. 人际关系差,工作结构简单,职位权力强
   C. 人际关系好,工作结构复杂,职位权力弱
   D. 人际关系好,工作结构复杂,职位权力强

3. 管理方格图中(见教材),9.1 型对应的是哪种领导方式?( )
   A. 任务型　　　　B. 乡村俱乐部型　　　　C. 中庸之道型　　　　D. 贫乏型

4. 管理方格图中(见教材),9.9型对应的是哪种领导方式?( )

A. 任务型　　　　　B. 乡村俱乐部型　　　C. 中庸之道型　　　　D. 贫乏型

5. 提出权变理论的是( )。

A. 吉沙利　　　　　B. 菲德勒　　　　　　C. 布莱克　　　　　　D. 施米特

6. 在人际关系好,工作结构简单的环境中,宜采取( )形式的领导方式。

A. 高LPC型领导方式　　　　　　　　B. 低LPC型领导方式

7. 乡村俱乐部型的领导方式位于管理方格图(见教材)的哪个格?( )

A. 9.1　　　　　　　B. 1.9　　　　　　　C. 5.5　　　　　　　D. 9.9

8. 如果一个领导者决断力很强,并且信奉X理论,他很可能采取( )的领导方式。

A. 专权型领导　　　　B. 民主型领导　　　　C. 放任型领导

9. 如果一个追随者的独立性较强,工作水平高,那么采取( )的领导方式是不适宜的。

A. 专权型领导　　　　B. 民主型领导　　　　C. 放任型领导

10. 王先生是某公司的一名年轻技术人员,一年前被调到公司企划部任经理,考虑到自己的资历、经验等,他采取了较为宽松的管理方式,试分析下列哪一种情况下,王先生的领导风格最有助于产生较好的管理效果?( )

A. 企划部任务明确,王先生与下属关系好但职位权力弱

B. 企划部任务明确,王先生与下属关系差但职位权力弱

C. 企划部任务不明确,王先生与下属关系差且职位权力弱

D. 企划部任务不明确,王先生与下属关系好且职位权力强

11. 领导方式可以分成专制、民主、放任三种,其中民主型领导方式的主要优点是( )。

A. 纪律严格,管理规范,赏罚分明

B. 组织成员具有高度的独立自主性

C. 按规章管理,领导者不运用权力

D. 员工关系融洽,工作积极主动,富有创造性

12. 张教授到某企业进行管理咨询,该企业总经理热情地接待了张教授,并介绍公司的具体情况,才说了15分钟,就被人叫了出去。10分钟后回来继续,不到15分钟,又被叫出去。这样,整个下午3个小时总经理一共被叫出去10次之多,使得企业情况介绍时断时续。这说明( )。

A. 总经理不重视管理咨询　　　　　B. 该企业可能这几天遇到了紧急情况

C. 总经理可能过度集权　　　　　　D. 总经理重视民主管理

13. 某公司销售部经理被批评为"控制的太多,而领导的太少",据此你认为该经理在工作中存在的主要问题可能是( )。

A. 对下属销售人员的疾苦没有给予足够的关心

B. 对销售任务的完成没有给予充分的关注

C. 事无巨细,过分亲历亲为,没有做好授权工作

D. 没有为下属销售人员制定明确的奋斗目标

14. 下述哪项活动和领导职能无关？（　　）

A. 向下述传达自己对销售工作目标的认识

B. 与某用户谈判以期达成一项长期销售计划

C. 召集各地分公司经理讨论和协调销售计划的落实情况

D. 召集公司有关部门的职能人员开联谊会，鼓励他们克服难关

15. 某企业多年来任务完成得都比较好，职工经济收入也很高，但领导和职工的关系却很差，该领导很可能是管理方格中所说的（　　）。

A. 贫乏型　　　　　B. 乡村俱乐部型　　　　C. 任务型　　　　　D. 中庸之道型

16. 美国管理大师彼得·德鲁克说过，如果你理解管理理论，但不具备管理技术和管理工具的运用能力，你还不是一个有效的管理者；反过来，如果你具备管理技巧和能力，而不掌握管理理论，那么充其量你只是一个技术员。这句话说明（　　）。

A. 有效的管理者应该既掌握管理理论，又具备管理技巧与管理工具的运用能力

B. 是否掌握管理理论对管理者工作的有效性来说无足轻重

C. 如果理解管理理论，就能成为一名有效的管理者

D. 有效的管理者应该注重管理技术与工具的运用能力，而不必注意管理理论

17. 某公司总经理安排其助手去洽谈一个重要的工程项目合同，结果由于助手工作中的考虑欠周全，致使合同最终被另一家公司接走。由于此合同对公司经营关系重大，董事会在讨论其中失误的责任时，存在以下几种说法，你认为（　　）说法最为合理。

A. 总经理至少应该承担领导用人不当与督促检查失职的责任

B. 总经理的助手既然承接了该谈判的任务，就应对谈判承担完全的责任

C. 若总经理助手又进一步将任务委托给其下属，则也可不必承担谈判失败责任

D. 公司总经理已将此事委托给助手，所以，对谈判的失败完全没有责任

18. 如果你是公司的总经理，在周末下午下班后，公司某位重要客户给你打来电话，说他向公司购买的设备出了故障，需要紧急更换零部件，而此时公司的全体人员均已下班。对于这种情况，你认为以下各种做法中（　　）比较好。

A. 告诉客户，因周末找不到人，只好等下周解决，并对此表示歉意

B. 请值班人员打电话找有关主管人员落实送货事宜

C. 因为是重要客户的紧急需要，马上亲自设法将货送去

D. 亲自打电话找有关主管人员，请他们设法马上送货给客户

19. 假定请你主持召开一个由公司有关"智囊"参加的会议，讨论公司发展战略的制定问题。如果在会上听到了许多与你观点不同的意见，而且你也知道这些意见有失偏颇是因为发言者掌握的资料不全。对此你认为最好采取（　　）做法。

A. 视情况谈谈自己对一些重要问题的看法

B. 既然是智囊会议，就应允许畅所欲言

C. 及时提供资料，证明这些意见的错误

D. 及时打断这些发言以发表自己的高见

20. 某技术专家,原来从事专业工作,业务至精,绩效显著,近来被提拔到所在科室负责人的岗位。随着工作性质的转变,他今后应当注意把自己的工作重点调整到(　　)。
　　A. 放弃技术工作,全力以赴,抓好管理和领导工作
　　B. 重点仍以技术工作为主,以自身为榜样带动下级
　　C. 以抓管理工作为主,同时参与部分技术工作,以增强与下级的沟通和理解
　　D. 在抓好技术工作的同时,做好管理工作

21. 卡尔森以前只有宾馆管理经验而无航运业管理经验,但被聘为美国泛美航空公司的总裁后,短短三年,就使这家亏本企业成为高赢利企业。你认为下述四种说法中哪一条有明显错误?(　　)
　　A. 最高管理者不需要专业知识,人要善于学习、勤于思考就够了
　　B. 成功的管理经验具有一定的普适性,所以可以成功移植
　　C. 成功管理的关键是人,只要搞好人的管理,就可取得成功
　　D. 这仅仅是一种巧合,只说明卡尔森有特别强的环境适应能力

22. 面对动态变化、竞争加剧的世界经济,管理者必须注意考虑环境因素的作用,以便充分理解与熟悉环境,从而能够做到有效地适应环境并(　　)。
　　A. 进行组织变革　　　　　　　　B. 保护组织稳定
　　C. 减少环境变化　　　　　　　　D. 推动环境变化

23. 有位老师一直认为研究生是不需要课堂闭卷考试的,但学校规定研究生考试必须采取闭卷形式。结果,这位教师在考场上对学生翻阅参考资料采取了默许的做法。作为一位管理者,你将如何对待这种情况?(　　)
　　A. 组织学校管理人员,加强考场巡视,以彻底杜绝这种情况的发生
　　B. 找这位老师谈话,对他的这种做法进行批评,让其不再放任自流
　　C. 设法消除这位教师的心理抵触情绪,以取得该教师对学校做法的理解
　　D. 任何事情都不能绝对化,这位老师不主张闭卷考试,就不必强求

24. 一份英国杂志比较了欧洲各国经理的习性和处事手法后得出这样的结论:法国经理最"独裁",意大利经理最"无法无天",德国经理最按意气办事,英国经理最不能"安于位"。各国经理的习性和处事法的不同,最有可能是因为(　　)。
　　A. 各国的文化传统不同　　　　　B. 各国的教育体制不同
　　C. 各国的法律制度不同　　　　　D. 各国的经济发展有差距

25. 某公司财务经理授权会计科长管理应付账款,会计科长由于太忙,不能亲自处理,便授权属下一位会计师负责此事。会计科长对应付账款的管理(　　)。
　　A. 不再负有责任　　　　　　　　B. 仍然负有责任
　　C. 责任虽没消除但是减轻了　　　D. 不再负主要责任

26. 企业中有些问题可以通过制度化方式来处理,而另有一些问题则不能,还有些问题如果进行制度化处理则会导致效率下降。对于一个企业的经营来说,面临以下各种情况时,你认为哪一种是最没有必要且不可能制度化的?(　　)
　　A. 随着企业市场规模的增大,应收账款总额急剧上升
　　B. 随着引进人才增多,企业核心经营理念更趋多元化
　　C. 随着我国加入世贸组织,市场变化将更具不确定性
　　D. 企业上下人均收入的提高所导致的员工心态变差

27. 南方某厂订立有严格的上、下班制度并一直遵照执行。一天深夜突降大雪,给交通带来极大不便,次日早晨便有许多同志上班迟到了,厂长决定对此日的迟到者免于惩罚。对此,企业内部职工议论纷纷。在下列议论中,你认为哪种说法最有道理?( )
   A. 厂长滥用职权
   B. 厂长执行管理制度应征询大部分职工的意见
   C. 治厂制度又不是厂长一人订的,厂长无权随便变动
   D. 规章制度应有一定的灵活性,特殊情况可以特殊处理
28. 复杂人假设认为( )。
   A. 大多数人都是为了满足基本的生理需要和安全需要,所以他们将选择那些在经济上获利最大的事去做
   B. 工人与工人之间的关系所形成的影响力,比管理部门所采取的管理措施和奖励具有更大的影响
   C. 大多数人在解决组织的困难问题时,都能发挥较高的想象力、聪明才智和创造性
   D. 人在同一个时间内会有多种需要和动机,这些需要和动机相互作用、相互结合,形成了一种错综复杂的动机模式
29. 民主式领导方式的特点之一是( )。
   A. 领导者预先安排一切工作的程序和方法,下属只能服从
   B. 分配工作时尽管照顾到个人的能力、兴趣和爱好
   C. 对工作事先无布置,事后无检查,权力完全给予个人,一切悉听尊便
   D. 领导方法的选择取决于环境和个性
30. 由自我实现人假设所产生的管理措施为( )。
   A. 应以金钱收买员工的效力和服从
   B. 管理人员在进行奖励时,应当注意集体奖励,而不能单纯采取个人奖励
   C. 在管理制度上给予工人更多的自主权,实行自我控制,让工人参与管理和决策,并共同分享权力
   D. 管理人员应事先为工人设计具体的行为模式,让工人按此模式实现自身的价值
31. 在管理的各项职能中,最具有规范性、技术性的职能是( )。
   A. 计划   B. 组织   C. 领导   D. 控制
32. 管理者的权威由何种要素构成?( )
   A. 才能和知识   B. 决策力与影响力
   C. 权力与威信   D. 品德与智力
33. 下列哪个职能是领导的下位职能?( )
   A. 协调   B. 决策   C. 报告   D. 监督

二、多项选择题
1. 领导方式的主要理论有( )。
   A. 管理方格理论   B. 连续统一体理论
   C. 期望理论   D. 激励强化理论
2. 根据费德勒模型,影响领导形态有效性的环境因素有( )。
   A. 领导者和下属的关系   B. 职位权力
   C. 领导者的个人特性   D. 任务结构

3. 李柯特把领导方式分为（　　）。
 A. 剥削式集权领导　　　　　　　　B. 仁慈式集权领导
 C. 协商式民主领导　　　　　　　　D. 放任式领导
4. 领导行为四分图中领导行为分为四种类型，即（　　）。
 A. 高体贴与低组织　　　　　　　　B. 高体贴与高组织
 C. 高关系与低任务　　　　　　　　D. 低关系与低任务
5. 一个优化的领导集体，应是一个有机整体。（　　）是班子的核心；（　　）是领导班子结构的存在形式；（　　）是班子实现自我调节的神经系统。
 A. 信息沟通　　　B. 主要负责人　　　C. 职责分解　　　D. 职责权分解
6. 领导班子结构优化的内容包括（　　）。
 A. 梯形的年龄结构　　　　　　　　B. 互补的知识结构
 C. 配套的专业结构　　　　　　　　D. 合理的智能结构
7. 常见的下级越位表现有（　　）。
 A. 决策越位　　　B. 表态越位　　　C. 指挥越位　　　D. 认识越位
8. 下级在处理与上级关系时，应以"保持距离相等"为原则，具体应做到（　　）。
 A. 工作上一样支持　　　　　　　　B. 组织上一样服从
 C. 态度上一样对待　　　　　　　　D. 按权限和程序请示汇报工作
9. 当下级顶撞自己时，领导者应该（　　）。
 A. 有宽宏大量的气度　　　　　　　B. 不以权势压人
 C. 通过思想工作解决矛盾　　　　　D. 以牙还牙
10. 为处理好与副职的关系，正职领导者应注意做到（　　）。
 A. 尽可能全面了解副手　　　　　　B. 主动及时与副手交流思想
 C. 坚持原则，秉公办事　　　　　　D. 大力支持副手们的工作，不随便干预
11. 在布莱克管理方格理论中，确定管理风格的两因素是（　　）。
 A. 正式结构　　　　　　　　　　　B. 体谅
 C. 对工作的关心　　　　　　　　　D. 对人的关心
12. 在四分图领导理论中，影响领导行为的两个方面是（　　）。
 A. 放任行为　　　　　　　　　　　B. 民主行为
 C. 关系行为　　　　　　　　　　　D. 任务行为
13. 在菲德勒的权变领导理论中，条件评价由三个部分组成，它们是任务结构和（　　）。
 A. 领导者与被领导者的关系　　　　B. 权力类型
 C. 领导者的职务权力　　　　　　　D. 领导风格
14. 根据双因素理论，（　　）往往与职工的不满意关系密切。
 A. 企业政策　　　　　　　　　　　B. 工作的成就感
 C. 工资水平　　　　　　　　　　　D. 责任感
15. 布莱克和穆顿把管理中领导者的行为概括为（　　）。
 A. 对利润的关心　　　　　　　　　B. 对产值的关心
 C. 对人的关心　　　　　　　　　　D. 对制度的关心

16. 赫茨伯格提出,影响人们行为的因素主要有两类( )。
A. 满意因素   B. 不满意因素
C. 保健因素   D. 激励因素

三、简答题
1. 领导和管理是一回事吗?
2. 简述领导的定义及要素。
3. 领导者应掌握哪些业务知识?
4. 领导者应具备哪些业务能力?
5. 领导工作具有很强的艺术性,你认为领导者在领导过程中主要应注意哪些方面?

参考答案

一、单项选择题
1. C 2. D 3. A 4. B 5. B 6. B 7. B 8. D 9. A 10. A 11. D
12. C 13. C 14. B 15. C 16. A 17. A 18. D 19. A 20. C 21. D 22. A
23. C 24. A 25. B 26. C 27. D 28. D 29. B 30. C 31. A 32. B 33. B

二、多项选择题
1. AB 2. ABD 3. ABC 4. ABCD 5. BDA 6. ABCD 7. ABC 8. ABCD
9. ABC 10. ABCD 11. CD 12. AD 13. BD 14. BC 15. ABCD 16. CD

三、简答题
1. 从本质上说,管理是建立在合法的、有报酬的和强制性权力的基础上对下属命令的行为。下属必须遵循管理者的指示。在此过程中,下属可能尽自己最大的努力去完成任务,也可能只尽一部分努力去完成工作。而领导,更多地是建立在个人影响权和专长权以及模范作用的基础上。因此,一个人可能既是管理者,也是领导者,但是,管理者和领导者两者分离的情况也是有的。一个人可能是领导者但并不是管理者。非正式组织中最具影响力的人就是典型的例子。

2. 所谓领导就是指指挥、带领、引导和鼓励部下为实现目标而努力的过程。这个定义包括下列三要素。①领导者必须有部下或追随者。没有部下的领导者谈不上领导;②领导者拥有影响追随者的能力或力量。这些能力或力量包括由组织赋予领导者的职位和权力,也包括领导者个人所具有的影响力;③领导的目的是通过影响部下来达到企业的目标。

3. ①应懂得市场经济的基本原理,掌握邓小平有建设中国特色的社会主义理论;②应懂得管理的基本原理、方法和各项专业管理的基本知识;③应懂得生产技术和有关自然科学、技术科学的基本知识,掌握本行业的科研和技术发展;④应懂得政治思想工作、心理学、人才学、行为科学、社会学等方面的知识,以便做好政治思想工作,激发职工士气,协调好人与人的关系,充分调动人的积极性;⑤应能熟练应用计算机、信息管理系统和网络,及时了解和处理有关信息。

4. ①较强的分析、判断和概括能力;②决策能力;③组织、指挥和控制的能力;④沟通、协调企业内外各种关系的能力;⑤不断探索和创新的能力;⑥知人善任的能力。

5.①做领导的本职工作；②善于同下属交谈、倾听下属的意见；③争取众人的信任和合作；④做自己时间的主人。

历年真题及全解

1.（北科2009年研）容易造成领导和下属对立情绪，满意度低，缺勤率高且人员流动大的领导风格可能是（　　）。
  A. 低结构关怀型　　　　　　　　　B. 高结构低关怀型
  C. 低结构高怀型　　　　　　　　　D. 高结构高关怀型

【答案】　A

【解析】　根据俄亥俄学派理论，领导行为可以利用两个构面加以描述：①关怀(consideration)；②"结构"(initiating structure)。其中，低关怀低结构型的领导者不注意关心爱护下属，不与下属交换思想、交流信息，与下属关系不太融洽，也不注意执行规章制度，工作无序，效率低下。

2.（北科2009年研）早晨8点30分，公司常务副总、董事老杜接到市政府电话，通知企业开展冬季消防检查；10分钟后老杜打电话给保卫部，通知他们去处理这项要求；9点15分，老杜接到成品库房电话，被告之房屋后墙被人敲了个洞，又有几十箱被偷走；8分钟后，老杜打电话给市公安局请他们改善本地治安情况……整个上午老杜接电话、打电话，倒也挺忙。根据管理方格理论，你认为老杜最接近哪种类型领导者？（　　）
  A. 1.1型　　　　B. 5.5型　　　　C. 9.1型　　　　D. 1.9型

【答案】　C

【解析】　根据管理方格理论，存在五种比较典型的领导方式，分别是：①1.1型，领导者既不关心工作任务，也不关心人员，因而是不良的贫乏式，类似于自由放任式；②5.5型，领导者对工作任务和对人员的关心程度都适中，是中庸式的领导方式；③9.9型，领导者对工作任务和人中的关心都有高标准的要求，称为团队式；④1.9型，领导者对人员高度关心，而对工作任务不关心，称为乡村俱乐部式；⑤9.1型，领导者对工作任务高度关心，而对人员不关心，称为任务式。题中，老杜整个上午在不停地接电话、打电话，可见其对工作任务高度关心，C项最为符合。

3.（北邮2007年研）路径—目标理论

【答】　路径—目标理论(path goal theory)是理解领导方面最受推崇的观点之一。该理论指出，领导者的工作是帮助下属达到他们的目标的，领导者要提供必要的指导和支持，确保下属各自的目标与群体或组织的总体目标保持一致。路径—目标理论由罗伯特·豪斯(Robert House)开发，这一权变的领导模型从激励的期望理论中吸收了关键要素。"路径—目标"的概念来自这种信念，即相信有效的领导者通过指明道路与途径可以帮助下属实现他们的工作目标，并通过为下属清理路程中的各项障碍和危险使下属的旅程更为容易。

第十二章

激　励

知识点归纳

1. 激励的含义与实质

激励(motivation)，在管理学的一般教科书中，通常是和动机连在一起的。主要指人类活动的一种内心状态。美国管理学家罗宾斯把动机定义为个体通过高水平的努力而实现组织目标的愿望，而这种努力又能满足个体的某些需要。一般而言，动机指的是为满足某种需要而产生并维持行动，以达到目的的内部驱动力。因此，无论是激励还是动机，都包含三个关键要素：努力、组织目标和需要。

2. 激励产生的内因与外因

激励产生的根本原因，可分内因和外因。内因由人的认知知识构成，外因则是人所处的环境，从激励基础上人的行为可看成是人自身特点及其所处环境的函数。显然，激励的有效性在于对内因和外因的深刻理解，并达到一致性。

这样，为了引导人的行为达到激励的目的，领导者既可在了解人的需要的基础上，创造条件促进这些需要的满足，也可以通过采取措施，改变个人的行动环境。

3. 激励的需要理论

(1) 需要层次论；

(2) 双因素理论；

(3) 成就需要论；

(4) X 理论和 Y 理论

4. 激励的实务

实践中激励和绩效之间并不是简单的因果关系。要使激励产生预期的效果，就必须考虑到奖励内容、奖励制度、组织分工、目标设置、公平考核等一系列的综合因素，并注重个人满意程度在努力中的反馈。另外，需要注意的是，所有的激励理论都是一般而言的，而每个员工都有自己的特征，他们的需求、个性、期望、目标等个体变量各不相同。因而领导者根据激励理论处理激励实务时，应该针对员工的不同特点采用不同的方法。结合上述的各种激励理论，常用的主要有四种激励方式：工作激励、成果激励、批评激励以及培训教育激励。

经典案例

案例一

布拉德利服装公司的激励

艾丽斯·约翰逊(Alice Johnson)是布拉德利服装公司(妇女服装和衣着用品的生产者)的人事经理,她刚从一个管理开发研究班回来,在那里对激励理论特别是马斯洛和赫茨伯格的理论相当注重。她为马斯洛的清晰的需要层次和赫茨伯格的激励因素和保健因素理论所感动,认为这个公司可以立即运用它们。她欣赏这两种激励方法的简单易用,并且觉得公司的工资水平在本行业中间已是最好的了。她相信,公司应该集中在赫茨伯格的激励因素上。

结果她说服公司的执行委员会去着手制订了关于强调表彰、提升、更大的个人责任、成就并使工作更有挑战性等各种计划。计划运转了几个月之后,她迷惑了,发现结果并不如她所期望的那样。

计划好像并没有引起服装设计人员的热情。有些人觉得他们已经有了一个挑战性工作了,他们的成就感已由他们超过销售定额实现了,给他们的佣金支票就是对他们的表彰。并且对他们说来,所有这些新计划都是浪费时间。裁剪员、缝纫工、熨衣工和包装工的感受是各式各样的。有些人随新计划的实行而受到表彰,反应良好;但是另外一些人则认为是管理人员的诡计,要让他们更加拼命工作而不增加任何工资。他们工会的企业代表同后面那些人的意见一致,公开批评这些计划。

反应是如此的悬殊,约翰逊女士受到公司最高层主管人员的不少批评,他们以为被一个热心过度的人事经理所欺骗了。在同该公司的管理顾问讨论这个问题时,顾问对约翰逊女士的意见是她对人的激励观念想象得过于简单了。

【思考】
1. 你认为这个计划为什么会引起这么多的争议?
2. 为什么管理顾问说,约翰逊女士对人的激励观念想象得过于简单了?
3. 如果你是约翰逊女士,你会做些什么?

【分析】
主要依据期望理论、双因素理论对本案例进行分析。

案例二

表扬引起的争论

某公司最近召开了一年一度的夏季商品交易会,会前办公室为会议召开作了充分的准备:接待各地代表,布置宣传广告;各种商品样品摆布,开货单,介绍商品⋯⋯有的员工加班甚至到深夜。各职能科室和行政管理人员主动自觉地到各科室帮忙。三天的会议,接待了上千人次,员工成交额几百万元,大大超出了会前预计数。

在总结大会上，公司领导充分肯定了这次会议取得的成功，当提到职工们为大会做出的努力时说："大家表现的都很不错，人人都动了起来，为大会做出了贡献。在接待过程中，团委书记和组织部长提着茶壶，在楼里跑上跑下，这种精神值得赞扬。"对于领导的表扬，职工们议论纷纷："交易会的成功，销售额的增加，首先归功于第一线的业务人员的辛勤劳动，为什么不表扬最累的业务人员？"

也有的赞成领导的表扬："业务人员贡献是大，但这是份内的工作，并且领导也是肯定了的。而政工干部去送水，事虽小，但这是工作职责以外的。如果正常工作都点名表扬，怎么能表扬过来呢？"

还有人提出反对意见："如果份内工作做的好不表扬，领导只表扬做份外工作的，那么谁还重视份内工作呢？如果谁都轻视份内工作，那么整个工作不就落后了吗？就份内与份外工作比较而言，领导者最需要、最基本的则是鼓励职工首先做好份内的事。"

【思考】
1. 请对领导的表扬做出评价？
2. 要更好地发挥表扬的作用，应注意哪些要求？

【分析】
1. 表扬是激励的一种手段，可以提高士气，发挥人的积极性。但是表扬要有根据，要合理，要公平。案例中领导的作法，忽视重点，只是一带而过，没有发挥出真正的作用，力度不够，不能使职工得到满足，而使职工有抱怨，不满。

就份内与份外而言，都是很重要的，两者是联系、统一的，没有轻重之分。在这种情况下，领导应该同时给予表扬，适当给予奖励。

也要注重平日的人际关系，创造一个好的环境、氛围。人际关系搞好了，大家就不会有一些不必要的矛盾。表扬是必要的，但要有度、合理。

2. 要更好地发挥表扬的作用，应注意以下几点要求：表扬要以事实为依据；表扬的作用在于能起到激励的作用；注意会产生的副作用；协同各种因素达到最优效果。

课后习题全解

1. 根据行为科学的观点，人的行为有何特点？如何影响或引导人的行为？

【答】　　激励是组织中人的行为的动力，而行为是人实现个体目标与组织目标相一致的过程。无激励的行为，是盲目而无意识的行为；有激励而无效果的行为，说明激励的机理出现了问题。如领导者打算通过增加额外的休息日来提高员工的劳动生产率，结果可能有效，也可能无效，因为在一定的环境下，员工可能更愿意保持以往的工作日，希望提高薪水，而不是增加闲暇支出。这说明，激励与行为也有匹配的问题。

这样就进一步说明，要通过激励促成组织中人的行为的产生，取决于某一行动的效价和期望值。所谓效价，是指个人对达到某种预期成果的偏爱程度，或某种预期成果可能给行为者带来的满足程度；期望值则是某一具体行动可带来某种预期成果的概率，即行为者采取某种行动，获得某种成果，从而带来某种心理上或生理上满足的可能性。显然，能够满足某一需要的行动对特定个人的激励力是该行动可能带来结果的效价与该结果实现可能性的综合作用的结果。激励力、效价和期望值之间的相互关系用下式来表示：激励力＝效价×期望值。

领导者和下属的组织行为,都是一种通过采取行动来满足未实现的需要的过程。领导者的需要,既可以是源于对制度权力的渴望,也可以是源于实现自我价值的意愿。同样,下属未满足的需要也是多样性的。因此,对员工的激励能否有效,很大程度上取决于组织中领导者对下属的未满足的需要的识别。

正是从需要这种人的动机导向出发,引出了关于如何激励的各种理论。对需要以及人内在动机和环境的激发,形成各种各样具体的激励理论。由于激励理论大多数是围绕人的需要的实现及其特点的识别,以及如何根据需要的不同类型和不同特点来采取措施,进而影响他们的行为而展开的。根据对激励对象不同方面的重视程度,一般可以把激励理论分为激励的内容理论、激励的过程理论和激励的强化理论。

2. 何谓需要层次论？该理论对管理者有何启示？

【答】 马斯洛认为,每个人其实都有五个层次的需要,即生理的需要、安全的需要、社交(或情感)的需要、尊重的需要和自我实现的需要。

(1)生理的需要。这是任何动物都有的需要,只是对不同的动物,这种需要的表现形式不同而已。对人类来说,这是最基本的需要,如衣、食、住、行等。所以,在经济欠发达的社会,必须首先研究并满足这方面的需要。

(2)安全的需要。保护自己免受身体和情感伤害的需要。它又可以分为两类:一类是现在的安全的需要,另一类是对未来的安全的需要。即是说,一方面要求自己现在的社会生活的各个方面均能有所保证;另一方面,就是希望未来生活能有所保障。

(3)社交的需要。包括友谊、爱情、归属及接纳方面的需要。这主要产生于人的社会性。马斯洛认为,人是一种社会动物,人们的生活和工作都不是孤立地进行的,这已由20世纪30年代的行为科学研究所证明。这说明,人们希望在一种被接受或属于的情况下工作,属于某一群体,而不希望在社会中成为离群的孤岛。

(4)尊重的需要。分为内部尊重和外部尊重。内部尊重因素包括自尊、自主和成就感;外部尊重因素包括地位、认可和关注或者说受人尊重。自尊是指在自己取得成功时有一股自豪感,它是驱使人们奋发向上的推动力。受人尊重,是指当自己做出贡献时,能得到他人的承认。

(5)自我实现的需要。成长与发展、发挥自身潜能、实现理想的需要。这是一种追求个人能力极限的内趋力。这种需要一般表现在两个方面:一是胜任感方面,有这种需要的人力图控制事物或环境,不是等事物被动地发生与发展,而是希望在自己控制下进行。二是成就感方面,对有这种需要的人来说,工作的乐趣在于成果和成功,他们需要知道自己工作的结果。成功后的喜悦要远比其他任何报酬都重要。

只有在认识到了需要的类型及其特征的基础上,组织的领导者才能根据不同员工的不同需要进行相应的有效激励。马斯洛的需要层次论为组织激励员工,提供了一个参照样本。

3. 何谓激励因素？何谓保健因素？双因素理论对我们可提供哪些启示？

【答】 保健因素是那些与人们的不满情绪有关的因素,如公司的政策、管理和监督、人际关系、工作条件等。保健因素处理不好,会引发对工作不满情绪的产生;处理得好,可以预防或消除这种不满。但这类因素并不能对员工起激励的作用,只能起到保持人的积极性,维持工作现状的作用,所以保健因素又可称为"维持因素"。

激励因素是指那些与人们的满意情绪有关的因素。与激励因素有关的工作处理得好,能够使人们产生满意情绪;如果处理不当,其不利效果顶多只是没有满意情绪,而不会导致不满。激励因素主要包括:工作表现机会和工作带来的愉快,工作上的成就感,由于良好的工作成绩而得到的奖励、对未来发展的期望和职务上的责任感。这两类因素与员工对工作的满意程度之间的关系如图12-1所示。

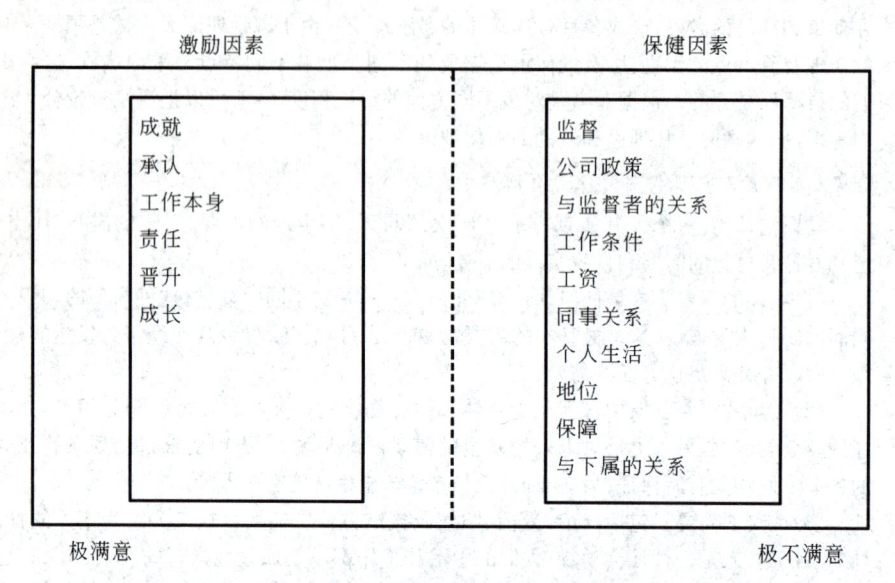

激励因素	保健因素
成就 承认 工作本身 责任 晋升 成长	监督 公司政策 与监督者的关系 工作条件 工资 同事关系 个人生活 地位 保障 与下属的关系
极满意	极不满意

图12-1 赫兹伯格双因素激励理论

赫兹伯格双因素激励理论的重要意义在于它把传统的满意——不满意(认为满意的对立面是不满意)的观点进行了拆解,认为传统的观点中存在双重的连续体。满意的对立面是没有满意,而不是不满意;同样,不满意的对立面是没有不满意,而不是满意。这种理论对企业管理的基本启示是要调动和维持员工的积极性,首先要注意保健因素,以防止不满情绪的产生。但更重要的是要利用激励因素去激发员工的工作热情,努力工作,创造奋发向上的局面,因为只有激励因素才会增加员工的工作满意感。

4. 试介绍并评价期望理论的主要观点。

【答】 期望理论主要由美国心理学家 V. 弗鲁姆(Victor Vroom)在20世纪60年代中期提出并形成。期望理论认为只有当人们预期到某一行为能给个人带来有吸引力的结果时,个人才会采取特定行动。他对于组织通常出现的这样一种情况给予了解释,即面对同一种需要以及满足同一种需要的活动,为什么有的人情绪高昂,而另一些人却无动于衷呢?有效的激励取决于个体对完成工作任务以及接受预期奖赏的能力的期望。

根据这一理论的研究,员工对待工作的态度依赖于对下列三种联系的判断:

(1)努力—绩效的联系。员工感觉到通过一定程度努力而达到工作绩效的可能性。如需要付出多大努力才能达到某一绩效水平?我是否真能达到这一点绩效水平?概率有多大?

(2)绩效—奖赏的联系。员工对于达到一定工作绩效后即可获得理想的奖赏结果的信任程度。如当我达到这一绩效水平后,会得到什么奖赏?

(3)奖赏—个人目标的联系。如果工作完成,员工所获得的潜在结果或奖赏对他的重要性程度。如这一奖赏能否满足个人的目标?吸引力有多大?在这三种关系的基础上,员工在工作中积极性或努力程度(激励力)是效价和期望值的乘积,即 M＝V×E 式中,M 表示激励力,V 表示效价,E 表示期望值。

5. 试对企业管理实践中的不同激励方式进行比较和分析。

【答】　　所有的激励理论都是一般而言的,而每个员工都有自己的特性,他们的需求、个性、期望、目标等个体变量各不相同。因而领导者根据激励理论处理激励实务时,应该针对员工的不同特点采用不同的方法。结合上述的各种激励理论,常用的主要有四种激励方式,即工作激励、成果激励、批评激励以及培训教育激励。

工作激励是指通过分配适当的工作来激发员工内在的工作热情;成果激励是指在正确评估工作成果的基础上给员工以合理的奖惩,以保证员工行为的良性循环;批评激励是指通过批评来激发员工改正错误行为的信心和决心;培训教育激励则是通过灌输组织文化和开展技术知识培训,提高员工的素质,增强其更新知识、共同完成组织目标的热情。

进入 20 世纪 90 年代以来,西方企业在多种激励理论的基础上,提出了一些形式新颖的激励计划,主要包括绩效工资、分红、员工持股,总奖金,知识工资和灵活的工作日程等。

(1)薪酬管理。除与基本工作相应的基本工资外,员工的薪酬管理还应注意:①绩效工资。企业突出绩效工资意味着员工是根据他的绩效贡献而得到奖励,因此这种工资一般又称为奖励工资;②分红。分红鼓励协调团队工作;③总奖金。总奖金是以绩效为基础的一次性现金支付计划;④知识工资。知识工资增加了公司的灵活性和效率。

(2)员工持股计划使得员工们更加努力工作,因为它们是所有者,要分担企业的盈亏。

(3)灵活的工作日程,满足员工想得到更多闲暇时间的需要。

(4)目标管理。当员工们亲自参加的目标确定时,士气会更高,也会产生更大的责任感来完成目标。

同步练习

一、单项选择题

1. 提出力场理论的是(　　)。
A. 马斯洛　　　　　B. 卢因　　　　　C. 弗鲁姆　　　　　D. 亚当斯

2. 提出公平理论的是(　　)。
A. 马斯洛　　　　　B. 卢因　　　　　C. 弗鲁姆　　　　　D. 亚当斯

3. 提出期望理论的是(　　)。
A. 马斯洛　　　　　B. 卢因　　　　　C. 弗鲁姆　　　　　D. 亚当斯

4. 处于需要最高层次的是(　　)。
A. 生理的需要　　　　　　　　　　　B. 安全的需要
C. 感情的需要　　　　　　　　　　　D. 自我实现的需要

5. 下列关于强化理论的说法正确的是( )。
A. 强化理论是美国心理学家马斯洛首先提出的
B. 所谓正强化就是惩罚那些不符合组织目标的行为,以使这些行为削弱直至消失
C. 连续的、固定的正强化能够使每一次强化都起到较大的效果
D. 实施负强化,应以连续负强化为主
6. 为了激发员工内在的积极性,一项工作最好授予哪类人?( )
A. 能力远远高于任务要求的人　　　　B. 能力远远低于要求的人
C. 能力略高于任务要求的人　　　　　D. 能力略低于任务要求的人
7. 需要层次理论认为,人的行为决定于( )。
A. 需求层次　　B. 激励程度　　C. 精神状态　　D. 主导需求
8. 高级工程师老王在一家研究所工作,该所拥有一流的研究设备,根据双因素理论,你认为下列哪一种措施最能对老王的工作起到激励作用?( )
A. 调整设计工作流程,使老王可以完成完整的产品设计而不是总重复做局部的设计
B. 调整工资水平和福利措施
C. 给老王配备性能更为先进的个人电脑
D. 以上各条都起不到激励作用
9. 从期望理论中,我们得到的最重要的启示是( )。
A. 目标效价的高低是激励是否有效的关键
B. 期望概率的高低是激励是否有效的关键
C. 存在着负效价,应引起领导者注意
D. 应把目标效价和期望概率进行优化组合
10. 企业中,常常见到员工之间在贡献和报酬上会相互参照攀比,你认为员工最可能将哪一类人作为自己的攀比对象?( )
A. 企业的高层管理人员　　　　　　B. 员工们的顶头上司
C. 企业中其他部门的领导　　　　　D. 与自己处于相近层次的人
11. 根据马斯洛的需要层次理论,可得出如下结论( )。
A. 对于具体的个人来说,其行为主要出受主导需求的影响
B. 越是低层次的需要,其对于人们行为所能产生的影响也越大
C. 任何人都有五种不同层次的需要,而且各层次的需求程度相等
D. 层次越高的需要,其对于人们行为产生的影响也越大
12. 某企业对生产车间的工作条件进行了改善,这是为了更好地满足职工的( )。
A. 生理的需要　　B. 安全的需要　　C. 感情的需要　　D. 尊重的需要
13. 某企业规定,员工上班迟到一次,扣发当月50%的奖金,自此规定出台之后,员工迟到现象基本消除,这是哪一种强化方式?( )
A. 正强化　　　B. 负强化　　　C. 惩罚　　　D. 忽视
14. 中国企业引入奖金机制的目的是发挥奖金的激励作用,但到目前,许多企业的奖金已经成为工资的一部分,奖金变成了保健因素。这说明( )。
A. 双因素理论在中国不怎么适用
B. 保健和激励因素的具体内容在不同国家是不一样的

C. 防止激励因素向保健因素转化是管理者的重要责任

D. 将奖金设计成为激励因素本身就是错误的

15. 公司好几个青年大学生在讨论明年报考MBA的事情。大家最关心的是英语考试的难度,据说明年将会有很大提高。请根据激励理论中的期望理论,判断以下四人中谁向公司提出报考的可能性最大(   )。

   A. 小郑大学学的是日语,两年前来公司后,才开始跟着电视台初级班业余学了些英语

   B. 小齐英语不错,本科就学管理,但他妻子年底就要分娩,家中又无老人可依靠

   C. 小吴被公认为"高材生",英语棒,数学强,知识面广,渴望深造,又无家庭负担

   D. 小冯素来冷静多思,不做没把握的事。她自信MBA联考每门过关绝对没问题,但认为公司里想报考的人太多,领导最多只能批准1人,而自己与领导关系平平,肯定没希望获得领导批准

16. 一位父亲为了鼓励小孩用功学习,向小孩提出如果在下学期每门功课都考试95分以上,就给物质奖励。在下述什么情况下,小孩会受到激励而用功学习?(   )

   A. 平时成绩较好,有可能各门功课都考95分以上

   B. 奖励的东西是小孩最想要的

   C. 父亲说话向来都是算数的

   D. 上述三种情况同时存在

17. 有那样一些因素,如果得到满足后则没有不满,得不到满足则产生不满。赫茨伯格将这类因素称为(   )。

   A. 物质因素   B. 精神因素   C. 保健因素   D. 激励因素

18. 有那样一些因素,如果得到满足则感到满意,得不到满足则没有满意感。赫茨伯格将这类因素称为(   )。

   A. 物质因素   B. 精神因素   C. 保健因素   D. 激励因素

19. 下列哪一位管理学者提出强化理论?(   )

   A. 麦格雷戈   B. 赫兹伯格   C. 弗鲁姆   D. 斯金纳

20. 某企业领导决定在整个企业里开展凝聚力工程,其目标在于建立员工对于企业的归属感,并能做到以企业为家。以下是该企业凝聚力工程准备开展的几项工作,你认为其中哪项最无效?(   )

   A. 加强企业规章制度建设,将员工利益与企业发展密切挂钩

   B. 加强对员工思想与行为的控制,确保员工关心企业发展

   C. 在员工中开展关于如何以企业为家的大讨论,增强员工向心力

   D. 即使会引起产品成本提高,也要切实改善骨干员工的福利待遇

21. 某公司来了一位新员工,工作一段时间后,领导发现该员工工作热情饱满,业绩提高很快。对于这种情况,除了按公司激励制度的正常规定给予相应奖励外,如果你作为该公司的领导,最赞同进一步采取以下哪种做法?(   )

   A. 及时肯定他的进步,鼓励他取得更大的成绩

   B. 顺其自然,让他通过自我激励不断提高绩效

   C. 给他提供进一步提高业绩的方法与程序指导

   D. 充分肯定他的成绩,并提醒他不要骄傲自满

22. 某企业有一位中层经理,长期以来工作认真负责,身先士卒带领下属,在目前岗位上为企业发展做出了突出的贡献,尽管偶尔也会受其只有高中毕业文化程度的影响,在工作上出现一些难尽人意的地方。为了肯定该经理的工作,公司决定加大对他的激励,但具体在如何激励的问题上存在着以下几种不同的看法,请问你最赞同哪一种?(　　)

   A. 除了给予正常的物质奖励外,将其晋升到高一级岗位
   B. 给予特别的物质与精神奖励,让他继续担任经理工作
   C. 重点给予精神奖励,提拔他担任更高一级的管理工作
   D. 由公司出钱让他到国内著名管理学院去进修管理课程

23. 刘明5年前大学毕业后来到A公司工作,半年前被破格提拔为车间主任。上任后,刘明率先垂范,以身作则,加班加点,工作认真负责。他也要求自己的下属和员工同他自己一样加班加点,认真负责。但是,在这样严格要求之下,前天车间还是发生了一次安全事故,尽管损失不大。对这次事故,你认为最重要的是(　　)。

   A. 刘明需要反省自己与下属的需求层次、激励水平存在哪些不同,以找到正确的激励方法
   B. 应详尽调查事故原因,找到事故责任人,并对责任人予以严惩,以防止类似事故再度发生
   C. 应在公司内部进行进一步的职业道德教育,增强员工的主人翁意识
   D. 发动车间全体员工,群策群力,发现安全隐患,一举排除

24. 麦格雷戈的X理论是对哪一种人假设的概括(　　)。

   A. 经济人　　　　B. 社会人　　　　C. 自我实现人　　　　D. 复杂人

二、多项选择题

1. 激励理论主要包括(　　)。

   A. 力场理论　　B. 需要层次理论　　C. 权变理论　　D. 公平理论

2. 期望理论认为,人们对工作的态度取决于对下述(　　)三种联系的判断。

   A. 努力—绩效　　　　　　　　B. 努力—奖赏
   C. 奖赏—个人目标　　　　　　D. 绩效—奖赏

3. A、B两人都是同一个企业的职工,两人横向比较结果是 $Q_A/I_A > Q_B/I_B$,则B可能的表现是哪些?(　　)

   A. 要求增加报酬　　　　　　　B. 自动减少投入以达到心理上的平衡
   C. 离职　　　　　　　　　　　D. 没有任何改变

4. 公平理论中,横向比较的因素包括(　　)。

   A. 自己对所获报酬的感觉　　　B. 自己对他人所获报酬的感觉
   C. 自己对个人所作投入的感觉　D. 自己对他人所作投入的感觉

5. 保健因素主要包括(　　)等方面。

   A. 工作本身　　B. 金钱　　　　C. 监督　　　　D. 地位

6. 期望值理论表明,在进行激励时要处理几个方面关系,即(　　)。

   A. 努力与绩效关系　　　　　　B. 努力与工作关系
   C. 绩效与奖励关系　　　　　　D. 奖励与满足个人需要的关系

7. 领导工作所要完成的任务是( )。
   A. 调动人的积极性　　　　　　　　B. 发挥人的创造潜力
   C. 处理好人际关系　　　　　　　　D. 配备组织所需人选
8. 好的领导至少应做到( )。
   A. 非常注重个人形象　　　　　　　B. 有鼓舞士气的能力
   C. 有协调好关系的能力　　　　　　D. 对因情况而宜进行激励有较高的理解能力
9. 领导工作的实质是( )。
   A. 沟通联络　　　　　　　　　　　B. 激励
   C. 对被领导者施加影响　　　　　　D. 统一意志,统一行动
10. 需求层次理论的内容有( )。
    A. 工作和工作条件的需要　　　　　B. 生理需求、安全需求、社交和被爱的需要
    C. 自尊与尊重别人的需求　　　　　D. 自我实现的需求

三、简答题

1. 简述卢因的力场理论。
2. 简述马斯洛的需要层次理论。
3. 人类需要有何特征?
4. 简要说明期望理论的主要内容。
5. 简要说明公平理论的主要内容。
6. 简述强化理论的主要内容。
7. 领导者根据激励理论处理激励实务时,有哪些方法?
8. 在对员工进行激励的时候,要注意哪几点?
9. 如何进行有效的批评?

参考答案

一、单项选择题
1. B 2. D 3. C 4. D 5. D 6. D 7. A 8. A 9. A 10. D 11. A 12. B
13. B 14. C 15. C 16. D 17. C 18. D 19. D 20. B 21. A 22. D 23. A 24. A

二、多项选择题
1. BD 2. ACD 3. ABC 4. ABCD 5. BCD 6. ACD 7. ABCD 8. BCD 9. BD 10. ABCD

三、简答题

1. 库尔特·卢因(Kurt Lewin)把人看作是在一个力场上活动的,力场内并存着驱动力和遏制力,人的行为便是场内诸力作用的产物。领导者对在"力场"中活动的职工行为的引导,就是要借助各种激励方式,减少遏制力,增强驱动力,提高职工的工作效果,从而改善企业经营的效率。

2. 美国心理学家马斯洛的需要层次理论有两个基本论点:①人是有需要的动物,其需要取决于他已经得到了什么,还缺少什么,只有尚未满足的需要能够影响行为。换言之,已经得到满足的需要不再能起激励作用;②人的需要都有轻重层次,某一层需要得到满足后,另一层需要才会

出现。

3.(1)需要的多样性。人类的需要是多种多样的。一个人在不同的时期可有多种不同的需要;即使在同一时期,也可存在着好几种程度不同、作用不同的需要。

(2)需要的层次性。马斯洛认为,支配人们行为的需要是由低级向高级发展的,当低一层次的需要得到满足以后就会产生高一级的需要。

(3)需要的潜在性。需要的潜在性是决定需要是否迫切的原因之一。人们在一生中可能存在多种需要,但这些需要并非随时随刻都能全部被他们的主体所感知、所认识。有许多需要是以潜在的形式存在着的。只是到了一定时刻,由于客观环境和主观条件发生了变化,人们才发现,才感觉到这些需要。

(4)需要的可变性。需要的可变性是指需要的迫切性、需要的层次结构是可以改变的。

4. V.弗鲁姆(Victor Vroom)的期望理论认为只有当人们预期到某一行为能给个人带来有吸引力的结果时,个人才会采取这一特定行为。根据这一理论,人们对待工作的态度取决于对下述三种联系的判断:①努力—绩效的联系。需要付出多大努力才能达到某一绩效水平?我是否真能达到这一绩效水平?概率有多大?②绩效—奖赏的联系。当我达到这一绩效水平后,会得到什么奖赏?③奖赏—个人目标的联系。这一奖赏能否满足个人的目标?吸引力有多大?

期望理论的基础是自我利益,它认为每一员工都在寻求获得最大的自我满足。期望理论的核心是双向期望,管理者期望员工的行为,员工期望管理者的奖赏。期望理论的假设是管理者知道什么对员工最有吸引力。期望理论的员工判断依据是员工个人的直觉,而与实际情况不相关。不管实际情况如何,只要员工以自己的直觉确认自己经过努力工作就能达到所要求的绩效,达到绩效后能得到具有吸引力的奖赏,他就会努力工作。

5. 公平理论是美国心理学家亚当斯(J. S. Adams)于1965年首先提出的,也称为社会比较理论。这种激励理论主要讨论报酬的公平性对人们工作积极性的影响。人们将通过两个方面的比较来判断其所获报酬的公平性,即横向比较和纵向比较。所谓横向比较,就是将"自己"与"别人"相比较来判断自己所获报酬的公平性,并据此作出反应。除了"自己"与"别人"的横向比较外,还存在着自己的目前与过去的比较。

6. 强化理论是由美国心理学家斯金纳(B. P. Skinner)首先提出的。该理论认为人的行为是其所获刺激的函数。如果这种刺激对他有利,这种行为就会重复出现;若对他不利,这种行为就会减弱直至消逝。因此管理要采取各种强化方式,以使人们的行为符合组织的目标。根据强化的性质和目的,可以将其分为两大类型,即正强化和负强化。

7. 领导者根据激励理论处理激励实务时,必须针对部下的不同特点采用不同的方法。其中常用的主要有工作激励、成果激励、批评激励以及培训教育激励。①工作激励是指通过分配恰当的工作来激发职工内在的工作热情;②成果激励是指在正确评估工作成果的基础上给职工以合理的奖惩,以保证职工行为的良性循环;③批评激励是指通过批评来激发职工改正错误行为的信心和决心;④培训教育激励则是指通过思想、文化教育和技术知识培训,通过提高职工的素质,来增强其进取精神、激发其工作热情。

8.①委以恰当工作,激发职工内在的工作热情;②正确评价工作,合理给予报酬,形成良性循环;③掌握批评工具,化消极为积极;④加强教育培训,提高职工素质,增强进取精神。

9.①明确批评的目的;②了解批评的事实;③注意批评的方法;④注意批评的效果。

历年真题及全解

1.（北科2009年研）商鞅在秦国推行改革,他在城门立了一根木棍,声称有将木棍从南门移到北门的,奖励500金,但没有人去尝试。根据期望理论,这是由于（　　）。
A. 500金的效价太低
B. 居民对完成要求的期望值很低
C. 居民对得到报酬的期望值很低
D. 枪打出头鸟,大家都不敢尝试

【答案】　C

【解析】　"徙木立信"是商鞅在推行变革前为了获得民众信任的一个重要典故。根据弗鲁姆的期望理论,激励(motivation)取决于行动结果的价值评价(即"效价"valence)和其对应的期望值(expectancy)的乘积：$M=V\times E$。期望值是指人们根据过去经验判断自己达到某种目标的可能性是大还是小,即能够达到目标的概率。很显然,要完成移动木头的任务很简单,但要商鞅兑现500美金的报酬在民众看来实现的几率很小。

2.（北科2009年研）马斯洛认为人类的需求可分为五个层次,其由低到高的顺序为（　　）
A. 生理、安全、社交、尊重、成就
B. 安全、生理、社交、尊重、成就
C. 生理、安全、尊重、社交、成就
D. 尊重、生理、安全、社交、成就

【答案】　A

【解析】　马斯洛认为人类的需求可分为五个层次,其由低到高的顺序为：①生理需要。包括觅食、饮食、栖身、性和其他身体需要；②安全需要。包括保护自己免受生理和情绪伤害的需要；③社会需要。如爱、归属、按纳和友谊；④尊重需要。内部尊重因素,如自尊,自主和成就感；外部尊重因素,如地位、认可和关注；⑤自我实现需要。使个体成为他可以成为的人的内驱力,包括成长、开发自我潜能和自我实现。

3.（北科2008年研）现在很多公司实行了弹性工作制员工可以自行安排工作时间,甚至有的从事特殊工作的人可以利用公司提供提供的互联网等资源在家里办公。这样他们对工作和个人的家庭、社交生活也有了较大的自由度。当然也有些人是必须每天在公司上班的。你认为该公司的管理者所持有的对人的认识主要是倾向于哪一种？（　　）
A. X理念　　　B. Y理论　　　C. 理性经济人　　　D. 社会人

【答案】　D

【解析】　D项,工人是社会人,除了物质需求外,还有社会、心理等方面的需求,因此不能忽视社会和心理因素对工人工作积极性的影响。弹性工作制就属于社会、心理等因素之一。

4.（北邮2009、2007年研）负强化

【答】　强化理论包括正强化和负强化。负强化是指惩罚那些不符合组织目标的行为,以使这些行为消弱甚至消失,从而保证组织目标的实现不受干扰。负强化的方法包括批评、处分、降级等,有时不给予奖励或少给奖励也是一种负强化。实施负强化的方式与正强化有所差异,应以连续负强化为主,即对每一次不符合组织的行为都应及时予以负强化,消除人们的侥幸心理,减少直到消除这种行为重复出现的可能性。

第十三章

沟 通

知识点归纳

1. 沟通的作用

沟通是借助一定手段把可理解的信息、思想和情感在两个或两个以上的个人或群体中传递或交换的过程,目的是通过相互间的理解与认同来使个人和/或群体间的认知以及行为相互适应。

沟通在管理中具有以下几方面的重要作用:沟通是协调各个体、各要素,使企业成为一个整体的凝聚剂;沟通是领导者激励下属,实现领导职能的基本途径;沟通是企业与外部环境之间建立联系的桥梁。企业客观的社会存在性使企业不得不和外部环境进行有效的沟通。

人们希望通过沟通实现的主要目的:通过沟通向交往对象提供行为建议;通过沟通以积极或消极的方式激励或约束他人行为;通过沟通向上司、下属或合作单位提供与决策制定或执行有关的各种信息;通过沟通获得与组织的活动相关的各种信息。

2. 沟通的分类

沟通的类别依划分的标准不同而不同。

按照功能划分,沟通可以分为工具式沟通和感情式沟通。

按照行为主体来划分,沟通可分为个体间沟通与群体间(或团队间)沟通。

按照所借助的中介或手段划分,沟通可分为口头沟通、书面沟通、非语言沟通、体态语言沟通、语调沟通和电子媒介沟通等。

按照组织系统,沟通可分为正式沟通和非正式沟通。

按照方向,沟通可分为下行沟通、上行沟通和平行沟通。

按照是否进行反馈,沟通可分为单向沟通和双向沟通。

3. 克服沟通障碍的一般准则

克服沟通中的障碍一般有以下准则:

(1)明了沟通的重要性,正确对待沟通。管理人员十分重视计划、组织、领导和控制,对沟通常有疏忽,认为信息的上传下达有了组织系统就可以了,对非正式沟通中的"小道消息"常常采取压制的态度。这表明企业管理层没有从根本上对沟通给予足够的重视。

（2）培养"听"的艺术。要较好地"听"，也就是要积极倾听。

（3）创造一个相互信任，有利于沟通的小环境。企业经理人员不仅要获得下属的信任，而且要得到上级和同僚们的信任，信任是诚心诚意争取来的。

（4）缩短信息传递链，拓宽沟通渠道，保证信息的畅通无阻和完整性。

（5）建立特别委员会，定期加强上下级的沟通。特别委员会由管理人员和第一线的工人组成，定期相互讨论各种问题。

（6）组成非管理工作组。当企业发生重大问题，引起上下关注时，管理人员可以授命组成非管理工作组。该工作组由一部分管理人员和一部分职工自愿参加，利用一定的时间，调查企业的问题，并向最高主管部门汇报。最高管理层也要定期公布他们的报告，就某些重大问题或"热点"问题在全企业范围内进行沟通。

（7）加强平行沟通，促进横向交流。通常，企业内部的沟通以与命令链相符的垂直沟通居多，部门间、车间、工作小组间的横向交流较少。而平行沟通却能加强横向的合作，且对组织间沟通尤为奏效。

4. 组织内冲突的原因

冲突是指由于某种差异而引发的抵触、争执或争斗的对立状态。人与人之间由于利益、观点、掌握的信息而对事物的理解可能存在差异，有差异就可能引发冲突。不管这种冲突是否真实存在，只要一方感觉到有差异就会发生冲突。显然，沟通不足或没有沟通，都可以导致冲突。所以，要了解冲突，前提是了解出现差异的原因及其表现形式。

这些原因大体上可归纳为三类：

（1）沟通差异。

（2）结构差异。

（3）个体差异。

经典案例

案例一

触犯众怒的业务骨干也只好请他下课

孙总出任兴盛纺织厂的总经理，通过引进先进设备，提高产品的附加值，获得了巨大的成绩，也得到了大家的信任。老厂长退休后，他聘请了一位早年留学美国、毕业后一直在美国和西欧工作、有丰富理论和实务经验的工程师马宏。马宏到任后第一件事就是表示不能容忍任何人干涉他的生产方式，包括孙总在内。马宏上岗后，采用了一个革新方案，投入很小就使生产力提高了15%。接着马宏又提出了一项影响更大的计划。这项计划将原本每个工人负责一台机器的方式，改为两个人负责三台机器，这样可以减少一个人，同时又不影响产量。他指出，纺织厂的成本中人工成本比例很大，实施此项计划需要对设备重新布置，他用数字支持自己的计划，花费可在一年内收回。

新计划遭到兴盛原班人马的反对。由于最近一个大客户的加入,可能使兴盛有扩厂的可能。因此孙总承诺实施新计划不会裁员,公司用加薪的方式解决增加的工作量,并赶赴美国与客户谈判。得到孙总支持后,马宏全力投入了新计划的实施,但由于其个性容易与别人发生摩擦,强力执行,造成与工厂干部和工人的关系很僵。工厂原班人马一直要求孙总免去马宏生产经理职务,否则中层干部集体辞职。

【思考】
1. 孙总究竟是采取行动避免停产呢?还是接受原班人马挑战,支持马宏的新计划?
2. 孙总应该聘请马宏吗?
3. 从该案例中,可以得到什么经验教训?

【分析】
1. 由于新计划的影响实在太大,并不具备实施的条件,现在马宏与大家关系恶化到这种程度,孙总的影响力可能也发挥不了什么作用。所以,生产经理马宏必须辞职。而且孙总必须亲自尽快处理这件事情,并尽可能同情马宏,以最优待的方式来处理。同时,孙总应花更多的时间和精力,与原班人马重建信任关系,以渐进的方式推行马宏的新计划。这或许需要两三年的时间,而不是马宏要求的两三个月。

2. 在重要人选的决策中,必须考虑的不仅仅是"他能不能胜任这个工作?",还必须考虑"他是否适合我们以及我们的工作环境?"尽管马宏的技术和管理能力很强,但他容易与人摩擦的管理风格以及他对工人漠不关心的做法,显然与孙总的管理风格,而且与整个公司的传统和文化格格不入,实际上,马宏并不适合兴盛公司,冲突是迟早的事。

3. (1)最佳的人选除了能力之外,还必须适应特定的环境;
(2)无法挽回的局面必须果断处理;特定的措施,必须评估其各种影响结果。

案例二

总裁的管理理念

美国西南部一家大型公用事业公司业绩不振,公司总裁采取了一种非常特殊的手段。他让公司的中层主管上报哪些是最具影响力的人。"不要管职称和岗位","哪些人代表了本公司的决心?"他想知道,公司若想把决策贯彻下去,需要得到哪些支持?经过一个星期的深思熟虑,中层主管们报上了一份耐人寻味的名单,上面列名的舆论领导者都是典型的员工,他们包括了一些工程师、应收账款员、货运卡车司机、秘书、一些中层主管本身,甚至还包括了一名清洁工。

这名总裁随后召集了这150名一线主管及所有的舆论领袖开了一次会。他交给大家一份议程和计划,说道:"这是我们在财务上应有的表现,这是我们的生产效率应达到的水平……",展示了所有的大目标和挑战后,他总结道:"我本来打算问中层主管该怎样干,可是他们告诉我诸位才是使公司运转的灵魂人物,所以我邀请各位一起参与。我需要在场的各位协助。我应当有什么样的激励计划和奖励方案,才能使大家齐心来做这件事呢?"这些舆论领袖回到各自的工作岗位后都在猜测:"为什么他会问我?""工作不知道还保不保得住?""提了意见后不知会不会秋后算账?"可是总裁意志坚定,计划终于成功。一些员工经过认真思考后,交出来的答案不仅令人惊奇,而且效果也很好。中层主管领导们不禁对这种反应感到震惊——他们早该在数年前就这样做了。经过这次转型后,该公司开始步入正轨,保持持续增长。

【思考】

该公司为什么能迅速扭转局面?

【分析】

关键就在于这位总裁通过直接与员工沟通的手段去重组机构,找到自己和舆论领袖之间最短的距离,即使最高层的意图以最小的损耗传递到员工身上,又充分调动了员工的积极性,充分体现了在"以人为中心"的管理模式中,沟通与管理成效之间的关系。

课后习题全解

1. 何谓沟通?管理沟通的功能是什么?

【答】 沟通在管理中具有以下几方面的重要作用:首先,沟通是协调各个体、各要素,使企业成为一个整体的凝聚剂;其次,沟通是领导者激励下属,实现领导职能的基本途径;第三,沟通是企业与外部环境之间建立联系的桥梁。企业客观的社会存在性使企业不得不和外部环境进行有效的沟通。

沟通是借助一定手段把可理解的信息、思想和情感在两个或两个以上的个人或群体中传递或交换的过程,目的是通过相互间的理解与认同来使个人和/或群体间的认知以及行为相互适应。在很大程度上,组织的整个管理工作都和沟通有关。组织内部,有员工之间的交流、员工与工作团队之间的交流、工作团队之间的交流;组织外部,有组织与客户之间的交流、组织之间的交流。

2. 试比较不同沟通方式的优点和局限性。

【答】 各种沟通方式比较如表 13-1 所示。

表 13-1

沟通方式	举例	优点	缺点
口头	交谈、讲座、讨论会、电话	快速传递、快速反馈、信息量很大	传递中经过层次愈多信息失真愈严重,核实愈困难
书面	报告、备忘录、信件、文件、内部期刊、布告	持久、有形,可以核实	效率低,缺乏反馈
非语言	声、光信号、体态、语调	信息意义十分明确,内涵丰富,含义隐含灵活	传递距离有限,界限模糊,只能会,不能言传
电子媒介	传真、闭路电视、计算机、网络、电子邮件(e-mail)	快速传递、信息容量大、远程传递一份信息,同时传递多人、廉价	单向传递,电子邮件可能交流,但看不见表情

影响双向沟通和单向沟通的因素与结果对照见表 13-2。

表 13-2

因素	结果
时间	双向沟通比单向沟通需要更多的时间
信息和理解的准确程度	在双向沟通中,接受者理解信息和发送者意图的准确程度大大提高
接受者和发送者的置信程度	在双向沟通中,接受者和发送者都比较相信自己对信息的理解
满意	接受者比较满意双向沟通,发送者比较满意单向沟通
噪音	由于与问题无关的信息较易进入沟通过程,双向沟通的噪音比单向沟通要大得多

3. 何谓团队沟通？何谓组织间沟通？如何进行有效的团队和组织间沟通？

【答】　团队沟通是指组织中以工作团队为基础单位进行信息交流和传递方式。

重视组织中的团队工作,是指要重视团队沟通的需要。团队成员在一起工作,以便完成任务。团队的沟通结构既影响团队绩效又影响员工的满意度。对团队沟通的研究集中在两个方面:团队沟通集权的程度和团队任务的性质。而这两个方面又是由企业组织中沟通网络的复杂性决定的。在集权的网络中,团队成员必须通过一个人解决问题和做决策来进行沟通。在分权网络中,个人可以随意地和其他团队成员进行沟通,团队成员平等地处理信息直至达成一致共识。

集权沟通网络对简单问题能够较快解决,分权沟通则显得迟缓些,因为信息在个体间要等到有人最终获得信息并解决问题时才会传递。但对复杂问题而言,分权沟通网络的解决速度就较快。由于所有的必需信息并不局限在一个人那里,通过广泛的沟通而产生的信息汇总就为决策提供了更多的产出。同样,解决问题的精度和问题的难度是连在一起的。

组织间沟通就是组织之间如何加强有利于实现各自组织目标的信息交流和传递的过程。组织间沟通的目的在于,通过协调共同的资源投入活动,实现各方的共同利益。

组织间沟通的重要基础,一般不是建立市场交易关系基础上的契约关系,而是建立相互信任的互惠关系。

4. 影响有效沟通的障碍有哪些？如何克服这些障碍？

【答】　(1)个人因素。个人因素主要包括两大类,一是有选择地接受,二是沟通技巧的差异。

所谓有选择地接受,是指人们拒绝或片面地接受与他们的期望不一致的信息。研究表明,人们往往只听或看他们感情上能够接纳的东西,或他们想听或想看到的东西,甚至只愿意接受中听的,拒绝不中听的。除了人们接受能力有所差异外,许多人运用沟通的技巧也很不相同。有的人擅长口头表达,有的人擅长文字描述。所有这些问题都妨碍进行有效的沟通。

(2)人际因素。人际因素主要包括沟通双方的相互信任、信息来源的可靠度和发送者与接受者之间的相似程度。

沟通是发送者与接受者之间"给"与"受"的过程。信息传递不是单方面,而是双方面的事情,因此,沟通双方的诚意和相互信任至关重要。上下级间的猜疑只会增加抵触情绪,减少坦率交谈的机会,也就不可能进行有效的沟通。

(3)结构因素。结构因素包括地位差别、信息传递链、团体规模和空间约束四个方面。

(4)技术因素。技术因素主要包括语言、非语言暗示、媒介的有效性和信息过量。

大多数沟通的准确性依赖于沟通者赋予字和词的含义。由于语言只是个符号系统,本身没有任何意思,它仅仅是我们描述和表达个人观点的符号或标签。每个人表述的内容常常是由他独特的经历、个人需要、社会背景等决定的。因此,语言和文字极少对发送者和接受者双方都具有相同的含义,更不用说许许多多不同的接受者。语言的不准确性不仅表现为符号多样,它还能激发各种各样的感情,这些感情可能又会更进一步歪曲信息的含义。同样的字词对不同的团体来说,会导致完全不同的感情和不同的含义。

有效沟通一般有以下准则:明了沟通的重要性,正确对待沟通;培养"听"的艺术;创立一种相互信任,有利于沟通的小环境;缩短信息传递链,拓宽沟通渠道,促进信息的畅通无阻和完整性;建立特别委员会,定期加强上下级的沟通;组成非管理工作组;加强平行沟通,促进横向交流。

5. 导致组织冲突的原因可能有哪些?如何有效管理组织冲突?

【答】 导致组织冲突的原因有:

(1)沟通差异。由于文化历史背景不同、语义困难、误解以及沟通过程中的噪音的干扰,都可能造成人们之间的意见不一致。沟通不良是产生这种冲突的重要原因,但不是主要的。

(2)结构差异。观察管理中经常发生的冲突,绝大多数是由组织结构的差异引起的。分工造成了组织结构中垂直方向和水平方向各系统、各层次、各部门、各单位、各不同岗位的分化。组织愈庞大、愈复杂,则组织分化愈细密,组织整合愈困难。由于信息不对称和利益不一致,人们之间在计划目标、实施方法、绩效评估、资源分配、劳动报酬、奖惩等许多问题上都会产生不同看法,这种差异是由组织结构本身造成的。

(3)个体差异。每个人的社会背景、教育程度、阅历、修养的差异塑造了每个人各不相同的性格、价值观和作风。人们之间这种个体差异造成的合作和沟通的困难往往也容易导致某些冲突。

冲突管理实际上是一种艺术,优秀的管理者一般按下列方式管理冲突:

(1)谨慎地选择想处理的冲突。管理者可能面临许多冲突,其中,有些冲突非常琐碎,不值得花很多时间去处理;有些冲突虽然很重要,但不是自己力所能及的,不宜插手。有些冲突难度很大,要花很多时间和精力,未必有好的回报,不要轻易介入。管理者应当选择那些员工关心、影响面大、对推进工作、打开局面、增强凝聚力、建设组织文化有意义、有价值的事件,亲自抓,一抓到底。对冲突事必躬亲的管理者并不是真正优秀的管理者。

(2)仔细研究冲突双方的代表人物。是哪些人卷入了冲突?冲突双方的观点是什么?差异在哪里?双方真正感兴趣的是什么?代表人物的人格特点、价值观、经历和资源因素如何?

(3)深入了解冲突的根源。不仅了解公开的表层的冲突原因,还要深入了解深层的、没有说出来的原因。可能是多种原因交叉作用的结果,如果是这样,还要进一步分析各种原因作用的强度。

(4)妥善的选择处理办法。通常的处理办法有回避、迁就、强制、妥协、合作。当冲突无关紧要时,或当冲突双方情绪极为激动,需要时间恢复平静时,可采用回避策略;当维持和谐关系十分重要时,可采用迁就策略;当必须对重大事件或紧急事件进行迅速处理时,可采用强制策略,用行政命令方式牺牲某一方的利益处理后,再慢慢做安抚工作;当冲突双方势均力敌、争执不下需要采取权宜之计时,只好双方都做出一些让步,实现妥协;当事件十分重大,双方不可能妥协时,经过开诚布公的谈判,走向对双方均有利的合作或双赢的解决方式。

同步练习

一、单项选择题

1. 下列情况下,适合使用单向沟通的是( )。
   A. 时间比较充裕,但问题比较棘手
   B. 下属对解决方案的接受程度至关重要
   C. 上级缺乏处理负反馈的能力,容易感情用事
   D. 下属能对解决问题提供有价值的信息和建议

2. 下列说法不正确的是( )。
   A. 双向沟通比单向沟通需要更多的时间
   B. 接受者比较满意单向沟通,发送者比较满意双向沟通
   C. 双向沟通的噪音比单向沟通要大得多
   D. 在双向沟通中,接受者和发送者都比较相信自己对信息的理解

3. 下列关于非正式沟通的说法正确的是( )。
   A. 非正式沟通传播的是小道消息,准确率较低
   B. 非正式沟通经常将信息传递给本不需要它们的人
   C. 非正式沟通信息交流速度较快
   D. 非正式沟通可以满足职工的需要

4. 当冲突无关紧要的时候,或当冲突双方情绪极为激动,需要时间慢慢恢复平静时,可采用( )策略。
   A. 回避　　　　　　B. 迁就　　　　　　C. 强制　　　　　　D. 妥协

5. 当必须对重大事件或紧急事件进行迅速处理时,可采用( )策略。
   A. 回避　　　　　　B. 迁就　　　　　　C. 强制　　　　　　D. 妥协

6. 当维持稳定和谐关系十分重要时,可以采用( )策略。
   A. 回避　　　　　　B. 迁就　　　　　　C. 强制　　　　　　D. 妥协

7. 当冲突双方势均力敌、争执不下需采取权宜之计时,可以采用( )策略。
   A. 回避　　　　　　B. 迁就　　　　　　C. 强制　　　　　　D. 妥协

8. 当冲突双方势均力敌,争执不下,同时事件重大,双方不可能妥协时,可以采用( )策略。
   A. 谈判寻双赢　　　B. 迁就　　　　　　C. 强制　　　　　　D. 妥协

9. 如果发现一个组织中小道消息很多,而正式渠道的消息很少,这意味着该组织( )。
   A. 非正式沟通渠道中信息传递很通畅,运作良好
   B. 正式沟通渠道中消息传递存在问题,需要调整
   C. 其中有部分人特别喜欢在背后乱发议论,传递小道消息
   D. 充分运用了非正式沟通渠道的作用,促进了信息的传递

10. 张先生是一家企业的经理,创业初期,公司里只有 12 个员工,每个人都由张先生直接管理。随着规模的扩大,张先生聘请了一位副经理,由他处理公司的具体管理事务,自己专心于企业的战略经营,有什么事情都由副经理向其汇报。则公司的沟通网络(　　)。

A. 由轮型变成了 Y 型　　　　　　B. 由 Y 型变成了轮型

C. 由轮型变成了链型　　　　　　D. 由链型变成了星型

11. 销售部经理说:"我们的销售队伍在竞争对手中是实力最强大的,要不是我们的产品缺乏多样性、不能及时满足消费者需要,我们的销售业绩也不会这么差。"生产部经理说:"一流的熟练技术工人完全被缺乏想象力的产品设计局限了。"研发部经理打断说:"创新思维凝结出的高科技含量的产品葬送在单调乏味而又机械的低产出生产线上。"上述谈话揭示该企业在组织上存在什么严重问题?(　　)

A. 各部门经理的论述都有道理,只是态度过于强硬

B. 各部门经理对各自角色及其在组织中的作用定位不清晰

C. 各部门经理过于强调本部门工作的重要性

D. 各部门经理对组织内各项职能的分工合作缺乏客观而准确的认识

12. 要做到有效倾听,下列不正确的是(　　)。

A. 领导者必须控制自己的情绪　　B. 对于力所能及的要求,要大方许诺

C. 不要随意插话　　　　　　　　D. 适时发问,鼓励对方进一步的解释和说明

二、多项选择题

1. 非正式沟通可以满足职工的哪些需要?(　　)

A. 生理需要　　　　　　　　　　B. 安全的需要

C. 尊重的需要　　　　　　　　　D. 社交的需要

2. 上行沟通的主要障碍有(　　)。

A. 下级心存疑虑而不敢反映真实情况

B. 中间层次层层过滤而使信息失真

C. 上级不重视下级意见使沟通失效

D. 意见太多而使上级无法集中

三、简答题

1. 如何克服沟通中的障碍?

2. 如何处理冲突?

3. 什么情况下适合使用双向沟通?

4. 什么情况下适合使用单向沟通?

5. 试比较单向沟通和双向沟通。

6. 非正式沟通有何特点?

7. 企业应如何对待非正式沟通?

8. 个人因素是如何影响有效沟通的?

9. 比较书面沟通和口头沟通。

参考答案

一、单项选择题
1. C 2. B 3. D 4. A 5. C 6. B 7. D 8. A 9. B 10. A 11. D 12. B

二、多项选择题
1. ACD   2. ABCD

三、简答题

1. ①明了沟通的重要性,正确对待沟通;②要学会"听";③创造一种相互信任,有利于沟通的小环境;④缩短信息传递链,拓宽沟通渠道,保证信息的畅通无阻和完整性;⑤建立特别委员会,定期加强上下级的沟通;⑥职工代表大会;⑦非管理工作组;⑧加强平行沟通,促进横向交流。

2. ①谨慎地选择你想处理的冲突;②仔细研究冲突双方的代表人物;③深入了解冲突的根源;④妥善地选择处理办法。

3. 双向沟通指有反馈的信息传递,是发送者和接受者相互之间进行信息交流的沟通。它比较适合于①时间比较充裕,但问题比较棘手;②下属对解决方案的接受程度至关重要;③下属能对解决问题提供有价值的信息和建议;④上级习惯于双向沟通,并且能够有建设地处理负反馈。

4. 单向沟通指没有反馈的信息传递。单向沟通比较适合①问题较简单,但时间较紧;②下属易于接受解决问题的方案;③下属没有了解问题的足够信息,在这种情况下,反馈不仅无助于澄清事实反而容易混淆视听;④上级缺乏处理负反馈的能力,容易感情用事。

5. 双向沟通比单向沟通需要更多的时间;在双向沟通中,接受者理解信息发送者意图的准确程度大大提高;在双向沟通中,接受者和发送者都比较相信自己对信息的理解;接受者比较满意双向沟通,发送者比较满意单向沟通;由于与问题无关的信息较易进入沟通过程,双向沟通的噪音比单向沟通要大得多。

6. ①非正式沟通信息交流速度较快;②非正式沟通的信息比较准确;③非正式沟通效率较高;④非正式沟通可以满足职工的需要;⑤非正式沟通有一定的片面性。非正式沟通中的信息常常被夸大、曲解,因而需要慎重对待。

7. ①管理人员必须认识非正式沟通是一种重要的沟通方式,否认、消灭、阻止、打击都是不可取的;②管理人员可以充分地利用非正式沟通为自己服务;③对非正式沟通中的错误信息必须"以其人之道,还治其人之身",通过非正式渠道进行更正。

8. 个人因素主要包括两大类。一是接受的有选择性,二是沟通技巧的差异。①所谓接受的有选择性,是指人们拒绝或片面地接受与他们的期望不相一致的信息;②沟通技巧上的差异也影响着沟通的有效性。

9. 书面沟通的优点:①为读者提供以适合自己的速度、用自己的方式阅读材料的机会;②易于远距离传递;③易于储存,并在做决策时提取信息;④比较准确,因为经过多人审阅。

口头沟通的优点:①快速传递信息,并且希望立即得到反馈;②传递敏感的或秘密的信息;③传递不适用书面媒介的信息;④适合于传递感情和非语言暗示的信息。

历年真题及全解

1.（北科2008年研）据资抖表明，语言表达作为管理沟通的有效手段，可分为三种类型：体态语言、口头语、书面语言。它们所占的比例分别为：50%、43%、7%。根据这一资料，你认为下述哪种观点正确？（　　）
A. 这份资料有谬误，因为文件存档时，最常用的是书面语言
B. 体态语言太原始，大可不必重视它
C. 人与人之间的沟通，还是口头语言好，体态语言太费解
D. 在管理沟通中，体态语言起着十分重要的作用

【答案】　D
【解析】　体态语言是指传达意义的手势、脸部表情和其他身体动作。在管理沟通中，体态语言传达的信息意义十分明确，内涵丰富，因此起着十分重要的作用。

2.（首都师范大学2011年研、中国传媒大学2009年研）沟通

【答】　沟通是指信息的传递与理解，即人与人之间传递思想和交流情报、信息的过程。沟通的目的是激励或者影响人的行为。

(1)一个完整的沟通过程包括四个方面的要素：

①信息源，又称为信息沟通的发送者，是指沟通过程中信息的主动发送者。

②信息内容，即沟通的内容，组织中沟通的信息内容是多种多样的。它既包括正式沟通中的内容，也包括非正式沟通中的内容；既包括书面的内容，也包括口头的内容。

③信息的接受者，既沟通过程中处于被动地接受信息的一方。在沟通的不断循环过程中，信息的发送者与信息接受者的身份会不断改变，特别是在双向沟通中。

④沟通渠道，即信息交流的通道。不同沟通渠道的沟通效率是不一样的。

(2)沟通在管理中的意义有：①沟通是协调各个体、各要素，使企业成为一个整体的凝聚剂；②沟通是领导者激励下属，实现领导职能的基本途径；③沟通是企业与外部环境之间建立联系的桥梁。

第十四章

控制与控制过程

知识点归纳

1. 控制的基本原理

（1）任何系统都是由因果关系链联结在一起的元素的集合，元素之间的这种关系就叫耦合。控制论就是研究耦合运行系统的控制和调节的。

（2）为了控制耦合系统的运行，必须确定系统的控制标准 Z。控制标准 Z 的值是不断变化的某个参数集的函数，即 $Z=f(S)$。例如为了控制飞机的航行，必须确定航线，飞机在航线上的位置 S 的值是不断变化的，所以控制标准 Z 的值也必然是不断变化的。

（3）可以通过对系统的调节来纠正系统输出与标准值 Z 之间的偏差，从而实现对系统的控制。企业也是一个耦合运行系统。企业生产经营活动的全过程就是由严密的因果关系链联结起来的。无论是整个过程或其中的某个阶段、某个环节，为了得到一定的产出，就必须有一定的投入。通过控制投入生产过程的资金、人力、物资及管理和技术信息，就可控制企业生产经营活动的产出。

2. 控制类型

（1）根据确定控制标准 Z 值的方法分类：

①程序控制。程序控制的特点是：控制标准 Z 值是时间 t 的函数，即：$Z=f(t)$；

②跟踪控制。跟踪控制的特点是：控制标准 Z 值是控制对象所跟踪的先行量的函数。若先行量为 W，则 $Z=f(W)$。在企业生产经营活动中，税金的交纳，利润、工资、奖金的分配，资金、材料的供应等都属于跟踪控制性质；

③自适应控制。自适应控制的特点是没有明确的先行量，控制标准 Z 值是过去时刻（或时期）已达状态 K_t 的函数。也就是说，Z 值是通过学习过去的经验而建立起来的，即：$Z=f(K_t)$。自适应是相对的，有一定限度的；

④最佳控制。最佳控制的特点是，控制标准 Z 值由某一目标函数的最大值或最小值构成。这种函数通常含有输入量 X，传递因子 S 和 K 及各种附加参数 C，即：$Z=\max f(X、S、K、C)$ 或 $Z=\min f(X、S、K、C)$。

（2）根据时机、对象和目的的不同，将控制分为：

①前馈控制。前馈控制是指企业生产经营活动开始之前进行的控制。其目的是防止问题的发生而不是当问题发生后再补救；

②同期控制。同期控制亦称现场控制或过程控制,是指企业经营过程开始以后,对活动中的人和事进行指导和监督;

③反馈控制。反馈控制亦称成果控制或事后控制,是指在一个时期的生产经营活动已经结束以后,对本期的资源利用状况及其结果进行总结。

3. 制订控制标准的过程

不论控制的对象是新技术的研究与开发,还是产品的加工制造,或是市场营销宣传;是企业的人力资源,还是物质要素,或是财务资源,控制的过程都包括三个基本环节的工作:①确立标准;②衡量成效;③纠正偏差。

(1)确立标准。

①确定控制对象。

②选择控制的重点。

③制定标准的方法。

(2)衡量绩效。

①通过衡量成绩,检验标准的客观性和有效性。

②确定适宜的衡量频度。

③建立信息反馈系统。

(3)纠正偏差。

①找出偏差产生的主要原因。

②确定纠偏措施的实施对象。

③选择恰当的纠偏措施。

4. 有效控制的基本特征

控制的目的是保证企业活动符合计划的要求,以有效地实现预定目标。为此有效的控制应具有下述特征。

(1)适时控制。

企业经营活动中产生的偏差只有及时采取措施加以纠正,才能避免偏差的扩大,或防止偏差对企业不利影响的扩散。及时纠偏,要求管理人员及时掌握能够反映偏差产生及其严重程度的信息。

(2)适度控制。

适度控制即控制的范围、程度和频度要恰到好处。这种恰到好处的控制要注意以下几个方面的问题。

①防止控制过多或控制不足。

②处理好全面控制与重点控制的关系。

③使费用的控制得到足够的控制收益。

(3)客观控制。

有效的控制必须是客观的,符合企业实际的。客观的控制源于对企业经营活动状况及其变化的客观了解和评价。

(4)弹性控制。

一般地说,弹性控制要求企业制定弹性的计划和弹性的衡量标准。

除此以外,一个有效的控制系统还应该站在战略的高度,抓住影响整个企业行为功绩效的关键因素。

经典案例

马格纳国际公司

马格纳国际公司(Magna Co International)是北美十大配件厂之一。这家加拿大公司生产4000种零配件——从飞轮到挡泥板,一应俱全。它为几乎所有在美国设有工厂的大汽车制造商提供配件。比如,它是克莱斯勒汽车公司的最大配件供应商。

马格纳的高层管理当局长期以来力求使公司保持一种松散的结构,并给予各单位管理者充分的自主权。在20世纪80年代中期,该公司拥有一万多名员工,年销售额近十亿加元。员工们被组织到120个独立的企业中,每个企业都以自己的名义开展活动,但只设有一个工厂。马格纳公司的宗旨是,使各单位保持较小规模(不超过200人),以鼓励创新精神并将责任完全落实到工厂经理身上。当某个工厂争取到了超过其生产能力的业务时,马格纳公司不是扩大该工厂的规模,而是重新配置同样的生产设施,开办一个新的工厂。

这种结构在20世纪80年代运作得相当好,10年内总销售额增长了13倍。工厂经理们以接近完全自治的方式,大胆地扩展他们的业务。他们不仅获得他们工厂的赢利,而且可以分享从他们的业务中分离出去的新建工厂的赢利。这样,不用公司出面干预,工厂经理们就会主动设立新厂,向外举债,并与汽车制造商签订供货合同。

但1990年泡沫经济破灭。那时,汽车的销售量大幅度下降。受扩张动机驱使的马格纳管理者给公司带来了十亿美元的新债务。1990年,马格纳公司的销售额为16亿美元,而亏损达到1.91亿美元。公司陷入了严重的经营危机。

【思考】
你认为马格纳公司应采取何种措施以走出困境?

【分析】
根据管理学中组织和控制的相关理论可以解答本案例的问题。

课后习题全解

1. 何谓控制?为什么要进行管理控制?

【答】 控制是管理工作的最重要职能之一。它是保障企业计划与实际作业动态相适应的管理职能。控制工作的主要内容包括:确立标准、衡量绩效和纠正偏差。管理控制的必要性主要是由下述原因决定的:

(1)环境的变化。如果企业面对的是一个完全静态的市场,其中各个影响企业活动的因素永不发生变化。例如,市场供求、产业结构、技术水平等,那么,企业管理人员便可以年复一年、日复一日地以相同的方式组织企业经营,工人可以以相同的技术和方法进行生产作业,因而,不仅控制工作,甚至管理的计划职能都将成为完全多余的东西。事实上,这样的静态环境是不存在的,企业外部的一切时每刻都在发生着变化。这些变化必然要求企业对原先制定的计划,从而对企业经营的内容作相应的调整。

(2)管理权力的分散。只要企业经营达到一定规模,企业主管就可能直接地、面对面地组织和指挥全体员工的劳动。时间与精力的限制要求他委托一些助手代理部分管理事务。由于同样的原因,这些助手也会再委托其他人帮助自己工作,这便是企业管理层次形成的原因。为了使助手们有效地完成受托的部分管理事务,高一级的主管必然要授予他们相应的权限。因此,任何企业的管理权限都制度化或非制度化地分散在各个管理部门和层次。企业分权程度越高,控制就越有必要。

(3)工作能力的差异。即使企业制定了全面完善的计划,经营环境在一定时期内也相对稳定,对经营活动的控制也仍然是必要的。这是由不同组织成员的认识能力和工作能力的差异所造成的。完善计划的实现要求每个部门的工作严格按计划的要求来协调地进行。

2. 控制有哪些类型?不同类型的控制有何特点?

【答】　根据确定控制标准 Z 值的方法,将控制过程分为:

(1)程序控制。程序控制的特点是:控制标准 Z 值是时间 t 的函数,即 $Z=f(t)$。

(2)跟踪控制。跟踪控制的特点是:控制标准 Z 值是控制对象所跟踪的先行量的函数。若先行量为 W,则 $Z=f(W)$。

(3)自适应控制。适应控制的特点是:没有明确的先行量,控制标准 Z 值是过去时刻(或时期)已达状态 Kt 的函数,也就是说,Z 值是通过学习过去的经验而建立起来的,即 $Z=f(Kt)$。

(4)最佳控制。最佳控制的特点是:控制标准 Z 值由某一目标函数的最大值或最小值构成。这种函数通常含有输入量 X,传递因子 S 和 K 及各种附加参数 C,即:$Z=max f(X、S、K、C)$或 $Z=min f(X、S、K、C)$。

根据时机、对象和目的的不同,将控制分为:

(1)前馈控制。前馈控制是在企业生产经营活动开始之前进行的控制。其目的是防止问题的发生而不是当问题出现时再补救。因而,这种控制需要及时和准确的信息并进行仔细和反复预测,把预测和预期目标相比较,并促进计划的修订。控制的内容包括检查资源的筹备情况和预测其利用效果两个方面。

(2)同期控制。同期控制,亦称现场控制或过程控制,是指企业经营过程开始以后,对活动中的人和事进行指导和监督。主管人员越早知道业务活动与计划的不一致,就可以越快地采取纠正措施,可以在发生重大问题之前及时纠正。

(3)反馈控制。反馈控制,亦称成果控制或事后控制,是指在一个时期的生产经营活动已经结束以后,对本期的资源利用状况及其结果进行总结。由于这种控制是在经营过程结束以后进行的,因此,不论其分析如何中肯,结论如何正确,对于已经形成的经营结果来说都是无济于事的,它们无法改变已经存在的事实。成果控制的主要作用,甚至可以说是唯一的作用,是通过总结过去的经验和教训,为未来计划的制定和活动的安排提供借鉴。成果控制主要包括财务分析、成本分析、质量分析以及职工成绩评定等内容。

3. 控制过程包括哪些阶段的工作?如何进行有效的控制?

【答】 控制的过程包括三个基本环节的工作,即确立标准、衡量成效和纠正偏差。

(1)确立标准。标准是人们检查和衡量工作及其结果(包括阶段结果与最终结果)的规范。制定标准是进行控制的基础。没有一套完整的标准,衡量绩效或纠正偏差就失去了客观依据。

①确定控制对象。标准的具体内容涉及需要控制的对象。那么,企业经营与管理中哪些事或物需要加以控制呢?这是在建立标准之前首先要加以分析的。

无疑,经营活动的成果是需要控制的重点对象。控制工作的最初动机就是要促进或比较有效地取得预期的活动结果。因此,要分析企业需要什么样的结果。这种分析可以从盈利性、市场占有率等多个角度来进行。确定了企业活动需要的结果类型后,要对它们加以明确的、尽可能定量的描述,也就是说,要规定需要的结果在正常情况下希望达到的状况和水平;

②选择控制的重点。企业无力、也无必要对所有成员的所有活动进行控制,而必须在影响经营成果的众多因素中选择若干关键环节作为重点控制对象。

(2)衡量绩效。通过衡量成绩,检验标准的客观性和有效性,确定适宜的衡量频度,建立信息反馈系统。

(3)纠正偏差。利用科学的方法,依据客观的标准,对工作绩效进行衡量,可以发现计划执行中出现的偏差。纠正偏差就是在此基础上,分析偏差产生的原因,制定并实施必要的纠正措施。这项工作使得控制过程得以完整,并将控制与管理的其他职能相互联结,通过纠偏,使组织计划得以遵循,使组织结构和人事安排得到调整。

实现有效控制的方法有适时控制、适度控制、宏观控制和弹性控制四种。

(1)适时控制。企业经营活动中产生的偏差只有及时采取措施加以纠正,才能避免偏差的扩大,或防止偏差对企业不利影响的扩散。及时纠偏,要求管理人员及时掌握能够反映偏差产生及其严重程度的信息。

(2)适度控制。防止控制过度或控制不足;处理好全面控制与重点控制的关系;使花费一定费用的控制得到足够的控制收益。

(3)宏观控制。控制工作应该针对企业的实际状况,采取必要的纠偏措施,或促使企业活动沿着原先的轨道继续前进。因此,有效的控制必须是客观的、符合企业实际的。客观的控制源于对企业经营活动状况及其变化的客观了解和评价。为此,控制过程中采用的检查、测量的技术与手段必须能正确地反映企业经营在时空上的变化程度与分布状况,准确地判断和评价企业各部门、各环节的工作与计划要求的相符或相背离程度,这种判断和评价的正确程度还取决于衡量工作成效的标准是否客观和恰当。

(4)弹性控制。企业在生产经营过程中经常可能遇到某种突发的、无力抗拒的变化,这些变化使企业计划与现实条件严重背离。有效的控制系统应在这样的情况下仍能发挥作用,维持企业的运营,也就是说,应该具有灵活性或弹性。

同步练习

一、单项选择题

1. 控制工作得以展开的前提是（　　）。
   A. 建立控制标准　　　　　　　　B. 分析偏差原因
   C. 采取矫正措施　　　　　　　　D. 明确问题性质

2. "治病不如防病，防病不如讲究卫生"。根据这一说法，以下几种控制方式中，哪一种方式最重要？（　　）
   A. 预先控制　　　B. 实时控制　　　C. 反馈控制　　　D. 前馈控制

3. 管理控制工作的一般程序是（　　）。
   A. 建立控制标准、分析差异产生原因、采取矫正措施
   B. 采取矫正措施、分析差异产生原因、建立控制标准
   C. 建立控制标准、采取矫正措施、分析差异产生原因
   D. 分析差异产生原因、采取矫正措施、建立控制标准

4. 下面哪一项不属于有效控制应具备的特征？（　　）
   A. 客观性和可接受性　　　　　　B. 明确的成果导向
   C. 及时性别　　　　　　　　　　D. 依赖统计过程和数据

5. 控制工作使管理过程形成了一个（　　）的系统。
   A. 相对封闭　　　B. 绝对封闭　　　C. 相对开放　　　D. 绝对开放

6. 管理控制通过（　　），可以发现管理活动中的不足之处。
   A. 拟定标准　　　B. 衡量绩效　　　C. 纠正偏差　　　D. 信息反馈

7. 某企业在编制预算时规定，在产品销量为 1000 件时，预算的成本为 2.8 元；而当销量达到 1500 件时，则以单位成本 2.65 元作为控制标准。此种做法（　　）。
   A. 违背了控制的严肃性原则
   B. 体现了控制的例外原则
   C. 以弹性预算法来谋求控制严肃性与灵活性的统一
   D. 在控制工作中引入了激励原则

8. 某企业到了 2 月底，发现甲产品一季度计划才完成 50%，便采取日夜轮班来平衡实际与计划的偏差；发现乙产品供大于求，价格下降，这时候决定立即减少或停止这种产品的生产。这些措施（　　）。
   A. 均属于负馈控制
   B. 均属于正馈控制
   C. 前者属于正馈控制，后者属于负馈控制
   D. 前者属于负馈控制，后者属于正馈控制

9. 种庄稼需要水,但某地区近年老不下雨,怎么办? 一种办法是灌溉,以弥补天不下雨的不足。另一种办法是改种耐旱作物,使所种作物与环境相适应。这两种措施分别是( )。
   A. 纠正偏差和调整计划   B. 调整计划和纠正偏差
   C. 反馈控制和前馈控制   D. 前馈控制和反馈控制

10. 统计分析表明,"关键的事总是少数,一般的事常是多数",这意味着控制工作最应重视( )。
   A. 突出重点,强调例外   B. 灵活、及时和适度
   C. 客观、精确和具体   D. 协调计划和组织工作

11. 反馈控制的具体方法中,最重要、最困难的是( )。
   A. 质量控制分析   B. 财务报告分析
   C. 标准成本分析   D. 工作人员成绩评定

12. 所有权和经营权相分离的股份公司,为强化对经营者行为的约束,往往设计有各种治理和制衡的手段,包括:①股东们要召开大会对董事和监事人选进行投票表决;②董事会要对经理人员的行为进行监督和控制;③监事会要对董事会和经理人员的经营行为进行检查监督;④要强化审计监督,如此等等。这些措施( )。
   A. 均为事前控制
   B. 均为事后控制
   C. ①事前控制,②同步控制,③、④事后控制
   D. ①、②事前控制,③、④事后控制

13. 某企业为强化重大决策贯彻落实工作的质量与效益,建立了一个旨在能全面、迅速、准确地反映各有关部门、个人工作进展情况的信息系统。但该系统投入使用一段时间后发现,必要的信息总不能按时输入。当事人抱怨说,输入这些信息对他们来说很麻烦,没有时间输入。他们的工作开展情况表明( )。
   A. 为顺利开展管理控制工作,必须把信息系统的性能提高到一个起码的水平
   B. 为顺利开展管理控制工作,企业还必须进行必要的工作流程与规范的调整,并通过严格制度或文化改进等措施来巩固这种调整
   C. 为顺利开展管理控制工作,必须尽量减少对信息系统的依赖
   D. 为顺利开展管理控制工作,企业必须经历一个混乱的时期

14. ( )控制发生在实际变化过程之中。
   A. 前馈   B. 后馈   C. 同步   D. 预防

15. 控制过程的最后一步是( )。
   A. 制定标准   B. 纠正偏差
   C. 用标准衡量业绩   D. 质量控制

16. 在衡量业绩的过程中,( )对于改变成绩有很大意义。
   A. 改变标准   B. 全力运用反馈控制
   C. 保持现状   D. A和C

17. 现场控制还可以被称为( )。
   A. 反馈控制   B. 前馈控制
   C. 同步控制   D. 预防控制

18. ( )期望在资源成为工作系统组成部分之前就能对其数量和质量进行有效的控制。
   A. 标准控制   B. 前馈控制   C. 同步控制   D. 反馈控制
19. 控制过程中合理的顺序是( )。
   A. 制订标准、纠正偏差、衡量业绩   B. 衡量业绩、制订标准、纠正偏差
   C. 衡量业绩、纠正偏差、制定标准   D. 制定标准、衡量业绩、纠正偏差
20. ( )控制着眼于组织的产出情况。
   A. 机械   B. 同步   C. 前馈   D. 后馈
21. 控制最基本的目的在于( )。
   A. 寻找错误   B. 衡量业绩
   C. 确保行为依循计划发展   D. 使人们失去自由
22. "为了进行有效的控制,必须要特别注意那些对于根据计划衡量业绩有关键意义的因素"反映的是( )。
   A. 控制关键点原理   B. 例外原理
   C. 组织适应性原理   D. 直接控制原理

二、多项选择题

1. 有效的控制要求( )。
   A. 选择关键的经营环节   B. 确定恰当的控制频度
   C. 收集及时的信息   D. 合理运用预算或非预算的控制手段
2. 根据确定控制标准 Z 值的方法,控制过程可以分为( )。
   A. 程序控制   B. 跟踪控制
   C. 最佳控制   D. 自适应控制
3. 在企业生产经营活动中,属于跟踪控制性质的有( )。
   A. 税金的交纳   B. 利润、工资、奖金的分配
   C. 信息控制程序   D. 资金、材料的供应
4. ( )都是应用了最佳控制原理进行决策和管理。
   A. 用最小费用来控制生产批量   B. 用最低成本来控制生产规模
   C. 用最大利润率控制投资   D. 用最短路程控制运输路线
5. 财务分析的目的是( )。
   A. 了解本期资金占用和利用的结果
   B. 弄清企业的盈利能力、偿债能力、维持营运的能力以及投资能力
   C. 指导企业在下期活动中调整产品结构和生产方向
   D. 决定缩小或扩大某种产品的生产
6. 职工成绩评定的作用有( )。
   A. 判断每个职工对企业提供的劳动数量和质量贡献
   B. 为企业确定付给职工的报酬(物质或精神上的奖惩)提供了客观的依据
   C. 通过职工对报酬公平与否的判断,影响他们在下期工作中的积极性
   D. 评价要求以对职工表现的客观认识和上级对每个人的工作要求为依据

7. 处理好全面控制与重点控制的关系应认识到（   ）。
A. 控制越多越好
B. 并不是所有成员的每一项工作都具有相同的发生偏差的概率
C. 并不是所有可能发生的偏差都会对组织带来相同程度的影响
D. 全面系统的控制不仅代价极高,是不可能的,而且也是不必要的

8. 客观控制要求（   ）。
A. 处理好全面控制与重点控制的关系
B. 控制过程中采用的检查、测量的技术与手段必须能正确地反映企业经营在时空上的变化程度与分布状况
C. 企业还必须定期地检查过去规定的标准和计量规范,以使之符合现时的要求
D. 在遇到某种突发的、无力抗拒的变化情况下仍能发挥作用

9. 关于控制频度,说法正确的是（   ）。
A. 过于频繁的衡量,会增加控制的费用
B. 检查和衡量的次数过少,则可能使许多重大的偏差不能及时发现
C. 以什么样的频度,在什么时候对某种活动的绩效进行衡量,这取决于被控制活动的性质
D. 管理人员可以在他们方便的时候,而不是在工作绩效仍"在控制中"时进行衡量

10. 对下属的工作进行现场监督可以（   ）。
A. 使上级有机会当面解释工作的要领和技巧
B. 纠正下属错误的作业方法与过程
C. 保证计划的执行和计划目标的实现
D. 避免已经产生的经营问题对企业不利影响的扩散

11. 成果控制主要包括（   ）等内容。
A. 财务分析　　　B. 成本分析　　　C. 质量分析　　　D. 职工成绩评定

12. 职工成绩评定包括（   ）。
A. 检查企业员工在本期的工作表现
B. 分析职工的行动是否符合预定要求
C. 判断每个职工对企业提供的劳动数量和质量贡献
D. 给职工委派任务

13. 质量分析包括（   ）。
A. 判断企业产品的平均等级系数
B. 了解产品质量水平与其费用要求的关系
C. 找出企业质量工作的薄弱环节
D. 为组织下期生产过程中的质量管理和确定关键的质量控制点提供依据

14. 根据时机、对象和目标的不同,可以将控制划分（   ）。
A. 最佳控制　　　B. 预先控制　　　C. 现场控制　　　D. 成果控制

15. 按照控制作用的环节来分,控制类型有（   ）。
A. 前馈控制　　　B. 现场控制　　　C. 更正控制　　　D. 反馈控制

16. 按照采用的手段来分,控制类型有( )。
A. 前馈控制　　　　　B. 直接控制　　　　　C. 间接控制　　　　　D. 预先控制
17. 按照控制来源来分,控制类型有( )。
A. 现场控制　　　　　B. 正式组织控制　　　C. 群体控制　　　　　D. 自我控制
18. 控制的基本过程是( )。
A. 确定标准　　　　　B. 改变标准　　　　　C. 衡量业绩　　　　　D. 纠正偏差
19. 为了实施有效控制,必须要注意( )。
A. 控制的目的性　　　B. 控制的及时性　　　C. 控制的经济性　　　D. 控制的客观性
20. 控制的目的是( )。
A. 维持现状　　　　　　　　　　　　　　　B. 打破现状
C. 考察人员工作情况　　　　　　　　　　　D. 显示领导权威

三、简答题

1. 什么是控制？控制与计划的关系是什么？
2. 控制的基本过程是什么？
3. 有效衡量的基本要求是什么？
4. 纠正偏差对于管理者而言有哪些行动方案？
5. 直接控制与间接控制的区别何在？

参考答案

一、单项选择题

1. A　2. D　3. A　4. D　5. A　6. D　7. C　8. D　9. A　10. A　11. D
12. C　13. B　14. C　15. B　16. D　17. C　18. B　19. D　20. D　21. C　22. A

二、多项选择题

1. ABCD　2. ABCD　3. ABD　4. ABCD　5. ABCD　6. ABCD　7. BCD　8. BC
9. ABC　10. ABC　11. ABCD　12. ABC　13. ABCD　14. BCD　15. ABD　16. BC
17. BCD　18. ACD　19. ABCD　20. ABC

三、简答题

1. 控制的概念即按照计划标准衡量计划的完成情况和纠正计划执行中的偏差,以确保计划目标的实现,或适当修改计划,便计划更加适合于实际情况。计划是控制的前提,控制是计划的保证。
2. 确定标准,衡量业绩,纠正偏差。
3. 衡量要与标准直接相关;对样本的衡量必须具有代表性;衡量必须是可靠而且有效的。
4. 不采取行动,改进实际绩效,修订标准。
5. 采用的手段不同,控制方法不同,控制主体不同。

历年真题及全解

1. (北科 2009 年研)所有权和经营权相分离的股份公司,为了强化对经营行为的约束,往往设计各种治理和制衡的手段,包括:(1)股东们要召开大会对董事和监事人选进行投票表决;(2)董事会要对经理人员行为进行监督和控制;(3)监事会要对董事会和经理人员的经营行为进行检查监督;(4)要强化审计监督,如此等等。这些措施是( )。

A. 均为前馈控制
B. 均为反馈控制
C. (1)前馈控制;(2)同期控制;(3)(4)反馈控制
D. (1)(2)前馈控制;(3)(4)反馈控制

【答案】 C

【解析】 前馈控制发生在实际工作开始之前,它是未来导向的。其目的是防止问题的发生而不是当问题出现时再补救。题中,"(1)股东们要召开大会对董事和监事人选进行投票表决",是在董事和监事工作之前进行的控制,属于前馈控制。同期控制,亦称现场控制或过程控制,是对行动进行之中的人和事进行指导和监督。题中,"(2)董事会要对经理人员的行为进行监督和控制",是在经理人员的行动过程中进行的控制,属于同期控制。反馈控制,亦称成果控制或事后控制,是在行为已经结束以后进行的控制。题中,"(3)、(4)"所述的检查、监督行为,是在经理及相关人员的行为结束之后进行的,属于反馈控制。

2. (中国传媒大学 2009 年研、华东理工大学 2006 年研)反馈控制

【答】 反馈控制又称事后控制、成果控制,是指在一个时期的生产经营活动已经结束以后,对本期的资源利用状况及其结果进行总结。主要包括财务分析、成本分析、质量分析以及职工成绩评定等内容。这类控制主要是分析工作的执行结果,将其与控制标准相比较,发现已经发生或即将出现的偏差,分析其原因和对未来的可能影响,及时拟定纠正措施并予以实施,以防止偏差继续发生或防止其今后再度发生。其优点在于:①反馈控制为管理者提供了关于计划的效果究竟如何的真实信息;②反馈控制可以增强员工的积极性。其主要缺点有:①只能事后发挥作用,任何供以反馈分析的结果都是既定的、不能改变的结果,惟一的作用是为以后类似的工作提供警戒与参考;②偏差发生与被发现并得到纠正之间有较长一段时滞,这必然对偏差纠正的效果发生很大影响。但是在许多情况下,反馈控制是惟一可用的控制手段。

第十五章

控制方法

知识点归纳

1. 预算的种类

一般来说,预算内容要涉及以下几个方面:收入预算、支出预算、现金预算、资金支出预算、资产负债预算。

(1)收入预算。收入预算提供了关于企业未来某段时期经营状况的一般说明,即从财务角度计划预测了未来活动的成果。由于企业收入主要来源于产品销售,因此收入预算的主要内容是销售预算。

(2)支出预算。企业必须编制能够保证销售过程得以进行的生产活动的预算,关于生产活动的预算,不仅要确定为取得一定销售收入所需要的产品数量,而且更重要的是要预计为得到这些产品、实现销售收入需要付出的费用,即编制各种支出预算,包括直接材料预算、直接人工预算、附加费用预算。

(3)现金预算。现金预算是对企业未来生产与销售活动中现金的流入与流出进行预测,通常由财务部门编制。现金预算只能包括那些实际包含在现金流程中的项目,反映企业在未来活动中的实际现金流量和流程。

(4)资金支出预算。资金支出预算可能涉及好几个阶段,是长期预算。资金支出预算的项目包括:用于更新改造或扩充包括厂房、设备在内的生产设施的支出;用于增加品种、完善产品性能或改进工艺的研究与开发支出;用于提高职工和管理队伍素质的人事培训与发展支出;用于广告宣传,寻找顾客的市场发展支出等。

(5)资产负债预算。资产负债预算是对企业会计年度末期的财务状况进行预测。它通过将各部门和各项目的分预算汇总在一起,表明如果企业的各种业务活动达到预先规定的标准,在财务期末企业资产与负债会呈现何种状况。

2. 预算的作用

由于预算的实质是用统一的货币单位为企业各部门的各项活动编制计划,因此它使得企业在不同时期的活动效果和不同部门经营绩效具有可比性,可以使管理者了解企业经营状况的变化方向和组织中的优势部门与问题部门,从而为调整企业活动指明了方向;通过为不同的职能部门和职能活动编制预算,也为协调企业活动提供了依据。更重要的是,预算的编制与执行始终是与控制过程联系在一起的,编制预算是为企业的各项活动确立财务标准;用数量形式的预算标准来对照企业活动的实际效果,大大方便了控制过程中的绩效衡量工作,也使之更加客观可靠。在此基础上,很容易测量出实际活动对预期效果的偏离程度,从而为采取纠正措施奠定了基础。

3. 预算的缺点

在预算的编制和执行中,也暴露了一些局限性。

(1)不能促进不能计量的方面。

(2)参照上期的预算项目和标准,忽视本期活动的实际需要。

(3)预算缺乏弹性、非常具体,过度束缚决策者的行动,使企业经营缺乏灵活性和适应性。

(4)预算可能使得主管们在活动中精打细算,小心翼翼地遵守不得超过支出预算的准则,而忽视了部门活动的本来目的。

(5)费用预算总是具有按先例递增的习惯,如果在预算编制过程中,没有仔细地复查相应的标准和程序,预算可能成为低效的管理部门的保护伞。

4. 财务控制方法

(1)比率分析。

流动比率:企业的流动资产与流动负债之比。

速动比率:流动资产和存货之差与流动负债之比。

负债比率:是企业总负债与总资产之比。

盈利比率:企业净利润与销售总额之间的比率关系。

销售利润率:是销售净利润与销售总额之间的比率关系。

资金利润率:是指企业在某个经营时期的净利润与当期占用的全部资金之比。

经营比率:亦称获利比率,是与资源利用有关的几种比例关系。它们反映了企业经营效率的高低和各种资源是否得到了充分利用。

库存周转率:是销售额与库存平均价值的比例关系。

固定资产周转率:是销售总额与固定资产之比。

(2)经营审计。

①外部审计。

②内部审计:提供了检查现有控制程序和方法能否有效地保证达成既定目标和执行既定政策的手段。其局限性如下:可能需要很多的费用,特别是如果进行深入、详细的审计,不仅要搜集事实,而且需要解释事实,并指出事实与计划的偏差所在;许多员工认为审计是一种"密探"或"检查"工作,从而在心理上产生抵触情绪。

③管理审计:利用公开记录的信息,从反映企业管理绩效及其影响因素的若干方面将企业与同行业其他企业或其他行业的著名企业进行比较,以判断企业经营与管理的健康程度。

(3)其他方法。

管理人员通过对过去的资料或未来的预测进行统计分析,从中发现规律,对于自己企业的经营实绩,实行有效地控制,这种控制方法被称为统计分析。

事实上,最简单常常也是最有效的控制方法是亲自观察,即主管人员到车间或办室进行实地观察。

5. 生产控制的类型

(1)对供应商的控制。对供应商的控制可以说是从企业运营的源头抓起,能够起到防微杜渐的作用。做法是在全球范围内选择供应商,大型跨国公司多采用这种方法。许多企业正在改变与供应商之间的竞争关系,试图建立一种长期的、稳定的、合作的双赢局势。现代企业还在更广范围内挑选供应商,但是,一旦选定建立长远的、稳定的联系,并且帮助供应商提高原材料的质量、降低成本,企业和供应商之间就形成了相互依赖、相互促进的新型关系。还有一种控制供应商的方法是持有供应商一部分或全部股份,或由本企业系统内部的某个子企业供货。这常常是跨国公司为了保证货源而采用的做法。

(2)库存控制。对库存的控制主要是为了在保证生产经营活动正常进行的前提下,降低各种与库存有关的成本耗费,提高经济效益。管理人员使用经济订购批量模型计算最优的订购批量,使所有费用达到最小化。这个模型需要考虑两种成本:一是订购成本,二是保管费用。

(3)质量控制。质量管理和控制已经经历三个阶段,即质量检查阶段、统计质量管理阶段和全面质量管理(TQM)阶段。质量检查阶段大约发生在20世纪20～40年代,工作重点在产品生产出来的质量检查。统计质量管理阶段发生在20世纪40～50年代,管理人员主要采用的统计方法为工具,对生产过程加强控制,提高产品质量。从20世纪50年代开始的全面质量管理是以保证产品质量和工作质量为中心,企业全体员工参与的质量管理体系。它具有多指标、全过程、多环节和综合性的特征。如今,全面质量管理已经形成了一整套管理理念。

经典案例

案例一

万隆亚非会议

1955年4月18日至28日,在万隆召开的亚非会议上,会议主席、印度尼西亚总理阿里·沙斯特罗阿米佐约的讲话强调会议的责任是为促进世界和平与合作作出坚实的贡献。各国代表的发言大多数都谴责殖民主义、种族主义,但由于受美国的挑拨,伊拉克代表团团长贾马里却诬蔑共产主义是"新殖民主义",菲律宾代表团团长罗慕洛也声称亚非人民当前的任务不是反对殖民主义、争取独立,而是反对共产主义。这两人的发言使得会议气氛异常紧张。在这紧张的时刻,中国代表团周恩来总理上台发言的第一句话就出乎人们的意料,他说:"中国代表团是求团结而不是来吵架的,我们是来求同而不是立异的。"周恩来的亲切、宽容的话语赢得了暴雨般的掌声,巧妙地引导亚非会议走上正路。他接着说:"在我们中间有无求同的基础呢?有的,那就是亚非绝大多数国家和人民自近代以来都曾经受过,而且现在仍然受着殖民主义所造成的灾难和痛苦,这是我们大家都应当承认的。从解除殖民主义痛苦和灾难中寻找共同的基础,我们很容易相互了解和尊重,相互同情和支持,而不是相互疑虑和恐惧、相互排斥和对立。"然后,周恩来以平静的语调精辟地论述了中美关系和台湾问题、所谓颠覆活动问题、宗教信仰问题,以确凿的事实回答了少数人的误解和指责,有力地说服了各国代表。

【思考】

请你就此材料分析控制的主要职能和控制者应有的素质。

【分析】

控制的主要职能在于把握组织的发展方向,对偏离组织目标的行为及时采取纠正措施,使组织沿着既定的目标顺利前进,并依据客观环境的变化,及时调整组织目标。控制者要有坚定的意志、明察秋毫的能力和灵活的应对策略。

案例二

汉诺公司的成功之道

汉诺公司是总部设在德国的大型包装品供应商,它按照客户要求制作各种包装袋、包装盒等,其业务遍及西欧各国。欧洲经济一体化的进程使汉诺公司可以自由地从事跨国业务。出于降低信息和运输成本、占领市场、适应各国不同税收政策等考虑,公司采用了在各国商业中心城市分别设厂,由一个执行部集中管理一国境内各工厂生产经营的组织管理和控制方法。由于各工厂联系的客户(即收益来源)的地区对应性良好,公司决定将每个工厂都作为一个利润中心,采用总部—执行部—工厂两层次、三级别的财务开支方式。

汉诺公司的具体做法是这样的:

(1)各工厂作为利润中心,独立地进行生产、销售及相关活动。公司对它们的控制主要体现在预算审批、内部报告管理和协调会三个方面。

(2)预算审批是指各工厂的各项预算由执行部审批,执行部汇总后的地区预算交由总部审批。工厂提供的预算和执行部的审批意见依据历史数据及市场预测作出,在尊重工厂意见的基础上体现公司的战略意图。

(3)内部报告及其管理是公司实施财务控制最主要的手段。内部报告包括损益表、费用报告、现金流量报告和顾客利润分析报告。前三者每月呈报一次,顾客利润分析报告每季度呈报一次;公司通过内部报告能够全面了解各工厂的业务情况,并且对照预算作出相应的例外管理。

(4)在费用报告中,费用按制造费用、管理费用、销售费用等项目进行核算。偏离分析及相应措施视偏高额的大小而由不同层次决定,偏高额度较小的由工厂作出决定、执行部提出相应意见,较大的由执行部作出决定、总部提出相应意见。额度大小的标准依费用项目的不同而有所差别。

(5)顾客利润分析报告中列出了各工厂所拥有的最大的10位客户的情况。通过顾客利润分析报告,公司可以掌握各工厂的成本发生与利润取得情况,以便有针对性地加以控制;同时也掌握了其主要客户的结构和需求情况,以便适时调整生产以适应市场变化。

(6)根据以上的内部报告,公司执行部每月召开一次工厂经理协调会,处理部分预算偏差,交换市场信息和降低成本的经验,发现并解决本期执行部存在的主要问题。公司每季度召开一次执行部总经理会议,处理重大预算偏离或作出相应的预算修改,对近期市场进行预测,考察重大投资项目的执行情况,调剂内部资源。汉诺公司的财务控制制度实现了集权与分权的巧妙结合,散而不乱,统而不死。各工厂直接面对客户,能够迅速地根据当地市场变化作出经营调整;作为利润中心,其决策权相对独立,避免了集权形势下信息在企业内部传递可能给企业带来的决策延误,分权经营具有反应的适时性和灵活性。公司通过预算审批、内部报告管理和协调会,使得各工厂的经营处于公司总部的控制之下,相互间可以共享资源、协调行动,以发挥企业整体的竞争优势。其中,执行部起到了承上启下的作用,它处理了一国境内各工厂的大部分相关事务,加快了问题的解决,减轻了公司总部的工作负担;同时,相对于公司总部来说,它对于各工厂的情况更了解,又只需掌握一国的市场情况与政策法规,因而决策更有针对性,实施更快捷。另外,协调会对防止预算的僵化、提高公司的反应灵活性也起到了关键性作用。

实践证明,汉诺公司的财务控制制度是切实有效的。其下属工厂在各自所处的商业中心城市的包装品市场上均占有较大的份额,公司的销售收入和利润出现稳定增长的态势。公司总部也从烦琐的日常管理中解脱出来,主要从事战略决策、公共关系、内部资源协调、重大项目投资等工作,公司内部的资源通过科学调配发挥了最大的潜能。

【思考】

1. 上述汉诺公司采用的控制方法主要是什么,体现在哪几个方面?

2. "公司执行部每月召开一次工厂经理协调会,处理部分预算偏差,交换市场信息和降低成本的经验,发现并解决本执行部存在的主要问题。公司每季度召开一次执行部总经理会议,处理重大预算偏离或作出相应的预算修改,对近期市场进行预测,考察重大投资项目的执行情况,调剂内部资源",这属于什么控制方法,进行简要分析。

3. 汉诺公司通过切实有效的财务控制,使公司的销售收入和利润呈现稳定增长的态势。公司总部也从烦琐的日常管理中解脱出来,主要从事战略决策、公共关系、内部资源协调、重大项目投资等工作,这从另一个角度来看,也反映了控制的什么原理? 对你的选择给予恰当的解释。

    A. 反映计划要求的原理　　　　B. 控制关键点原理
    C. 控制趋势原理　　　　　　　D. 控制的例外原理

4. 通过对本案例的学习,你是如何理解控制与管理的关系的?

【分析】

1. 公司对各工厂的控制主要体现在预算审批、内部报告管理和协调会三个方面,而这三个方面都属于财务控制方式。

2. 属于内部审计。这是一种由组织内部的审计人员对组织的会计、财务和其他业务活动所做的定期和独立的评估。也就是说,内部审计工作不仅兼有外部审计的内容和目的,而且还需要对组织发展的政策、资源的利用效率、组织工作程序与计划的遵循程度进行评估,并提出改进建议。所以这是一种内部审计。

3. B。因为控制不可能面面俱到,事无巨细等同对待,因此,在控制过程中,领导者必须选择特别需要关注的地方，以确保整个工作按计划、按要求执行。那些需要管理者特别关注的地方就是关键点，而战略决策、公共关系、内部资源协调、重大项目投资等工作都是公司最主要的事务。

4. 从案例中可以看出控制对于该公司的重大意义。控制是组织的一项重大管理活动；没有良好的控制，就不可能有良好的管理；控制职能是管理活动的基本职能之一。

课后习题全解

1. 何谓预算控制？预算控制方法有哪些？

【答】　　预算控制就是根据预算规定的收入与支出标准来检查和监督各个部门的生产经营活动，以保证各种活动或各个部门在充分达成既定目标、实现利润的过程中对经营资源的利用，从而使费用的支出受到严格有效的约束。

预算内容要涉及收入预算、支出预算、现金预算、资金支出预算、资产负债预算，也可以从这几方面着手控制预算。

(1)收入预算。收入预算和支出预算提供了关于企业未来某段时间经营状况的一般说明，即从财务角度计划了未来活动的成果以及为取得这些成果所需付出的费用。

(2)支出预算。企业销售的产品是在内部生产过程中加工制造出来的，在这个过程中，企业需要借助一定的劳动力，利用和消耗一定的物质资源。因此，与销售预算相对应，企业必须编制能够保证销售过程得以进行的生产活动的预算，关于生产活动的预算，不仅要确定为取得一定销售收入所需要的产品数量，而且更重要的是要预计为得到这些产品、实现销售收入需要付出的费用，即编制各种支出预算。

(3)现金预算。现金预算是对企业未来生产与销售活动中现金的流入与流出进行预测，通常由财务部门编制。

(4)资金支出预算。企业对盈利进行计划安排通常被称为资金支出预算。

(5)资产负债预算。资产负债预算是对企业会计年度末期的财务状况进行预测。

2. 何谓经济订购批量？如何确定经济订购批量？经济订购批量的确定有何意义？

【答】　　管理人员使用经济订购批量模型(Economic Order Quantity,简称 EOQ)计算最优的订购批量，使所有费用达到最小化。这个模型需要考虑两种成本，一是订购成本，即每次订货所需的费用(包括通讯往来、文件处理、差旅、行政管理费用等)；二是保管费用，即储存原材料或零部件所需的费用(包括库存、利息、保险、折旧、损坏、变质损失等费用)。

当企业在一定期间内总需求量或订货量为一定时，如果每次订购的量越大，所需订货的次数就越少；如果每次订购的量越少，所需订购的次数就越多。对第一种情况而言，订货成本较低，但保管费用较高；对第二种情况而言，订购成本较高，但保管费用较低。通过经济订购批量模型，可以计算出订购量为多大时，总成本(订购成本和保管成本之和)为最小。图 15-1 为经济订购批量示意图。

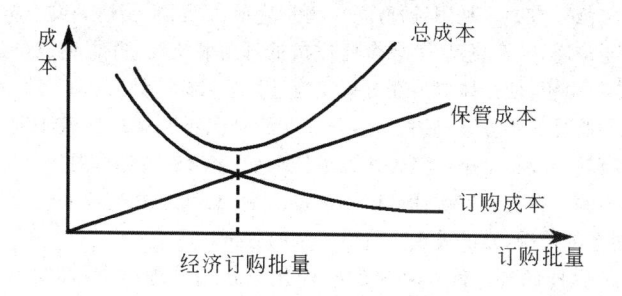

图 15-1 为经济订购批量示意图

假定企业在一定时间内总需求量为 D,每次订购所需的费用为 O,库存物品单价为 P,保管成本与库存物品价值之比为 C,则最优订购批量为

$$EOQ=\sqrt{\frac{2\times D\times O}{P\times C}}$$

3. 何谓标杆控制？如何运用这种方法进行管理控制？

【答】（1）标杆控制的内涵。根据大多数学者的观点,标杆控制是以在某一项指标或某一方面实践上竞争力最强的企业或行业中的领先企业或组织内某部门作为基准,将本企业的产品、服务管理措施或相关实践的实际状况与这些基准进行定量化的评价、比较,在此基础上制定、实施改进的策略和方法,并持续不断反复进行的一种管理方法。标杆控制的心理学基础在于人的成就动机导向,认为任何个人与组织都应设定既富有挑战性又具有可行性的目标,只有这样,个人和组织才有发展的动力。

（2）标杆控制的步骤。

①确定标杆控制的项目。标杆控制的项目一般是对企业竞争力影响最重要的因素,同时也是企业的薄弱环节,一般来说,项目应在对自己状况进行比较深入、细致研究的基础上确定。

②确定标杆控制的对象和对比点。这个对象应当是在同组织、同行业、同部门中业绩最佳、效率最高的少数有代表性的对象。标杆控制的对比点应当在标杆控制项目范围内决定,通常为业绩的作业流程,管理实践或关键要素,在此基础上确立测量指标作为控制的依据。

③组成工作小组,确定工作计划。企业层次标杆控制活动的组成人员通常由决定竞争力因素的核心部门的能够识别专业流程优劣的人士参加。

④资料收集和调查。首先收集相关项目、相关调查对象和调查内容方面已有的研究报告、调查报告或相关信息,在研究这些已有资料的基础上,拟定调查提纲及问卷。

⑤分析比较,找出差距,确定最佳纠偏做法。在对调查所取得的资料进行分类、整理,并进行必要的进一步调查的基础上,进行调查对象之间以及调查数据与自己企业实际情况的比较研究,确定出各个调查对象所存在的差异,明确差距形成的原因和过程,并确定出最佳做法。

⑥明确改进方向,制定实施方案。在明确最佳做法的基础上,找出弥补自己和最佳实践之间差距的具体途径或改进机会,设计具体的实施方案,并进行实施方案的经济效益分析。

⑦沟通与修正方案。利用各种途径，将拟定的方案、所要达到的目标前景同全体成员进行反复交流与沟通，征询意见，争取全体成员的理解和支持，并根据成员建议，修正和完善方案，以统一成员思想，使全体成员在方案实施过程中目标一致，行动一致。

⑧实施与监督。将方案付诸实施，并将实施情况不断和最佳做法进行比较，监督偏差的出现并采取有效的校正措施以努力达到最佳水平，努力超过标杆对象。

⑨总结经验。在完成首次标杆控制活动之后，必须对实施效果进行合理地评判，并及时总结经验，对新的情况、新的发现进行进一步的分析。

⑩进行再标杆循环。针对环境的新变化或新的管理需求，锚定下一次标杆的项目和对象。

(3)标杆控制的作用和缺陷。

①通过设立挑战和赶超对象，并以最关键或最薄弱的因素作为改进内容，标杆控制以此来全面提升企业的竞争力。在标杆管理的控制指标中，不仅要求采用财务指标，还要求采用一些非财务指标。

②与其他控制方法一样，标杆控制也存在着不足。一是标杆管理和控制容易导致企业的竞争战略趋同。二是标杆控制容易使企业陷入"落后—标杆—又落后—再标杆"的"标杆管理陷阱"之中。

4. 何谓平衡积分卡？如何运用平衡积分卡方法进行管理控制？

【答】(1)平衡积分卡控制的内涵。诺顿和卡普兰认为，企业的发展，不仅依赖于企业内部的因素，还依赖于外部环境，如市场需求和消费者偏好的变化。企业不仅要注重短期目标，还要能兼顾长期发展的需要；除了关注财务指标之外，必须同样重视非财务方面的组织运作能力。平衡积分卡是由财务、顾客、内部经营过程、学习和成长四个方面构成的衡量企业、部门和人员的卡片，之所以取名为"平衡积分卡"是因为它的目的在于平衡、兼顾战略与战术、长期和短期目标、财务和非财务衡量方法、滞后和先行指标。

(2)平衡积分卡的控制指标。

①财务方面。

②客户方面。

③内部经营过程。

④学习和成长。

(3)平衡积分卡的控制作用。成功的平衡积分卡控制制度是把企业的战略和一整套财务和非财务性评估手段联系在一起的一种手段。平衡积分卡可以阐明战略并在企业内部达成共识；在整个组织中传播战略；把部门和个人的目标与这一战略相联系；把战略目标与战术安排衔接起来；对战略进行定期和有序地总结；利用反馈的信息改进战略。因此，从某种意义上来说，平衡积分卡不仅仅是一种控制和业绩评价手段，而更是一个战略管理方法。

同步练习

一、单项选择题

1.( )是销售总额与库存平均价值的比例关系。
   A. 库存周转率　　　　　　　　　B. 固定资产周转率
   C. 资金利润率　　　　　　　　　D. 销售利润率

2.( )是企业的流动资产与流动负债之比。
   A. 负债比率　　　　　　　　　　B. 盈利比率
   C. 流动比率　　　　　　　　　　D. 经营比率

3.( )是销售总额与固定资产之比。
   A. 库存周转率　　　　　　　　　B. 固定资产周转率
   C. 资金利润率　　　　　　　　　D. 销售利润率

二、多项选择题

1. 下列关于分预算说法正确的是( )。
   A. 分预算是按照部门和项目来编制的
   B. 它们详细说明了相应部门的收入目标或费用支出的水平
   C. 规定了他们在生产活动、销售活动、采购活动、研究开发活动或财务活动中筹措和利用劳动力、资金等生产要素的标准
   D. 分预算必须用统一的货币单位来衡量

2. 关于销售预算说法正确的是( )。
   A. 是在销售预测的基础上编制的
   B. 通过分析企业过去的销售情况、目前和未来的市场需求特点及其发展趋势,比较竞争对手和本企业的经营实力,确定企业在未来时期内为了实现目标利润必须达到的销售水平
   C. 往往需要按产品、区域市场或消费者群(市场层次),为各经营单位编制分项销售预算
   D. 通常还需预计不同季度和月度的销售收入

3. 关于现金预算正确的是( )。
   A. 它是对企业未来生产与销售活动中现金的流入与流出进行预测
   B. 现金预算只能包括现金流中的项目
   C. 赊销所得的应收款在用户实际支付以前不能列作现金收入
   D. 通过现金预算,可以帮助企业发现资金的闲置或不足,从而指导企业及时利用暂时过剩的现金,或及早筹齐维持营运所短缺的资金

4. 资金支出预算的项目包括( )。
   A. 用于更新改造或扩充包括厂房、设备在内的生产设施的支出
   B. 用于增加品种、完善产品性能或改进工艺的研究与开发支出

C. 用于提高职工和管理队伍素质的人事培训与发展支出

D. 用于广告宣传、寻找顾客的市场发展支出

5. 外部审计的优点是( )。

A. 审计人员与管理当局不存在行政上的依附关系，不需看企业经理的眼色行事

B. 可以保证审计的独立性和公正性

C. 了解内部的组织结构、生产流程和经营特点

D. 内部组织成员可能产生抵触情绪，不愿积极配合

6. 投资报酬率控制( )。

A. 是以某企业或企业内的某经营单位的投资报酬率来衡量该企业或单位的经营绩效

B. 与损益控制相类似，都是建立在财务数据的基础上

C. 把当期利润视为一项投资的收益

D. 主要适用于事业部或其他分权制的部门

7. 预算分为( )。

A. 经营预算   B. 项目预算

C. 财务预算   D. 投资预算

8. 经营比率包括( )。

A. 市场占有率   B. 投入与产出比率

C. 存货周转率   D. 相对市场占有率

三、简答题

1. 什么叫盈利比率？常用的比率有哪些？

2. 什么叫审计？包括哪些类型？

3. 简述预算编制步骤。

4. 内部审计作用主要表现在哪些方面？

5. 内部审计的局限性主要表现在哪些方面？

6. 损益控制的不足之处有哪些？

参考答案

一、单项选择题

1. A 2. C 3. B

二、多项选择题

1. ABC 2. ABCD 3. ABCD 4. ABCD 5. AB 6. ABCD 7. ABCD 8. BC

三、简答题

1. 盈利比率是企业利润与销售额或全部资金等相关因素的比例关系，它们反映了企业在一定时期从事某种经营活动的盈利程度及其变化情况。常用的比率有：销售利润率，销售利润率是销售净

利润与销售总额之间的比例关系,它反映企业从一定时期的产品销售中是否获得了足够的利润;资金利润率,资金利润率是指企业在某个经营时期的净利润与该期占用的全部资金之比。

2.审计是对反映企业资金运动过程及其结果的会计记录及财务报表进行审核、鉴定,以判断其真实性和可靠性从而为控制和决策提供依据。根据审查主体和内容的不同,可将审计划分为三种主要类型:由外部审计机构的审计人员进行的外部审计;由内部专职人员对企业财务控制系统进行全面评估的内部审计;由外部或内部的审计人员对管理政策及其绩效进行评估的管理审计。

3.①选择业务量的计量单位;②确定适用的业务量范围;③根据成本与产量之间的相互关系,应用多水平法、公式法和图式法等把企业成本分解为固定、变动、半变动成本三类;④确定预算期内各业务活动水平;⑤编制预算,若企业于事后按实际业务量编制弹性预算,可按实际业务水平编制,若企业预选编制弹性预算,则可利用多栏式的表格分别编制对应于不同经营水平的预算;⑥进行分析、评价,考核预算控制的执行情况。

4.①内部审计提供了检查现有控制程序和方法能否有效地保证达成既定目标和执行既定政策的手段;②根据对现有控制系统有效性的检查,内部审计人员可以提供有关改进公司政策、工作程序和方法的对策建议,以促使公司政策符合实际,工作程序更加合理,作业方法被正确掌握,从而更有效地实现组织目标;③内部审计有助于推行分权化管理。

5.①内部审计可能需要很多的费用,特别是如果进行深入、详细的审计;②内部审计需要对审计人员进行充分的技能训练;③许多员工可能在心理上产生抵触情绪,如果审计过程中不能进行有效的信息和思想沟通,那么可能会对组织活动带来负激励效应。

6.①损益控制是一种事后控制,事后控制无法改善前期工作,为后期工作提供借鉴;②由于许多事项不一定能反映在当期的损益表上,比如某项活动的失误(如投资于不良项目)、外部环境的变化等,从而仅在损益表上不能准确地判断利润发生偏差的主要原因。

历年真题及全解

1.(北邮2009年研、首都经贸大学2006年研)速动比率

【答】　　速动比率是指流动资产和存货之差与流动负债之比。该比率是衡量企业资产流动性的一个指标。当企业有大量存货且这些存货周转率低时,速运比率比流动比率更能精确地反映客观情况。

速动比率的高低能直接反映企业的短期偿债能力强弱,它是对流动比率的补充,并且流动比率反映得更加直观可信。如果流动比率较高,但流动资产的流动性却很低,则企业的短期偿债能力仍然不高。

第十六章

管理的创新职能

知识点归纳

1. 创新的含义

创新首先是一种思想及在这种思想指导下的实践,是一种原则以及在这种原则指导下的具体活动,是管理的一种基本职能。

(1)创新工作是管理过程的重要一环。

(2)创新工作是重要管理活动。

(3)创新工作具有逻辑的结构。

2. 创新与维持的关系

维持是保证系统活动顺利进行的基本手段,管理的维持职能便是要严格地按预定的规划来监视和修正系统的运行,尽力避免各子系统之间的摩擦,或减少因摩擦而产生的结构内耗,以保持系统的有序性。为适应系统内外变化而进行的局部和全局的调整,便是管理的创新职能。作为管理的两个基本职能,维持与创新对系统的生存发展都是非常重要的,它们是相互联系、不可或缺的。创新是维持基础上的发展,而维持则是创新的逻辑延续;维持是为了实现创新的成果,而创新则是为更高层次的维持提供依托和框架。任何管理工作,都应围绕着系统运转的维持和创新而展开。

3. 创新的类别

系统内部的创新可以从不同的角度去考察:①从创新的规模以及创新对系统的影响程度来考察,可将其分为局部创新和整体创新;②从创新与环境的关系来分析,可将其分为消极防御型创新与积极攻击型创新;③从创新发生的时期来看,可将其分为系统初建期的创新和运行中的创新;④从创新的组织程度上看,可分为自发创新与有组织的创新。

4. 创新的基本内容

(1)目标创新。企业在各个时期的具体的经营目标,需要适时地根据市场环境和消费需求的特点及变化趋势加以整合,每一次调整都是一种创新。

(2)技术创新。企业的技术创新主要表现在要素创新、要素组合方法的创新以及产品的创新三个方面:要素创新,要素创新包括材料创新和设备创新;要素组合方法的创新,利用一定的方式将不同的生产要素加以组合,这是形成产品的先决条件,要素的组合包括生产工艺和生产过程的时空组织两个方面；产品的创新，产品创新包括许多内容，这里主要分析物质产品本身的创新，物质产品创新主要包括品种和结构的创新。

(3) 制度创新。制度创新需要从社会经济角度来分析企业系统中各成员间的正式关系的调整和变革。企业制度主要包括产权制度、经营制度和管理制度等三个方面的内容。

(4) 组织机构和结构的创新。企业系统的正常运行，既要求具有符合企业及其环境特点的运行制度，又要求具有与之对应的运行载体，即合理的组织形式。因此，企业制度创新必然要求组织形式的变革和发展。组织创新的目的在于更合理地组织管理人员的努力，提高管理劳动的效率。

(5) 环境创新。环境创新是指通过企业积极的创新活动去改造环境，去引导环境朝着有利于企业经营的方向变化。就企业来说，环境创新的主要内容是市场创新。

5. 创新活动的过程

要有效地组织系统的创新活动，就必须研究和揭示创新的规律：法元论和几变性。

(1) 寻找机会。创新是对原有秩序的破坏。不协调为创新提供了契机。

(2) 提出构想。敏锐地观察到了不协调现象的产生以后，还要透过现象究其原因，并据此分析和预测不协调的未来变化趋势，估计它们可能给组织带来的积极或消极后果，并在此基础上，努力利用机会或将威胁转换成为机会，采用头脑风暴、德尔菲、畅谈会等方法提出多种解决问题、消除不协调，使系统在更高层次实现平衡的创新构想。

(3) 迅速行动。创新的构想只有在不断过尝试中才能逐渐完善，企业只有迅速地行动才能有效地利用"不协调"提供的机会。

(4) 坚持不懈。创新者在开始行动以后，为取得最终的成功，必须坚定不移地继续下去，决不能半途而废，否则便会前功尽弃。

6. 创新管理的技能

(1) 正确理解和扮演"管理者"的角色。管理人员往往是保守的。他们往往自觉或不自觉地扮演现有规章制度的守护神的角色。管理人员必须自觉地带头创新，并努力为组织成员提供和创造一个有利于创新的环境，积极鼓励、支持、引导组织成员进行创新。

(2) 创造促进创新的组织氛围。促进创新的最好方法是大张旗鼓地宣传创新，激发创新，要造成一种人人谈创新、时时想创新、无处不创新的组织氛围。

(3) 制定有弹性的计划。创新意味着打破旧的规则，意味着时间和资源的计划外占用，因此，创新要求组织的计划必须具有弹性。创新需要思考，思考需要时间。为了使人们有时间去思考、有条件去尝试，组织制定的计划必须具有一定的弹性。

(4) 正确地对待失败。创新的过程是个充满着失败的过程。只有认识到失败是正常的，管理人员才可能允许失败，支持失败，甚至鼓励失败。希望创新者在失败中取得有用的教训。

(5) 建立合理的奖励制度。促进创新的奖励制度至少要符合下述条件：注意物质奖励与精神奖励的结合。奖励应是对特殊贡献，甚至是对希望做出特殊贡献的努力的报酬；奖励的对象不仅包括成功以后的创新者，而且应当包括那些成功以前、甚至是没有获得成功的努力者。奖励制度要既能促进内部之竞争，又能保证成员间的合作。

经典案例

案例一

微软和 TCL 的创新之路

20 世纪中叶以来,随着科学技术的飞速发展和科技成果的广泛应用,科学社会化的速度明显加快,以技术创新为核心的技术进步在经济增长中的作用更加突出。

一、微软:不断创新,成为知识经济的缩影

比尔·盖茨创立的微软公司获得巨大成功的全部奥秘在于,他们将知识作为主要资本来从事生产,将研究与开发置于中心地位,保持持续不断的创新。该公司 OFFICE 产品部副总经理克里斯彼得斯说:"我们所做的一切在 3 年以后将不再有意义。"比尔·盖茨有一句名言:"微软距离破产永远只有 18 个月。"道出了微软追求创新的经营理念。

有人说,微软是世界信息业的骄子,它的崛起反映的不只是一种知识创造财富的现象,它是美国快速发展的信息产业的一个组成部分,象征的是一种新的产业,新的经济——知识经济的出现,它是知识经济的缩影。为什么微软公司取得了如此大的成功呢?原因就是在公司内创造最好的"创新"氛围,为各种人才发挥创造力提供最好的条件和资源,不断进行创新,扩大其新产品序列,不断地从一个软件市场和销售渠道进到另一个软件市场和销售渠道。

二、TCL 集团:在变革与创新中成长起来的竞争型国企的典型代表

TCL 也是中国家喻户晓的知名品牌之一,在全国电子百强企业中 TCL 集团进入前十名。1998 年,实现总产值 138 亿元,销售收入 92 亿元,实现利税总额 6.5 亿元。TCL 之所以能在全国经济不景气、国有企业效益全面滑坡和全国产品市场销售疲软的情况下,逆流而上,取得如此骄人的战绩,就在于该企业始终将经营变革与管理创新作为企业发展的推进器。TCL 正是依托不断的经营变革和管理创新,在变革创新中争创了新的优势,提高了企业竞争力,实现了企业的持续、稳定、快速发展。TCL 通过不断的变革与创新,带来行动上的超前和理念上的超前,从而形成其他一般企业无可比拟的优势。与一般基础性产业的国企依托资源禀赋取得发展的成功不同,TCL 属于无资源禀赋的竞争性行业企业,它的成功在于其始终保持与改革的潮流一致,与市场需求一致,与技术发展的潮流一致,与国际上现代化企业的发展步调一致,不断地变革创新,强化企业的竞争优势,时时更新观念,打破以往的模式,不断否定自己、超越自己。

【思考】

1. 微软公司成功的事实表明:创造财富的主要力量在于(　　)。
   A. 机器设备　　　　B. 原材料　　　　C. 操作工人　　　　D. 知识
2. 从创新和环境的关系来分析,TCL 公司的创新属于(　　)。
   A. 局部创新　　　　　　　　　　　　B. 运行中的创新
   C. 消极防御型创新　　　　　　　　　D. 积极攻击型创新

3.为什么说创新是企业改善市场环境的重要手段?

【分析】

1.D　2.D

3.通过产品创新,企业能加速新技术、新材料在产品生产中的应用,提高产品质量,使产品功能更好地满足用户需要,使企业产品的竞争力提高,改变用户对企业产品的看法,从而改善现有市场条件;当企业技术创新成果是适销对路的新产品时,它会给企业带来新的用户,形成新的市场,从而使企业可以在更广泛的市场中进行选择;不断创新并获得成功的企业,一般是首次进入新市场领域,它具有领先者的优势,在很大程度上决定着产品的价格、市场规模等。

案例二

金果子公司的组织结构设计

金果子公司是美国南部一家种植和销售黄橙和桃子两大类水果的家庭式农场企业,由老祖父约翰逊开办,拥有一片肥沃的土地和明媚的阳光,特别适合种植这些水果。公司长期以来积累了丰富的水果存储、运输和营销经验,能有效地向海内外市场提供保鲜、质好的水果。经过半个世纪的发展,公司已初具规模。老祖父十年前感到自己体衰,将公司的管理大权交给儿子杰克。孙子卡尔前两年从农学院毕业后,回到农场担任了父亲的助手。

金果子公司大体上开展如下三个方面的活动:一是有相当一批工人和管理人员在田间劳动,负责种植和收获橙和桃;另一些人员从事发展研究,他们主要是高薪聘来的农业科学家,负责开发新的品种并设法提高产量水平;还有一些是市场营销活动,由一批经验丰富的销售人员组成,他们负责走访各地的水果批发商和零售商。公司的销售队伍实力强大,而且他们也像公司其他部门的员工一样,非常卖力地工作着。

杰克和卡尔对金果子公司的管理一直没有制定出什么正式的政策和规则,对工作程序和职务说明的规定也很有限。杰克相信,一旦人们对工作有了亲身了解后,他们就应当而且能够有效地开展工作。

不过,金果子公司目前的规模已经发展得相当大了。杰克和儿子卡尔都感到有必要为公司建立起一种比较正规的组织结构。杰克请来了他年轻时的朋友,现在已成为一名享有知名度的管理咨询人员比利来帮助他们。比利指出,他们可以有两种选择:一是采取职能结构形式;另一是按产品来设立组织结构。这两类不同方式的组织设计如下图所示:

那么,该选取哪种组织设计呢?

职能部门结构

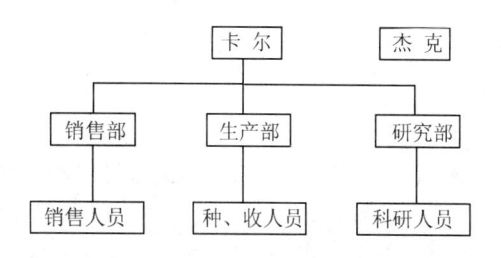

产品事业部结构

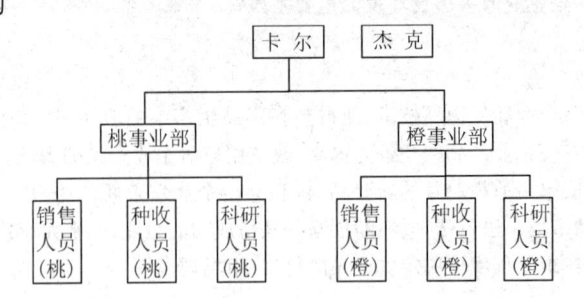

```
            卡尔    杰克
         ┌────┴────┐
      桃事业部    橙事业部
      ┌──┼──┐    ┌──┼──┐
    销售 种收 科研  销售 种收 科研
    人员 人员 人员  人员 人员 人员
    (桃) (桃) (桃)  (橙) (橙) (橙)
```

【思考】
预想不久后该公司的规模获得进一步的迅速扩大,那么在目前选择的组织形式基础上如何调整其结构设计呢?你认为可以增加什么样的管理层次?

【分析】
本案例主要运用工作的流程再造进行解决,就可以很好地知道需要增加什么样的管理层次,也就间接地说明了如何调整其结构设计。

课后习题全解

1. 何谓创新?创新与维持在管理过程中的作用有何联系和区别?

【答】 创新首先是一种思想及在这种思想指导下的实践,是一种原则以及在这种原则指导下的具体活动,是管理的一种基本职能。创新工作作为管理的职能表现在:①它本身就是管理工作的一个环节;②它对于任何组织来说都是一种重要的活动;③创新工作也和其他管理职能一样,有其内在逻辑性,建构在其逻辑性基础上的工作原则,可以使得创新活动有计划、有步骤地进行。

创新与维持在管理过程中的作用的关系如下:

作为管理的两个基本职能,维持与创新对系统的生存发展都是非常重要的,它们是相互联系、不可或缺的。创新是维持基础上的发展,而维持则是创新的逻辑延续;维持是为了实现创新的成果,而创新则是为更高层次的维持提供依托和框架。任何管理工作,都应围绕着系统运转的维持和创新而展开。只有创新没有维持,系统会呈现无时无刻无所不变的无序的混乱状态,而只有维持没有创新,系统就会缺乏活力,犹如一潭死水,适应不了任何外界变化,最终会被环境淘汰。卓越的管理是实现维持与创新最优组合的管理。

2. 组织变革与创新过程中可能遇到哪些阻滞因素?如何克服这些阻滞因素?

【答】 组织中对于创新的抵触力来自于复杂的系统因素,包括组织的文化、既定的发展战略、组织的结构、技术水平、领导的风格、成员的因素都可能使创新受到阻碍。人的因素是创新抵触力中最活跃的因素。

组织成员抵触情绪的基本原因以及对应的克服方法如下:

(1)个人利益。创新意味着原有的组织结构被打破,工作流程将被重新设计,利益将重新分配。人们害怕失去原有的利益,担心丢掉工作、减少薪水或者丧失现在的权力和地位。因而在创新过程中尽量合理分配个人利益。

(2) 缺乏了解。不少组织进行创新的方式上存在问题，缺乏与组织成员进行事前的有效沟通，创新领导小组闭门造车。组织成员需要知道如何进行创新，如果出现信息真空，就难免谣言四起，让人们焦躁不安。即使创新的方案能使每个人受益，人们也可能会因为缺乏了解而误解它，进而反对它。因而要加大力度做员工的思想工作。

(3) 评价差异。组织成员间私有信息的差异会导致人们对创新活动有着不同的评价和看法，信息的不对称使得组织员工并不像管理者那样看待企业制定的新的战略目标；组织成员怀念"过去的好时光"，也会导致创新目标认知的差异。这种不同的评价结果产生的抵制力不一定是消极的，因为持有不同意见的双方都可能是正确的。

(4) 惰性。人们习惯于原来的工作方式，并不希望打破现状，这使得人们不自觉地产生对于创新的抵制情绪。

(5) 团体心理压力。有些团队不能承受变革的心理压力。如果一个团队凝聚力强，来自同事的压力就能让其成员反对，哪怕是合理的创新。因为创新可能导致活动，从而活动中关系的改变，使员工失去同事的网络，打乱原有的工作节奏。所以大家不愿打破现状而去尝试新路。此外，创新的时机和其出现的突然性也会造成抵触的情绪。不少组织的创新的阻力就是来自于缺乏对创新时机的合理把握，缺乏赋予人们足够的心理准备时间。

3. 创新过程包括哪些阶段的工作？如何进行有效的创新？

【答】　创新主要包括以下几个阶段：

(1) 寻找机会。创新是对原有秩序的破坏。原有秩序之所以要打破，是因为其内部存在着或出现了某种不协调的现象。这些不协调对系统的发展提供了有利的机会或造成了某种不利的威胁。创新活动正是从发现和利用旧秩序内部的这些不协调现象开始的。不协调为创新提供了契机。

(2) 提出构想。敏锐地观察到了不协调现象的产生以后，还要透过现象究其原因，并据此分析和预测不协调的未来变化趋势，估计它们可能给组织带来的积极或消极后果，并在此基础上，努力利用机会或将威胁转换成为机会，采用头脑风暴、畅谈会等方法提出多种解决问题、消除不协调、使系统在更高层次实现平衡的创新构想。

(3) 迅速行动。创新成功的秘密主要在于迅速行动。提出的构想可能还不完善，甚至可能很不完善，但这种并非十全十美的构想必须立即付诸行动才有意义。"没有行动的思想会自生自灭"，这句话对于创新思想的实践尤为重要，一味追求完美，以减少受讥讽、被攻击的机会，就可能坐失良机，把创新的机会白白地送给自己的竞争对手。

(4) 坚持不懈。构想经过尝试才能成熟，而尝试是有风险的，是不可能"一打就中"的，是可能失败的。创新的过程是不断尝试、不断失败、不断提高的过程。因此，创新者在开始行动以后，为取得最终的成功，必须坚定不移地继续下去，决不能半途而废，否则便会前功尽弃。要在创新中坚持下去，创新者必须有足够的自信心，较强的忍耐力，能正确对待尝试过程中出现的失败，既为减少失误或消除失误后的影响采取必要的预防或纠正措施，又不把一次"战役"（尝试）的失利看成整个"战争"的失败，要知道创新的成功只能在屡屡失败后才姗姗来迟。

成功的变革与创新包括了八个环节，即树立紧迫感，建立强有力的领导联盟，构建远景规划，沟通创新远景，广泛的授权运动，夺取短期胜利，巩固已有成果，深化创新，将创新成果制度化。树立紧迫感是创新工作的一项关键责任；建设强有力联盟是创新工作必须要有的组织保障;构建远景规划能够引导创新的方法;沟通创新远景就是利用各种可用的媒介工具,与其他人沟通新的远景规划和战略,通过领导者的示范传授新的行为;广泛的授权运动是实现组织创新愿景的基础;夺取短期胜利,改革与远景规划不相适应的体制,结构,政策,将创新成果制度化就是利用对前一阶段成果的良好胜任;将创新成果制度化就是将创新的活动融入到组织文化之中,不断吸引创新先导者共同对变革与创新负起责任。

4. 何谓流程再造？流程再造可能受到哪些因素的影响？如何有效地组织流程再造？

【答】　　组织工作流程再造的根本目标是追求在既定组织目标与组织文化、工艺技术和管理风格下的组织的效率。因此,在动态的环境下,各种内外环境因素的变化都要求对组织的流程加以变革和再造,只有如此才能实现组织目标、技术和人的动态的平衡。

组织企业实施业务流程再造是企业长期可持续发展的战略需要;组织工作流程再造的根本目标是建立顾客满意的工作流程;组织工作流程再造追求实现目标、技术和人的动态平衡。

在传统职能式组织中,组织的作业流程被分割成各种简单的任务,并根据任务组成各个职能管理部门,各部门将注意力集中于本部门或个别任务效率的提高上,而忽视了流程整体对于目标的实现。而组织工作流程再选强调的是将系统思想贯彻于再造企业工作流程的全过程,并在其中借助工业工程技术、运筹学方法、管理科学、信息技术等现代社会人文科技手段,从工作流程、组织结构和企业文化等方面对企业进行系统重构,最终实现企业整体资源的全局性最优,而不是单个环节或作业任务的最优。

组织工作流程再造(BPR)是根据组织发展的战略规划,对企业各项运作活动及其细节进行重构、设定与阐述的系统工程。组织流程再造必须以组织的发展战略为指导,这样才能明确组织再造的方向,提供组织再造的动力。

同步练习

一、单项选择题

1. 下列不属于管理的"维持职能"的是(　　)。
A. 组织　　　　　　B. 创新　　　　　　C. 控制　　　　　　D. 领导

二、多项选择题

1. 创新与维持的关系说法正确的是(　　)。
A. 维持是创新基础上的发展
B. 创新是维持的逻辑延续
C. 维持是为了实现创新的成果
D. 创新则是为更高层次的维持提供依托和框架

2. 经营制度确定了(　　)。
A. 谁是经营者,谁来组织企业生产资料的占有权、使用权和处置权的行使
B. 谁来确定企业的生产方向、生产内容、生产形式

C. 谁来保证企业生产资料的完整性及其增值

D. 谁来向企业生产资料的所有者负责以及负何种责任

3. 产权制度、经营制度、管理制度这三者之间的关系是( )。

A. 一般来说,一定的经营制度决定相应的产权制度

B. 在产权制度不变的情况下,企业具体的经营方式可以不断进行调整

C. 在经营制度不变时,具体的管理规则和方法也可以不断改进

D. 管理制度的改进一旦发展到一定程度,则会要求经营制度作相应的调整

4. 就系统的外部说,有可能成为创新契机的变化主要有( )。

A. 技术的变化   B. 人口的变化

C. 宏观经济环境的变化   D. 文化与价值观念的转变

5. 关于机构说法正确的是( )。

A. 它主要涉及管理劳动的横向分工的问题

B. 与不同层次的管理部门之间的关系有关

C. 它主要涉及管理劳动的纵向分工问题,即所谓的集权和分权问题

D. 组织机构完全相同,但机构之间的关系不一样,也会形成不同的结构形式

6. 下列属于环境创新的是( )。

A. 通过企业的公关活动,影响政府政策的制定

B. 通过企业的技术创新,影响社会技术进步的方向

C. 通过组织创新,提高管理劳动的效率

D. 通过市场创新去引导消费,创造需求

7. 关于市场创新正确的是( )。

A. 它主要是指通过企业的活动去引导消费,创造需求

B. 新产品的开发是企业创造市场需求的唯一途径

C. 市场创新包括通过市场的物理转移,揭示产品新的使用价值,来寻找新用户

D. 市场创新包括通过广告宣传等促销工作,影响人们对某种消费行为的社会评价来增加产品销量

三、简答题

1. 为什么说"维持和创新是管理的本质内容,有效的管理在于适度的维持与适度的创新的组合"?

2. 创新与维持有什么样的关系?

3. 从创新与环境的关系来分析,可将其分为哪些类型?

4. 从创新的规模以及创新对系统的影响程度来考察,可将其分为哪些类型?

5. 创新职能的基本内容是什么?

6. 制度创新包括哪些内容?

7. 简述创新的过程。

8. 企业如何进行新活动的组织?

参考答案

一、单项选择题
   1. B

二、多项选择题
   1. CD   2. ABCD   3. BCD   4. ABCD   5. BCD   6. ABD   7. ACD

三、简答题

1. 从逻辑顺序上来考察,在特定时期内对某一社会经济系统(组织)的管理工作可以概述为设计系统的目标、结构和运行规划,启动并监视系统的运行,使之符合预定的规则操作;分析系统运行中的变化,进行局部或全局的调整,使系统不断呈现新的状态。显然,管理内容的核心就是维持与创新。任何组织系统的任何管理工作无不包含在"维持"或"创新"中。维持和创新是管理的本质内容,有效的管理在于适度的维持与适度的创新的组合。

2. 维持与创新作为管理的两个基本职能,对系统的生存发展都是非常重要的,它们是相互联系、不可或缺的。创新是维持基础上的发展,而维持则是创新的逻辑延续;维持是为了实现创新的成果,而创新是为更高层次的维持提供依托和框架。任何管理工作,都应围绕着系统运转的维持和创新而展开,卓越的管理是实现维持与创新最优组合的管理。

3. 从创新与环境的关系来分析,可将其分为消极防御型创新与积极攻击型创新。防御型创新是指由于外部环境的变化对系统的存在和运行造成了某种程度的威胁,为了避免威胁或由此造成的系统损失扩大,系统在内部展开的局部或全局性调整;攻击型创新是在观察外部世界运动的过程中,敏锐地预测到未来环境可能提供的某种有利机会,从而主动地调整系统的战略和技术,以积极地开发和利用这种机会,谋求系统的发展。

4. 从创新的规模以及创新对系统的影响程度来考察,可将其分为局部创新和整体创新。局部创新是指在系统性质和目标不变的前提下,系统活动的某些内容、某些要素的性质或其相互组合的方式,系统的社会贡献的形式或方式等发生变动;整体创新则往往改变系统的目标和使命,涉及系统的目标和运行方式,影响系统的社会贡献的性质。

5. (1)目标创新。

   (2)技术创新。包括要素创新与要素组合创新;产品创新;制度创新,包括产权制度、经营制度、管理制度三方面的创新;组织机构和结构的创新;环境创新。

6. (1)产权制度是决定企业其他制度的根本性制度,它规定着企业最重要的生产要素的所有者对企业的权利、利益和责任。企业产权制度的创新也许应朝向寻求生产资料的社会成员"个人所有"与"共同所有"的最适度组合的方向发展。

   (2)经营制度是有关经营权的归属及其行使条件、范围、限制等方面的原则规定。经营制度的创新应是不断寻求企业生产资料最有效利用的方式。

(3)管理制度是行使经营权、组织企业日常经营的各种具体规则的总称,包括对材料、设备人员及资金等各种要素的取得和使用的规定。分配制度的创新在于不断地追求和实现报酬与贡献的更高层次上的平衡。

7.(1)寻找机会。创新活动是从发现和利用旧秩序内部的不协调现象开始的。不协调为创新提供了契机。旧秩序中的不协调既可存在于系统的内部,也可产生于对系统有影响的外部。

(2)提出构想。敏锐地观察到了不协调现象的产生以后,还要透过现象究其原因,并据此分析和预测不协调的未来变化趋势,估计它们可能给组织带来的积极或消极后果;提出多种解决问题、消除不协调、使系统在更高层次实现平衡的创新构想。

(3)迅速行动。创新成功的秘密主要在于迅速行动。创新的构想只有在不断地尝试中才能逐渐完善,企业只有迅速行动才能有效地利用"不协调"提供的机会。

(4)坚持不懈。构想经过尝试才能成熟,而尝试是有风险的,是可能失败的。创新的过程是不断尝试、不断失败、不断提高的过程。

8.正确理解和扮演"管理者"的角色;创造促进创新的组织氛围;制定有弹性的计划;正确地对待失败;建立合理的奖励制度。

历年真题及全解

1.(北科 2009 年研)以下不属于创新职能基本内容的是(　　)。
A. 制度创新　　　B. 环境创新　　　C. 组织创新　　　D. 领导创新

【答案】　D
【解析】　创新职能的基本内容包括:①目标创新;②技术创新;③制度创新;④环境创新;⑤组织机构和结构的创新。

第十七章

企业技术创新

知识点归纳

1. 创新的含义

经济学家并不是因为其拥有资本,而熊彼特曾在《经济发展理论》中把创新定义为企业家的职能,并认为企业家之所以能成为企业家,是因为拥有创新精神并实际地组织了创新。一个国家或地区经济发展速度的快慢和发展水平的高低,在很大程度上取决于该国或该地区拥有创新精神的企业家的数量以及这些企业家在实践中的创新努力。正是由于某个或某些企业家的率先创新、众多企业家的迅速模仿,才推动了经济的发展。

在熊彼特的理论中,创新是对生产要素的重新组合,包括五个方面:①生产一种新的产品;②采用一种新的生产方法;③开辟一个新的市场;④掠取或控制原材料和半成品的一种新的来源;⑤实现一种新的工业组织。后人在此基础上将企业创新分为制度创新和技术创新。技术创新主要与生产制造有关,制度创新主要涉及管理和管理体制,即主要涉及生产制造的制度环境。

2. 技术创新的内涵

技术创新经常被一些人与技术发明相混合。实际上,创新的概念远比发明宽泛;发明是一种创新,但创新绝不仅仅是发明。如果说发明可能是新知识、新理论创造基础上一种全新技术的出现的话,那么创新既可能是这种全新技术的开发,也可能是原有技术的改善,甚至可能仅是几种未经改变的原有技术的一种简单的重新组合。

3. 技术创新的贡献

综合来看,技术创新一方面通过降低成本而使企业产品在市场上更具价格竞争优势,另一方面通过增加用途、完善功能、改进质量以及保证使用而使产品对消费者更具有特色吸引力,从而在整体上推动着企业竞争力不断提高。

4. 技术创新的源泉——德鲁克理论

美国学者德鲁克把诱发企业创新的这些不同因素归纳成 7 种不同的创新来源:

(1)意外的成功。能够为企业创新提供丰富的机会,这些机会的利用要求企业投入的代价以及承担的风险相对比较小。

(2)意外的失败。

(3)无论是意外的成功还是意外的失败出现时,企业必须搞清究竟发生了什么变化;为什么发生这样的变化;这种变化会将企业引致何方;企业应该采取何种策略才能充分利用这种变化,成为企业的发展机会。

5. 技术创新战略

技术创新战略是一系列选择的综合结果。这些选择一般涉及创新的基础、创新的对象、创新的水平、创新的方式以及创新的时机等多个方面。

(1)创新基础的选择。创新基础的选择需要解决的问题是——企业在何种层次上组织创新的问题。利用现有的知识,对目前的生产工艺、作业方法、产品结构进行创新。

理论上的创新:需要企业中的有关科研人员长期地、持久地工作。可能带来结果,也可能一无所获。企业选择此种战略风险比较大,而且需要企业长期提供资金和人力支持。

应用性的研究:企业利用现有的知识和技术去开发一种新产品或新技术。时间比较短,风险比较小,相应的对企业竞争优势的贡献程度相对较小。

(2)创新对象的选择。企业可供选择的创新对象包括产品、工艺、生产手段等三个领域。

产品创新:可以为消费者带来一种全新的享受,而且可以降低产品的成本。所以不仅给企业带来的是特色的形成,而且可能是成本的优势。

工艺创新:可以为产品质量的形成提供更加可靠的保证,加强企业的特色优势。产品与工艺的创新主要是由企业完成的,外部一般很难替代。

生产手段创新:可借助外部的力量完成。由于外部厂家实现生产手段的改造,则可能使得企业与此相关的产品创新或技术创新的过程,甚至仅仅是意图过早地为竞争所察觉,从而难以通过创新带来竞争优势的形成或提高。

(3)创新水平的选择。创新水平的选择是在行业内相对于其他企业而言的,需要解决的是在组织企业内部的技术创新时,是采取"先发制人"的战略还是"追随他人之后"、"后发制人"的策略。

"先发制人"的贡献:可给企业带来良好的声誉;可使企业占据有利的市场地位;可使企业进入最有利的销售渠道;可使企业获得有利的要素来源;可使企业获得高额的垄断利润。

"先发制人"带来的问题:要求企业付出高额的市场开发费用;需求的不确定性;技术的不确定性。

(4)创新方式的选择。创新方式包括独立开发与联合开发。

独立开发:不仅要求企业拥有数量众多、实力雄厚的技术人员,而且要求企业能够调动足够的资金。若能获得成功,企业在一定时期内将会获得高额垄断利润。

联合开发:可以与合作伙伴集中更多的资源条件进行更为基础性的创新研究,并可以共同承担风险。

经典案例

案例一

通明公司的完整解决方案

通明有限责任公司是一家生产经营各类眼镜的企业,其前身是 G 省某县级市的一个集体企业,20 世纪 90 年代中期,在我国建设现代企业制度的大潮中通过改制而成。由于工厂用的是市财政局以前的培训中心(土地,建筑物和一些辅助设施),因而市财政局成了通明公司的第一大股东,原来的主管部门轻工局(现已归到经贸委)下属的四方集团公司是通明的第二股东,现任总经理王俊强就是从市经贸委技改处处长的位置上被聘任为通明公司总经理的。此外通明公司还有几个小一些的股东:海天大酒楼的孙老板,天津明光眼镜城(一私人经营商场)董事长高福顺。

通明公司自香港回归以来,理顺了其产品进入香港的销售渠道,同时又加快了与国际眼镜市场的衔接速度,扩大了在内地市场的销售,经营业绩扶摇直上。这使得各个股东颇为满意,总经理王俊强曾几次向董事会提出希望能个人购买一些本公司股份,孙老板和高董都没有异议(实际上他们是积极支持王总成为通明公司的股东的)。王俊强 18 岁参军,在部队通信连当过兵,转业到地方以后,先是在一家国有企业任党支部书记,由于有一定的技术背景,又兼任了分管技术的副厂长。对于分管的各项工作王俊强总能认真对待,不懂就学。组织部门对其思想素质、业务素质均感满意。1990 年王俊强被调至市经贸委(当时还是县经委)技改处工作。

随着我国经济的飞速发展和社会的全面转型,眼镜从一种单纯的视力矫正产品,扩展成为带有修饰、保健、运动休闲等广泛价值的大众化产品。而有这几类需求的顾客,无论是在地域空间还是在年龄构成、社会地位、经济收入等方面都分布极广。根据这种情况,王俊强走了几步棋。

首先,增加产品的品种与规格。在 1997~2000 年短短的三年中通明公司形成了视力保健、修饰以及运动休闲三大系列的 60 多种眼镜产品,2000 年销售额达 1.2 亿元人民币。第二,大胆投资引进了若干套先进的加工生产线,使通明公司大大地提高了生产率,令国内的一些主要同行们羡慕不已,纷纷仿效。第三,花大力气建立通明产品的分销体系。通明虽然没有刻意去发展独家代理商,但王俊强的确琢磨出了一套对代理商们较有吸引力的激励办法。这保证了通明产品以较快的速度流向市场。

事实证明,王俊强的这几步棋对于一个国内眼镜企业的发展来讲是明智的,通明公司已由一个地区小厂变成为拥有全国市场、部分产品出口、品牌知名度高的行业领域主导性企业。但任何一个企业的发展都不可能不遇到特定的问题。企业做大了,王俊强的压力一点都没有减少,甚至可以说他的困惑与焦虑是在与日俱增。

王总首先面临的问题,还真不是企业内部的管理问题。王俊强最近常跟人说:企业不行没人问,企业大了踏破门。通明公司效益好自然就吸引人。一些人也不管自己的子女、朋友素质如何,企业需不需要,一个劲往企业送。按理说,对企业不利的事,股东理应反对,但对通明公司干这事最多的恰恰就是它的两大股东!

其次，王俊强深知通明公司早期发展的关键一步是把握好了销售渠道。市场网络其实是赢得竞争优势的关键资源。以前很多同类企业没有意识到这一点，现在大家明白了，这使得形形色色的代理商、经销商们更难打交道了。但王俊强决不愿意只作一个制造商而把丰厚的产品附加值拱手让给经销商。

其三，企业现在比任何时候都感觉到人才资源的短缺，特别是高级技术人才和高级管理人才。现有的企业高层管理人员最让王俊强不满的地方还不是技能方面的问题，而是态度问题。这些人认为，通明公司已经不错了，再拼命干就有点不值了。王俊强知道，在这些人思想深处有一个很顽固的观念：在通明，自己既不可能得到更多，也不可能失去什么。尽管王俊强在通明公司有很高的威望，但他知道，凭自己的能力不可能改变这些观念。

其四，眼睛是人们最珍惜的器官，对眼镜的质量怎么强调都不过分。以前企业小，王俊强灌输质量观念还不十分难，现在企业大了，组织复杂了，灌输一种正确的观念如质量观念就很难，而要把正确的观念落实到每个部门、每个人的工作中去就更难。通明公司也曾请专家帮助企业搞CIS，通过文化建设来提高管理，有一阵是有效的，时间一长，好像又不行了。

【思考】
请针对通明公司健康发展的需要，提出完整的解决问题的方案。

【分析】
从整体上分析方案，如战略上考虑的前向整合策略等；改善公司治理结构，如股权关系调整等；企业文化建设的战略依赖性与持续性。

案例二

长虹的技术战

谁掌握了行业标准的制定，谁就赢得了市场的先机。长虹深谙其中真谛。业绩曾有大幅下滑的长虹在2001年开始回升，此乃长虹先发制人的战略在起作用。2001年9月20日，长虹"精显王"背投彩电通过国家级技术鉴定，成为唯一一家获得信息产业部背投电视生产许可证的国内企业（另外两家合资企业是福日和兆维），此举提高了竞争门槛，延缓了竞争对手的入场速度。同时，长虹也拿到国内唯一一张等离子彩电准生证。为以后残酷的市场竞争埋下了伏笔。近年来，长虹在背投彩电技术上的异军突起，在价格战占主导的彩电市场搭起了一条强大的技术缓冲带，这一缓冲带不仅使长虹远离了价格战的战壕，也再一次成为长虹阻击洋品牌的杀手锏。

2000年，经历了几年沉浮的洋品牌开始以全新的面貌抢滩国内高端彩电市场，挟其先进的背投彩电技术卷土重来。2001年4月，大连东芝准备增加投资，扩大背投彩电的产能；同年，日立、索尼、松下、LG等跨国公司也纷纷向全球消费者宣布将生产或扩大背投彩电产能，并将中国作为重点市场进行开拓。

面对洋品牌咄咄逼人的攻势和背投彩电良好的市场前景，"中国彩电大王"长虹再次率先向洋品牌发起了挑战。与20世纪90年代中期不同的是，这一次反击的武器不再是传统的价格，而是更为尖端的技术。2001年7月，代表世界最高技术水平的第三代长虹精显王背投彩电全面上市，其独有的60Hz变频逐行扫描技术，高清晰、超稳定的影像效果震动了整个产业界。由于产品质量好、技术含量高、价格合理,第三代精显背投一上市,就受到了海内外消费者的喜爱,国内市场份额直线上升。截至今年,长虹精显背投的市场占有率已超过20%,与此同时,由于洋背投彩电的许多技术不适应中国市场的要求,使其市场份额大幅下降。2002年初,长虹在成功地推出第三代精显王背投彩电的基础上,又率先推出了第四代75Hz变频逐行扫描精显背投。作为世界上技术最先进的背投,其核心芯片是长虹与美国硅谷的高科技公司联合开发的。此项技术不仅确立了长虹在背投彩电领域的优势地位,也使长虹再一次拿到了话语权。据调查,消费者在选购耐用家电消费品时更注重产品的技术含量,其次才是质量和价格,因为投入上万元,总不能买一台技术已经或即将过时的产品,那样才是真正的得不偿失。

长虹在背投彩电技术上的异军突起使人们认识到,在国货与洋货挑战技术之巅的背后,值得关注的是我国的家电企业逐步实现核心技术的完全自主开发。

比别人先一步思考、创新和构想,企业才能发现市场中的机会而进行先占。

【思考】

1. 长虹在创新水平的选择上选择的是什么战略?企业采用技术创新可以率先开发出某种产品或某种新的生产工艺,在行动上先人一步,在市场竞争中高人一等,先进者能否在技术上处于领先地位主要受到哪些因素的影响和制约?

2. 结合长虹的案例,分析企业进行技术创新,采取先发制人战略可以使企业在哪些方面受益?

【分析】

1. 先进者能否在技术上处于领先地位主要受到以下几种因素的影响:

(1)学习效果。学习效果是指随着管理者与工人工作熟悉程度和工作时间的增加,平均生产成本将逐渐下降;如果这种学习效果专属于先进者,则先进者便可以维持在市场占有率的领导地位。先进者可以因为先进入市场,相对其他竞争者累积最多的经验,使得学习效果可以成为先进者优势来源之一。

(2)规模经济。规模经济的意义是随着生产量的增加可以逐渐平摊先前的固定成本,而使平均成本下降;当市场只有一家厂商时,先进者单独面临整个市场需求,为了获得规模经济优势,先进者可以扩大生产规模以取得较低的生产成本,进而先进者就可以在成本上取得优势。

(3)技术的外溢效果。只有在先进者所学习或研发的技术是专属于先进者本身的情况下,这方面的不对称性可被视为先进者优势的来源。

(4)技术创新的速度。技术变动的速率适中时,先进者可以从技术创新中学习累积相关经验。

(5)技术的连续性。若产业技术呈现连续发展,则先进者可以借先进的技术来保持技术领先的优势。

2. 先发制人可以给企业带来下述贡献:可给企业带来良好的声誉;可使企业占据有利的市场地位;可使企业进入最有利的销售渠道;可使企业获得有利的要素来源;可使企业获取高额的垄断利润。

课后习题全解

1. 在熊彼特的理论中,何谓创新?创新包括哪些方面的内容?

【答】　在熊彼特的理论中,创新是对"生产要素的重新组合",它包括五个方面:①生产一种新的产品;②采用一种新的生产方法;③开辟一个新的市场;④掠取或控制原材料和半成品的一种新的来源;⑤实现一种新的工业组织。后人在此基础上研究企业创新时,把它们分两类制度:创新和技术创新。后者主要与生产制造有关,前者主要涉及管理和管理体制,即主要涉及生产制造的制度环境。

2. 技术创新包括哪些方面?其贡献是什么?

【答】　技术创新经常被一些人与技术发明相混同。实际上,创新的概念要远比发明宽泛,发明是一种创新,但创新决不仅仅是发明。如果说发明可能是新知识、新理论创造基础上一种全新技术的出现的话,那么创新既可能是这种全新技术的开发,也可能是原有技术的改善,甚至可能仅是几种未经改变的原有技术的一种简单的重新组合。

技术创新促进企业竞争力的提高便是通过影响产品的成本和/或特色而起作用的。材料的创新不仅为企业提供了以数量丰富、价格低廉的原材料去取代价格昂贵的稀缺资源的机会,而且有可能通过材质的改善而促进企业产品质量的提高;产品创新既可使企业为消费者带来新的满足,亦可使企业原先生产的产品表现出新的吸引力;工艺创新既可为产品质量的形成提供更可靠的保证,亦可能降低产品的生产成本;物质生产条件的创新则直接带来劳动强度的下降和劳动生产率的提高,从而直接促进产品生产成本的下降和价格竞争力的增强。

综合起来看,技术创新一方面通过降低成本而使企业产品在市场上更具价格竞争优势,另一方面通过增加用途、完善功能、改进质量以及保证使用而使产品对消费者更具特色吸引力,从而在整体上推动企业竞争力不断提高。

3. 技术创新的来源有哪些?

【答】　技术创新的来源有:

(1)意外的成功或失败。无论是意外的成功还是意外的失败,一经出现,企业就应正视其存在,并对之进行认真的分析,努力搞清并回答:①究竟发生了什么变化?②为什么会发生这样的变化?③这种变化会将企业引向何方?④企业应采取何种应对策略才能充分地利用这种变化,以便于成为企业发展的机会?

(2)企业内外的不协调。在所有不协调的类型中,消费者价值观判断与实际的不一致不仅是最为常见的,对企业的不利影响也是最为严重的。根据错误的假设来组织生产,企业的产品始终不可能真正满足消费的需要,企业的生存危机迟早会出现。相反,如果在整个行业的假设与实际不符时企业较早地发现了这种不符,就可能给企业的技术创新和发展提供大量的机会。

(3)过程改进的需要。过程的改进既可能是科学技术发展的逻辑结果,也可能是推动促进科学发展的原动力。与前两个因素相联系,过程的改进可能是与此相关联系的技术创新,也可能是由外部的某个或某些因素的变化而引起的。

(4)行业和市场结构的变化。企业是在一定的行业结构和市场结构条件下经营的。面对市场以及行业结构的变化,关键是要迅速地组织创新的行动,至于创新努力的形成和方向则可是多样的。

(5)人口结构的变化。作为企业经营一种必不可少的资源,人口结构的变化直接决定着劳动力市场的供给,从而影响企业的生产成本。作为企业产品的最终用户,人口的数量及构成确定了市场的结构及其规模,鉴于此,人口结构的变化有可能为企业的技术创新提供契机。

(6)观念的改变。对事物的认知和观念决定着消费者的态度;消费者态度决定着消费者行为;消费者行为决定着产品在市场上的受欢迎程度。因此,消费者观念上的改变为企业提供着不同的创新机会。

(7)新知识的产生。一种新知识的出现,将为企业创新提供异常丰富的机会,以新知识基础的创新是最受企业重视和欢迎的。

4. 创新战略有哪些不同类型?选择这些不同的战略类型时应考虑哪些因素?

【答】　创新战略的类型是多种多样的。技术创新战略是一系列选择的综合结果。这些选择一般涉及创新的基础、创新的对象、创新的水平、创新的方式以及创新实现的时机等多个方面。

(1)创新基础的选择。创新基础的选择需要解决在何种层次上进行组织创新的问题,利用现有知识,对目前的生产工艺、作业方法、产品结构进行创新。但同样显而易见的是,理论上的创新,特别是利于企业服务的理论的创新不是一两次突击性的工作便可以完成的,它需要企业员工、特别是企业中相关科研人员的长期默默地工作。这种工作,可能成功,也可能是组织了众多的研究人员进行长期艰辛的工作后一无所获。基础研究的上述特点决定了选择此种战略不仅具有较大的风险,而且要求企业能够提供长期的、强有力的资金以及人力上的支持。

应用性研究只需企业利用现有的知识和技术去开发一种新产品或者探寻一种新工艺。与基础研究相比,所需时间相对较短、资金要求相对较少、创新的风险也相对较小,研究成果的运用对于企业生产设施调整、从而基础性投资的要求相对较低,当然,与之相应地对企业竞争优势的贡献程度也相对要小一些。

(2)创新对象的选择。技术创新主要涉及材料、产品、工艺、手段等不同方面。由于企业生产所需要的原材料主要是从外部获取的,因此材料创新主要是在外部进行的(这种创新实际上是上游企业的产品创新),所以企业可供选择的创新对象主要涉及产品、工艺以及生产手段等三个领域。

(3)创新水平的选择。创新水平的选择与创新基础的选择都涉及通过创新可能达到的技术先进程度,不过基础的选择可能导致整个行业的技术革命,特别是基础研究导致的创新可能为整个行业的生产提供一个全新的基础;而创新水平的选择则主要是在行业内相对于其他企业而言的,需要解决的主要是在组织企业内部的技术创新时,是采取一个领先于竞争对手的"先发制人"的战略,还是实行"追随他人之后"、但目的仍是"超过他人"的"后发制人"的战略。

(4)创新方式的选择。不论技术创新的水平和对象为何,企业在技术创新活动的组织中都可以有两种不同的选择,即利用自己的力量独家进行开发,或者与外部的生产、科研机构联合起来共同开发。

独自开发与联合研究要求企业具备不同的条件,需要企业投入不同程度的努力,当然也会使企业不同程度地受益。独立开发,不仅要求企业拥有数量众多、实力雄厚的技术人员,而且要求企业能够调动足够数量的资金。独立开发若能获得成功,企业将可在一定时期内垄断地利用新技术来组织生产,形成某种其他企业难以模仿的竞争优势,从而获得高额的垄断利润。当然,如果开发不能获得预期的结果,企业也将独自咽下失败的痛苦。联合开发,企业可以与合作伙伴集中更多的资源进行更为基础性的创新研究,并共同地承担由此而引起的各种风险。开发如果失败,企业将与协作伙伴一道来分担各种损失;当然,开发成功,企业不能独自利用研究成果组织产品或工艺的创新,协作伙伴也有权分享共同的成果,也有权从这种成果的利用中分享一份市场创新的利益。

影响企业在开发方式上选择的,不仅是企业自身的资源可支配状况以及开发对象的特点要求,对市场经济条件下竞争与合作的必要性认识的不同可能是其深层次的原因。

5. 企业产品开发的任务是什么?

【答】 企业产品开发的任务有以下3个方面:

(1)产品性质的确定。生产何种性质的产品——这是企业自建立起就已提出并在企业存在过程中需要不断提出的问题。由于企业生产产品的目的是为获得其价值,而产品价值的实现又以消费者的购买为前提。消费者是否购买某种产品取决于他们对该产品的消费能否满足其需要的判断,因此企业生产何种产品最终取决于消费者对市场的需要和企业满足这种需要的能力,以及是否可以从中获取足够利益的认识。由于市场是千变万化的,因此企业必须不断地注视和研究这种变化,及时调整自己的生产方向。

(2)产品质量的确定。消费者需要的是具有一定质量的产品。企业提供的产品如果不符合消费者的质量要求,那么产品的生产虽然耗费了一定的成本和费用,但由于不具有消费者所需要的完全的使用价值,因此也不会受到消费者的光顾。在企业所面对的市场竞争中,质量往往是影响产品受欢迎程度的主要因素。而质量的提高,或更准确地说产品功能的完整与完善是与企业的技术创新息息相关的。因此,企业要通过不断的技术创新生产高质量的产品,以提高声誉、争取用户、扩大市场。

(3)新产品开发。新产品是指在结构、性能、材质、技术特征等一方面或几方面都有显著改进与提高或独创的产品。它既可以是利用新原理、新技术、新材料、新结构开发出的全新产品,也可以是在原有产品基础上,部分采用新技术而制造出来的具有新用途、满足新需要的换代型产品,或者是对原有产品的性能、规格、品种、款式进行完善,但在原理、技术水平和结构上无突破性改变的改进型新产品。

6. 试分析不同产品竞争战略的优点和局限性。

【答】 企业之间的竞争首先表现为不同企业利用各具特色的产品对相同用户的争夺。企业竞争的实质是产品竞争。在这种持续不断的竞争中,企业可以采取三种不同的产品开发战略即领先战略、追随战略以及模仿战略。

(1)领先战略。亦称"先发制人"的战略。这种战略是企业力图在本行业发展中始终居于领先地位。企业如果有雄厚的资金实力,有强大的研究与开发部门,能独立进行研究和试制,则比较容易做到率先研制和采用新技术去生产新的产品,从而使产品的技术水平优于其他企业,取得市场竞争的优势。

企业能否采用领先战略,不仅要分析目前的条件,而且更应注意未来的持续发展。如果只是一次领先、随后被竞争者迅速赶上,那么这种选择的成本可能是非常高昂的。

(2)追随战略。亦称"后发制人"的战略。这种战略是指企业紧紧追随在领先企业的后面采用新技术,并对别人已经采用的技术加以改进和提高,特别是在降低产品成本和完善产品质量上付出更多的努力。

采用这种战略,要求企业能了解先导企业的产品和市场发展动向,迅速对别人的研究成果加以利用和改进,以避免自己的市场地位受到威胁。这种战略不仅可以帮助企业减少研究费用,又可使企业保护自己,防止竞争对手的技术进步对自己构成威胁,甚至能帮助企业后来居上,开发出技术性能更加先进的产品。因为一种新产品刚上市时,往往不是完美无缺的,后来者完全可以根据用户的反应和意见及时地加以改进,创造出质量更优的产品来。

(3)模仿战略。持这种战略的企业自己不搞新产品研制开发,而是靠购买专利、利用别人的研究成果来改进自己的产品。实施这种战略可节省费用,并可迅速地获得新技术。但购进的新技术别人已采用过,市场发展前景已相对受到影响。那些技术力量薄弱的企业通常采用这种战略。

同步练习

一、单项选择题

1. 根据熊彼特的观点,一个国家或地区经济发展速度的快慢和发展水平的高低,在很大程度上取决于( )。
   A. 资源的丰富程度
   B. 居民的受教育程度
   C. 投资的多少
   D. 该国或该地区拥有创新精神的企业家数量以及这些企业家在实践中的创新努力

2. 有人认为,管理水平的提高,关键在于事先采取防范措施,从而为整个企业的有效运作提供保障。在质量管理理论中还有这样一句名言:"质量不是检查出来的,而是制造出来的。"显然,这些说法都是从一定的前提出发的。以下是关于这些前提的几种不同阐述,你认为其中哪条最充分?( )
   A. 事后措施对于改善企业的有效运作作用甚微
   B. 事前措施总是能够有效防范可能出现的问题
   C. 对于过程与结果之间的因果关系有清楚的把握
   D. 过程管理水平的提高,一定能够带来结果的改善

3. 某公司为了适应日益激烈的市场竞争,决定在 1 年内投资 1000 万元开发并向市场推出一种新的产品。为提高成功率,公司领导决定按照项目制的方式运作,从各部门抽调了专业人才组成了项目组。对项目经理的人选,公司领导显得格外谨慎,通过推荐评议产生了 4 位候选人:张涛,52 岁,担任公司质量保障部经理已有 14 年,此前为工艺部工艺员。他工作勤奋,是质量体系方面的专家。吴畏,37 岁,工学硕士,担任公司产品开发部主任工程师。小吴具有很强的开发能力,在开发部能团结其他同志,具有较高威望。李锋,41 岁,现任公司采购部经理。他的履历比较复杂,先后当过车间工程师、车间副主任、公司总工办主任、总经理助理等职,具有较强的协调能力。陈菁,40 岁,总经办主任。

她具有很强的行政管理协调能力,对领导的指示领会快,群众基础也很好。假设上述4位候选人除了以上提到的情况以外,其他方面的差异不大。你认为哪位任项目经理最为适合?(　　)

　　A. 张涛　　　　　　B. 吴畏　　　　　　C. 李锋　　　　　　D. 陈菁

4. 什么是管理?①"管理就是为在集体中工作的人员谋划和保持一个能使他们完成预定目标和任务的工作环境。"②"管理就是实行计划、组织、指挥、协调和控制。"③"管理就是决策。"④"管理就是通过其他人来完成工作。"⑤"管理是由一个或更多的人来协调他人活动,以便收到个人单独活动所不能收到的效果而进行的各种活动。"对于这些观点,下面哪一种判断更为科学?(　　)

　　A. ①的说法更为科学,所以大多数管理学教材都遵循这种框架

　　B. 这些说法本质上并没有什么差别,只是描述的角度不同而已

　　C. ⑤的说法更科学,这反映出管理要追求增效效应的本质

　　D. 这些说法都只是关注管理的某方面局部问题,所以才有不同的解释

5. 决定一个企业长期盈利能力的因素是(　　)。

　　A. 企业自身的技术、管理、渠道、营销、财务等实力

　　B. 所在产业的竞争强度和企业自身的综合实力

　　C. 影响产业竞争强度的五种关键因素

　　D. 所在产业的市场规模、增长空间

二、多项选择题

1. 产品创新指(　　)。

　　A. 必须在原理、技术水平和结构上有突破性的改变

　　B. 可以是利用新原理、新技术、新结构开发出一种全新型产品

　　C. 也可以是在原有产品的基础上,部分采用新技术而制造出来适合新用途、满足新需要的换代型新产品

　　D. 还可以是对原有产品的性能、规格、款式、品种进行完善

2. 生产工艺和操作方法的创新要求(　　)。

　　A. 在设备创新的基础上,改变产品制造的工艺、过程和具体方法

　　B. 在不改变现有物质生产条件的同时,不断研究和改进具体的操作技术,调整工艺顺序和工艺配方

　　C. 不断地研究和采用更合理的空间布置和时间组合方式

　　D. 在原有产品的基础上,采用新技术制造出适合新用途、满足新需要的换代型新产品

3. 生产过程的组织包括(　　)在空间上的布置和时间上的组合。

　　A. 设备　　　　　　B. 工艺装备　　　　　　C. 在制品　　　　　　D. 劳动

4. 人口因素对企业经营的影响有(　　)。

　　A. 人口结构的变化直接决定着劳动市场的供给

　　B. 劳动市场的供给影响企业的生产成本

　　C. 人口的数量及其构成确定了市场的结构及其规模

　　D. 人口结构的变化可能为企业的技术创新提供契机

5. 技术创新主要涉及( )等不同方面。
A. 材料　　　　　　B. 产品　　　　　　C. 工艺　　　　　　D. 手段

6. 独立开发的优点有( )。
A. 若能获得成功,企业将在一定时期内垄断性地利用新技术来组织生产
B. 可帮助企业形成某种其他企业难以模仿的竞争优势,从而获得高额的垄断性利润
C. 不要求企业拥有数量众多、实力雄厚的技术人员
D. 开发不能获得预期的结果,企业将独自咽下失败的痛苦

7. 联合开发的优点有( )。
A. 企业可以与合作伙伴集中更多的资源条件进行更为基础性的创新研究
B. 企业可以与合作伙伴共同地承担由此而引起的各种风险
C. 开发如果失败,企业将与协作伙伴一道来分担各种损失
D. 开发成功,企业不能独自利用研究成果组织产品或工艺的创新

8. 产品创新( )。
A. 是企业技术创新的核心内容
B. 它受制于技术创新的其他方面
C. 影响其他技术创新效果的发挥
D. 往往要求企业利用新的机器设备和新的工艺方法

四、简答题

1. 在熊彼特的理论中,创新包括几个方面?
2. 生产手段的创新主要包括几个方面的内容?
3. 企业内外的不协调有哪些类型?
4. 后发制人的战略有什么优势?
5. 与其他类型的创新相比,知识性创新具有什么样的特点?
6. 企业可供选择的创新对象有哪些,它们各有什么作用?
7. "先发制人"给企业带来的贡献有哪些?

参考答案

一、单项选择题
1. D　2. D　3. B　4. D　5. B

二、多项选择题
1. BCD　2. ABCD　3. ABCD　4. ABCD　5. ABCD　6. AB　7. ABC　8. ABCD

三、简答题
1. 在熊彼特的理论中,创新包括五个方面:①生产一种新的产品;②采用一种新的生产方法

③开辟一个新的市场;④掠取或控制原材料和半成品的一种新的来源;⑤实现一种新的工业组织。

2.①将先进的科学技术成果用于改造和革新原有的设备,以延长其技术寿命或提高其效能;②用更先进,更经济的生产手段取代陈旧、落后、过时的机器设备,以使企业生产建立在更加先进的物质基础之上。

3.根据产生的原因的不同,不协调可分成不同的类型:宏观或行业经济景气状况与企业经营绩效的不符是经常可以观察到的一种现象;假设和实际的不协调也是一种常见的不协调类型,企业对消费者价值观的判断与消费者实际价值观的不一致是假设与现实不协调的典型类型,也是企业常犯的一种重要错误。

4.分享先期行动者投入大量费用而开发出的行业市场;根据已基本稳定的需求进行投资;在率先行动者技术创新的基础上组织进一步的完善使之更加符合市场的要求。

5.与其他类型的创新相比,知识性创新具有最为漫长的前置期;知识性创新的第二个特点是这类创新不是以某一单一因素为基础,而是以好几种不同类型的知识的组合为条件。

6.企业可供选择的创新对象主要涉及产品、工艺以及生产手段等三个领域。

产品创新使得产品在结构或性能上有所改进,甚至全部创新,不仅可能给消费者带来一种全新的享受,而且可以降低产品的生产成本或者减少产品在使用过程中的使用费用,所以给企业带来的不仅可以是特色的形成,而且可能是成本的优势。工艺创新则既可能为产品质量的形成提供更加可靠的保证,从而加强企业的特色优势,亦可能促进生产成本的降低,从而使企业产品在市场上更具有价格竞争力。

7.可给企业带来良好的声誉;可使企业占据有利的市场地位;可使企业进入最有利的销售渠道;可使企业获得有利的要素来源;可使企业获取高额的垄断利润。

历年真题及全解

1. (北航2006年研)分析近年来个人计算机软硬件产品市场上产品寿命周期曲线的特点及其对企业产品开发活动的影响。(至少300字)

【答】　(1)产品寿命周期曲线的特点。

产品寿命周期(product lifec ycle),简称PLC,是指产品的市场寿命,即一种新产品从开始进入市场到被市场淘汰的整个过程。典型的产品生命周期一般可分为四个阶段,即介绍期(或引入期)、成长期、成熟期和衰退期。

①介绍期。当新产品投入市场,进入介绍期,顾客对产品还不了解,只有少数追求新奇的顾客可能购买,销售量很低。为了扩展销路,需要大量的促销费用,对产品进行宣传。在这一阶段,由于技术方面的原因,产品不能大批量生产,因而成本高,销售额增长缓慢,企业不但得不到利润,反而可能亏损。

②成长期。当产品在介绍期的销售取得成功以后,便进入成长期,这时顾客对产品已经

熟悉,大量的新顾客开始购买,市场逐步扩大。产品已具备大批量生产的条件,生产成本相时降低,企业的销售额迅速上升,利润也迅速增长。在这一阶段,竞争者看到有利可图,将纷纷进入市场参与竞争,使同类产品供给量增加,价格随之下降,企业利润增长速度逐步减慢,最后达到生命周期利润的最高点。

③成熟期。经过成长期以后,市场需求趋向饱和,潜在的顾客已经很少,销售额增长缓慢直至下降。在这一阶段,竞争逐渐加剧,产品售价降低,促销费用增加,企业利润下降。随着科学技术的发展,新产品或新的代用品出现,将使顾客的消费习惯发生改变,转向其他产品,从而使原来产品的销售额和利润额迅速下降。

④衰退期。经过成熟期以后,产品逐渐呈现出老化趋势,陷于被市场淘汰的境地,产品销售和利润急剧下降,企业生产能力过剩日益突出,市场上以价格竞争作为主要手段,努力降低售价,回收资金,一些企业纷纷退出市场,转入研制开发新产品,一些企业的新产品已经上市。

目前,我国个人计算机软硬件产品市场上产品寿命周期曲线的特点是:介绍期和衰退期非常短,整个产品生命周期很短,并且呈现出加速循环的趋势。这主要是由该行业的技术特点决定的。在个人计算机行业,技术更新非常快,一款新产品刚被推出市场,随着厂商的大量炒作宣传,迅速成长,进入成熟期。但是成熟期没能维持多久马上开始急剧衰退,因为更新技术的产品又将面世了。

(2)产品寿命周期理论对企业产品开发活动的影响。

①任何一个产品生命周期都是与相关的需求生命周期和技术生命周期相联系的产品,生命周期由需求与技术的生命周期决定。企业产品开发,要从需求出发,任何产品都只是作为满足特定需要或解决问题的特定方式而存在,同时必须跟踪最新的科学技术开发产品,设法运用科技创新延长产品生命周期。

②根据产品的不同生命周期阶段,采取不同的产品开发策略。一般地说,当产品的生命周期处于成熟期时,企业就应该注意改造和革新这种产品。以吸引更多的新顾客。与此同时,还必须着手研究开发更新的产品。当产品的衰退期来临之后,要及时调整产品系列,淘汰已不适应市场需要的产品,及时推出另一种新产品,从而又开始它的新的市场生命周期。

③产品的生命周期是客观存在的,周期的阶段性特点具有规律性。企业必须对其进行细致的分析研究,对产品的生命周期的状态做出切乎实际的判断。从而采取相应的营销策略。企业为了能够在激烈的市场竞争中求得生存和发展,必须适应市场需求的变化,不断开发出符合市场需要的新产品,以避免陷入产品滞销、企业亏损的局面。在当代科学技术水平迅速发展、消费需求变化加快、市场竞争激烈的情况下,企业得以生存和成长的关键就在于不断的创新新产品和改进旧产品。创新可以说是使企此永葆青春的惟一途径。

④企业在从事开发活动时应当注意开发的时效性,即研究能迅速得出成果的项目。因为完全有可能研发的某一种产品还没有面世这种技术在市场已经过时了。此外。企业还应当研发有重大技术意义的项目。因为这样的项目在市场上的产品生命周期能相对较长一些。

第十八章

企业组织创新

知识点归纳

1. 知识经济的基本特点

从企业组织分析的角度,我们认为知识经济可能表现出以下三个方面的基本特点:

(1)知识要素在企业生产经营中的相对重要性大大提高。

(2)生产者与最重要的生产要素的重新结合。

(3)由于信息技术的广泛运用,知识创新和传播的速度大大加快。

2. 企业制度的基本功能

企业制度在为经营活动的组织提供基本规则和框架时,表现出三种基本功能:

(1)导向功能。是指企业制度指导企业经营方向的选择、引导稀缺资源的配置和使用的功能。

(2)激励功能。是指企业制度诱导各类参与者提供符合企业要求的贡献的功能。

(3)协调功能。是指通过制度安排,使各类参与者在企业经营的不同时空朝着共同的方向努力,使他们提供的不同贡献形成有利于实现企业目标的合力的功能。

3. 企业制度的类型

企业制度的模式至少可以有以下四种类型:

(1)资本逻辑的企业制度。在这种类型的企业制度中,权力派生于资本的供应,利益归属于资本所有者。资本的供应是行使权力、占有成果的唯一依据。作为权力主体,资本所有者既可以直接行使企业活动方向选择和过程组织的所有权力,劳动者被资本所有者所雇用,直接被后者或其代理所支配,其工资报酬在企业最终成果形成以前作为成本而支付,因而基本固定。

(2)劳动逻辑的企业制度。权力派生于劳动、利益归属于劳动者,是这种企业制度的基本特征。由于劳动者既是权力和利益的主体,又是经营者组织生产活动所需利用的一种要素。在决策权力系统中,经营者必须服从劳动者集体的意志和决定;而在执行权力系统中,作为生产要素的劳动者个人则须接受经营者的具体指挥。

(3)知识逻辑的企业制度。资本与劳动的供给是拥有专门知识、提供专门服务的经营者在组织企业生产经营活动中需要借助的手段。权力派生于知识,经营成果的分配服从经营者的意志,是这种企业制度的基本特征。经营者因为拥有专门知识而实际掌握和行使着组织企业活动所需的各种权力。资本成为知识的工具,劳动者必须服从经营者的指挥。不论是劳动还是资本的供应者,他们从企业获得的与其服务相应的报酬相对于一定时期的经营活动结束后形成的归经营者实际支配的最终成果来说,都是具有成本性质的支出。

(4)综合逻辑的企业制度。这种制度是各参与者类群在权力以及利益关系中均处于相互平等的地位的企业制度。权力共使、利益分享、风险同担是这种企业制度的基本原则。现代企业的财产特点为作为企业集合体构成基础的各类参与者平等地行使经营权力提供了客观的物质基础;企业经营过程的进行、经营目标的达成必须借助的各类要素贡献相互作用、相互依存的性质,为这些参与者公平地分享经营成果提供了客观的依据。参与者都可能对影响成果水平的活动方向的选择或组织手段的运用表现出极大关注,并将把这种关注表现为参与决策过程中的权力的积极利用。

4. 知识经济条件下的企业制度创新

知识经济条件下的企业制度的逻辑是知识正变成为最重要的资源,企业内部的权力关系正朝向知识拥有者的方向变化,企业的制度结构正从"资本的逻辑"转向我们所称的"知识逻辑"。权力派生于知识(特别是协调知识)的供应,利益(经营成果的分配)由知识的拥有者所控制正逐渐成为后工业社会或知识社会的基本特征。

5. 工业社会的企业制度结构特征

不同参与者是通过提供企业经营所必须的某种要素来实现他们对企业的贡献的。正是这些要素的相对重要性决定了要素供应者在企业活动中相对的权利地位,决定了企业活动的权力与利益分配的格局,从而决定了企业制度结构的特点。稀缺资源从资本转向知识,将导致知识参与者在企业权利关系中地位的提高。原因在于工业生产过程主要是资本与劳动结合的过程。在这个过程中,资本的所有者通过提供一定数量的资本形成一定生产能力,集中一定的物质条件,雇用一定数量的劳动者加工和组合利用这些资源以形成一定的产品。

6. 企业文化的基本功能

企业文化对企业成员的行为影响具体表现在行为导向、行为激励以及行为协调三个方面。因此我们认为企业文化具有如下基本功能:

(1)行为导向功能。企业文化通过价值观念与行为准则的形成引导企业成员选择符合企业利益的行为方向。人的决策受到价值前提和事实前提的影响。企业文化通过影响个人决策的价值前提来发挥作用。

(2)行为激励功能。人的行为是由动机导向的,动机则是由需要决定的。企业文化通过树立某种价值观或创造一定的氛围,影响甚至改变人们对不同需要和要求得到满足的迫切程度来影响或引导员工表现出符合企业需要的行为。

(3)行为协调功能。企业文化借助同一价值观和同一系列行为准则的影响来使员工在不同时空的行为趋向相互协调。企业文化的反功能是与企业文化的功能相对应的。

经典案例

案例一

M公司在本国市场东山再起之谜

M公司是一个跨国经营的大公司,多年来积极开拓国际市场并取得了辉煌的战绩。然而,其在本国巨大市场的竞争中却逐渐处于劣势。近几年公司一直靠着国际市场的巨大盈余维持公司的正常运转,形成了"墙里开花墙外香"的局面。正如公司的一位副总裁所说:"M公司国际形势看好,但在国内却有点抬不起头来。"

1994年,公司的新总裁史密斯上任后,确立了"继续开拓国际市场,国内市场打翻身仗"的战略。经过两年多时间的努力,M公司不仅走出了困境,而且凭借其雄厚的竞争实力,战胜了其主要的竞争对手,重新夺回了国内市场占有率第一的宝座,市场占有率超过主要竞争对手两个百分点,达到了36%。

M公司能够在短短两年内东山再起,秘密何在?

第一,大胆起用能人。史密斯上任伊始,决定对国内的运作机制进行彻底改组,大胆启用人才,对以汤姆为代表的一批管理精英委以重任。汤姆现年44岁,是哈佛工商管理学院的MBA毕业生,公司内公认的管理奇才,此前曾担任南美分部的经理,任职期间该地区的销售额翻了一番,利润增加了3倍。回公司本部任职时,得到了总裁史密斯的承诺:准许他从各国际分部选用任何他认为合适的人作为副手,因而他启用了曾有多国工作经验,现任欧洲分部市场部经理的韦伯,并以二人为主组成了"国内市场抢救工作队"。在以后的两年时间里,在这一批精英的参与下,M公司终于从根本上扭转了国内市场严重受挫的经营状况。

第二,提高工作效率。汤姆和韦伯针对企业效率低的问题,首先关闭了5家低效的工厂,同时重新规划了业务流程;从原材料采购到库存管理,从生产到运输的每一个环节重新做了认真的部署,并砍去了一些多余的环节,仅此一项,就为顾客从订货到收货节约了1/4的时间。另外,他们还加大投资,增加一些被忽视的名牌产品,并对老产品进行更新换代,不断推出新款新样。汤姆和同事们的辛勤努力产生了显著的效益,据专家预测,公司的改革措施每年为公司节约了近6亿美元的成本费用。

第三,推出拳头产品。拳头产品是企业在竞争中站稳脚跟的根本。M公司一直从事多种产品的生产和经营,其中清洁剂是公司的支柱产业,现在公司1/3以上的年收入来自这类产品。1995年,公司看准了国际国内巨大的清洁剂市场潜力,研制出了含有特殊成分的乙型清洁剂。该产品除保留了原有产品的优点外,增加了使用范围广,清洁强度大等优点,不但可以用于家庭日常用品的清洁,而且还可以用于汽车,机械设备的清洁。产品一上市就受到了消费者的欢迎。公司抓住时机,不惜重金大力宣传,使这种新型清洁剂的销量在国内外市场都卓有成效。

第四,加强科技开发,实行网络管理。新型清洁剂的成功开发凝聚了M公司所有科研人员的辛勤劳动。负责技术事务的化学博士道奇,个人拥有专利50多项,他和公司其他技术人员一道组成了一支实力雄厚的攻关队伍,经过3年多的努力,耗费近1亿美元,用以开发新型清洁剂。在研制过程中,他们还与多所大学的专家合作,联合攻关,最终研制出了新产品,同时也使产品的性能和质量有了科学的保证。在管理上,公司积极利用计算机这一信息时代的工具,建立了全公司范围的计算机网络系统,逐步完善公司的物流,加强各经营环节的联系和沟通,把销售、采购、分配、售后服务等各个环节衔接起来,统筹计划,合理安排,实现了信息和资源的最大限度的利用。

从M公司国内市场的复兴可以看出,改革与发展,民主管理与科技开发相结合是现代企业成功的必由之路。

【思考】
1. 从M公司国内的市场占有率和主要竞争对手的情况可以推算出(   )。
  A. 该国清洁剂市场属垄断竞争市场
  B. 该国清洁剂市场属寡头垄断市场
  C. 该国清洁剂市场属完全竞争市场
  D. 缺乏更多资料,无法断定
2. 1995年以前M公司在国内市场竞争处于劣势的主要原因你认为是(   )。
  A. 经营过程中的浪费多   B. 对用户的反应速度比较慢
  C. 主要产品缺乏竞争性   D. 以上几种原因的综合作用结果
3. M公司新产品开发成功给我们的启示是(   )。
  A. 新产品开发必须有强有力的资金后盾
  B. 新产品开发必须有具备一定实力的开发队伍
  C. 新产品开发不仅仅是产品的开发,同时也是产品市场的开发
  D. 新产品开发必须有多年的科技积累
4. M公司大胆起用能人,使企业在国内的经营出现了转机。案例说明公司总裁在用人上采用的策略是(   )。
  A. 从企业内部提拔人才,因此可以重用
  B. 选择有工作业绩的人才,所以能够担当重任
  C. 不能仅仅敢于选择能人,更主要的是重用他们
  D. 选好了人才,必须安排最合适的工作
5. M公司采取"继续开拓国际市场,国内市场打翻身仗"的战略是在具体的环境背景条件下提出的,其中也包含了较大的风险,主要有(   )。
  A. 来自竞争对手的威胁   B. 国内国际两面作战的风险
  C. 新产品开发的风险   D. 以上几种风险都一定程度存在
6. 从案例中几位管理精英的表现中可以看出,他们能够成功的最主要的条件是(   )。
  A. 汤姆是哈佛管理专业的毕业生
  B. 他们受到了公司总裁的重任
  C. 良好的业务素质和积极的进取精神
  D. 善于发现和解决问题

【分析】
　　1. B　2. D　3. C　4. C　5. D　6. C

案例二

通用电气公司管理制度的变迁

20世纪50年代初,美国通用电气公司年销售额已超过20亿美元。公司规模大了,权力完全集中于美国纽约总部,已经不能适应公司的发展,需要改良组织结构。于是公司总裁卡迪纳先生决定实施分权制度。该分权制度由斯密迪一手策划,斯密迪行伍出身,非常强调纪律的作用,他认为,实施新的制度时,肯定有阻力,所以,必须由他说了算,基层人员要绝对服从,不能有异议。

斯密迪的制度有以下几点:

第一,一个经理自己所能管理的企业规模是有限的。

斯密迪认为,一个经理自己能胜任的经营规模,最大不能超过5000万美元一年,再大就管不了,按照他的观点,通用电气公司拆成了150个部门,各部门的经营规模不超过5000万美元,每个部门的经营直接对总裁负责,这样,通用电气公司就等于分成了150个"小公司"。这就导致了一个很不好的格局:当某部门的经营业务超过5000万美元时,按照斯密迪的观点,必须分成两个相互独立的部门。

第二,对部门的经营好坏要有具体的量化指标。

斯密迪在测评一个部门经营好坏时,设计了8项指标,其中,两个较为典型:一个是利润;一个是部门长期利益和短期利益的平稳。可实际工作中,利润是很容易测定的,是多少就多少。而长期利润的平衡怎么测定呢? 当时无法测定,实际情况也测定不了。

第三,管理是一种职业,真正懂得管理的人,什么都能管好。

斯密迪认为,能管理好一个钢铁厂的人,也能管理好一个大菜市场。因此,作为一个管理人员,应特别注意流动能力的训练。一个管理人员应有多方面的技能,能做多方面的工作,要训练他做市场工作、工程工作、制造工作等。这样,通用电气公司的一个部门经理,这三年可能在做洗衣机生意,另外三年可能又去做核能的生意;让这些经理们流来流去,以训练他们的流动能力。

后来,斯密迪制度在公司的系统经营方面碰到了困难。1966年通过竞争,通用电气获得了新加坡一发电厂的承建权。该业务要求电厂的设计、基建、设备和安装等所有业务全由承建方一家公司承包下来,搞系统经营。由于通用电气已经分成150多个相互独立的业务部门,其中,任何一个部门都不可能承包所有这些发电厂的业务,要参与这种国际竞争,公司不得不必须成立一个协调部门—通用电厂公司,来组织各个业务部门共同承接下这项系统业务。但是,由于各业务部门已经有了自己的责权利,互相独立,其工作开展起来的难度可想而知,当通用电厂公司到各部门去购买各种设备时,各部门为了最大限度地提高本部门的利润,就尽量提高设备的售价。最后,通用电厂公司发现,各部门提供设备的价格,往往比外公司的价格还高。

直到1970年博希当上了通用电气的总裁,才对这种情况进行了改进,采取有关措施对分权制度进行了完善。

【思考】

1.按照斯密迪的出发点,分权管理后最大的好处可能是(   )。

A.促进企业内部的规模经济

B.公司每年实现的利润可能上升

C. 公司内部竞争加剧,导致一种完全竞争的市场出现
D. 有利于加强横向之间的协作

2. 按照斯密迪的理论,是要在通用公司实现( )。
   A. 事业部式结构   B. 矩阵式结构
   C. 直线职能式结构   D. 混合式结构

3. 从本案例可以看出,斯密迪所强调的是( )。
   A. 管理人员应当实现专业化
   B. 管理人员参加理论培训的重要性
   C. 管理人员多个岗位实践的重要性
   D. 管理人员应当公开选拔

4. 在分权管理制度下,部门经理更关注( )。
   A. 能实现的利润   B. 长远利益
   C. 总公司的整体利益   D. 与其他部门的协调

5. 以下各项,哪一项更能使通用公司内部各部门互相竞争( )。
   A. 分权前   B. 分权后
   C. 只用长远性的利益指标考核部门管理者
   D. 只用企业的经营规模来衡量部门管理者的业绩

6. 在系统经营中,分权管理显示出( )。
   A. 优势   B. 劣势
   C. 对公司的经营没有影响   D. 比集权制度好

7. 通用电厂成立后,通用电气公司的组织结构( )。
   A. 与分权前一样   B. 比分权前的管理幅度更大
   C. 变成了直线式   D. 不合理

8. 通用电厂为了建设新加坡电厂,如果在公司各部门购买设备,则在电厂建设的投标中竞争力( )。
   A. 加强   B. 高于本公司其他部门
   C. 削弱   D. 维持不变

9. 以下各项,哪一项在实行分权后可能会出现( )。
   A. 销售额不断在增加   B. 部门经理的积极性受到压制
   C. 总是亏损   D. 总公司总裁没有任何权威

10. 以上案例说明( )。
    A. 通用电气公司在分权制度方面做得不够理想,其实,分权是一种很有效的管理方式,关键是其他方面也要配套进行
    B. 企业管理中有分权制度就足够了,关键在于公司的总裁要用人得当
    C. 分权制度不符合管理的一般原理,对调动中层管理人员的积极性不利
    D. 分权的致命弱点是不重视人的因素

【分析】
1. B 2. A 3. C 4. A 5. B 6. B 7. D 8. C 9. D 10. B

课后习题全解

1. 知识经济有哪些基本特点？

【答】 从企业组织分析的角度，知识经济可能表现出以下三个方面的基本特点：

第一，知识要素在企业生产经营活动中的相对重要性大大提高。资本的相对稀缺性、资本的货币形态的可转换性等特点决定了资本是工业社会的最为重要的生产要素。资本市场的发展、融资手段的不断完善以及与此同时企业生产过程的渐趋复杂使得知识正逐渐取代资本成为企业生产经营的第一要素。

第二，生产者与最重要的生产要素的重新结合。产业革命的发展伴随着劳动生产者与物质生产条件的分离。由于某种原因被剥夺了物质生产条件的劳动者只能通过出卖自己的劳动力来谋求生存条件，从而为工业经济的发展提供了大量的廉价劳动力。被企业雇用后，他们只能根据雇主或其代表或者代理的要求来表现符合其利益的行为。整个工业经济时代企业组织的构造都是以劳动者与其物质生产条件的分离为基本假设的。然而，当知识成为最重要的生产要素后，情况发生了变化，知识作为人脑的产物本质上是不可能与其拥有者相分离的。知识经济时代企业的组织设计不能不考虑知识的这种特点以及由此决定的劳动者与其最重要的生产要素重新结合的现象。

第三，由于信息技术的广泛运用，知识创新和传播的速度大大加快。从某种意义上说，任何知识都是与人的活动有关的。与企业经营有关的知识是在企业经营过程中生成与发展的。知识形成、积累、创新的速度影响着企业生产过程的组织方式，影响着不同知识所有者的相对重要性，从而决定着企业参与者在这个过程中的相互关系。信息技术的广泛运用加速了知识的生成与发展进程，从而引导着企业组织的创新，影响着企业组织的结构化或再结构化。

2. 何谓企业制度？企业制度的基本功能是什么？

【答】 企业是通过生产和销售产品来表现其社会存在的。为了向社会提供这些产品，企业必须在一定时空集中一定数量的生产资源，并利用一定方式对这些资源进行加工、组合和转换。这样，企业的经营过程便表现为资源筹措、加工转换和产品销售的不断循环。

企业是在下述条件下进行循环的，第一，企业能够投入到经营活动中的资源是有限的，对企业来说，这种有限性是双重的；第二，企业经营的直接目的不是为了取得产品的使用价值，而是为了实现其价值；第三，企业是人的集合体，企业经营有赖于不同参与者在不同的环节和方面提供不同的贡献。

在上述条件的约束下，企业欲求其经营有效，必须解决三个基本问题即①选择正确的经营方向、内容和规模，使企业产品符合社会需要，以保证产品价值的实现；②充分利用能够筹集到的各种资源，使有限的投入获得尽可能多的有效产出；③引导参与者的行为选择，诱发他们提供企业所需的贡献，形成实现企业目标所需的合力。

促进这些问题的有效解决，是企业制度的基本功能。具体地说，企业制度在为经营活动的组织提供基本规则和框架时,表现出三种基本功能即导向功能、激励功能和协调功能。导向功能是指企业制度指导企业经营方向的选择、引导稀缺资源的配置和使用的功能;激励功能是指企业制度诱导各类参与者提供符合企业要求的贡献的功能;协调功能则是指通过制度安排,使各类参与者在企业经营的不同时空朝着共同的方向努力,使他们提供的不同贡献形成有利于实现企业目标的合力的功能。

同步练习

一、单项选择题

1. 领导层中各方面,各环节的职责分工,相互关系,权力划分和工作机构的设置是企业的(　　)。
   A. 管理组织　　　　B. 领导制度　　　　C. 管理体制　　　　D. 企业制度

2. 提高企业素质的主要内容是(　　)。
   A. 提高企业的技术素质,管理素质和人的素质
   B. 提高企业生产经营活动的能力,即企业的生命力
   C. 提高产品质量,降低人力、物力消耗,提高经济效益
   D. 提高产品质量,降低产品成本,增加企业利润

3. 企业文化作为一种企业范围的意识,即一种群体意识,它是由(　　)决定的。
   A. 企业环境　　　　　　　　　　B. 社会文化
   C. 社会存在　　　　　　　　　　D. 企业精神

4. 人们认识和了解企业,首先是透过企业的(　　)而获得印象。
   A. 价值观　　　　　　　　　　　B. 行为方式
   C. 规章制度　　　　　　　　　　D. 外显文化

5. 企业文化不但在本企业中发挥作用,而且还会通过各种渠道对(　　)。
   A. 其他企业产生作用　　　　　　B. 社会产生作用
   C. 行业产生作用　　　　　　　　D. 国家产生作用

6. 企业家不仅要了解各国的企业,而且要了解各国的(　　)。
   A. 企业文化　　　　　　　　　　B. 经济发展
   C. 投资环境　　　　　　　　　　D. 经营管理

7. 企业形象中最具代表性的形象是(　　)。
   A. 员工形象　　　　　　　　　　B. 产品形象
   C. 环境形象　　　　　　　　　　D. 企业家形象

二、多项选择题

1. 企业制度的作用有(　　)。
   A. 规范着参与者类群间的权力关系
   B. 影响着这些参与者在企业决策制定与执行中的行为表现
   C. 规范了参与者类群间的利益关系
   D. 影响着不同参与者在企业成果形成中的行为特点

2. 劳动分工在工业社会的发展的作用有（　　）。

A. 加剧了普通劳动知识的专门化与狭窄化

B. 加剧了普通劳动技能的专门化与狭窄化

C. 决定了协调分工劳动所需的专门知识的供应的增加

D. 决定了协调分工劳动所需的专门知识的供应的相对稀缺性

3. 关于层级结构说法正确的是（　　）。

A. 直线指挥，分层授权保证了企业行动的迅速

B. 分工细致，权责明确促进了效率的提高

C. 标准统一，正式的角色关系则保证了企业活动的有序性

D. 层级结构发挥作用并得以成功是以一定的环境条件和假设作为前提条件的

4. 网络组织中的核心机构（　　）。

A. 与组织的各工作单元一起完成组织的各项工作

B. 创造促成向心力的企业文化

C. 只选择与调整企业的战略方向

D. 设计各部分共享的组织基础

5. 网络化的层级组织应该是（　　）。

A. 集权和分权的统一　　　　　　B. 稳定与变化的统一

C. 政策与实践的统一　　　　　　D. 一元性与多元性的统一

6. 工业社会中企业文化的功能与特点包括（　　）。

A. 企业文化是作为企业经营的一种副产品而出现的

B. 企业文化作为一种主要手段发挥作用

C. 企业文化基本上反映了企业组织的记忆

D. 企业文化是多元的

三、简答题

1. 知识经济表现出哪些基本特点？

2. 工业社会的企业制度结构特征及其原因是什么？

3. 为什么说网络化的层级组织应该是稳定与变化的统一？

4. 作为工业企业的主要组织形式，层级结构曾表现出哪些主要特征？

5. 网络结构有哪些主要特征？

6. 网络化的层级组织应该是哪几个相互对立的特点的统一？

7. 为什么说网络化的层级组织应该是集权和分权的统一？

8. 网络化的层级组织的一元性与多元性的统一体现在哪些方面？

参考答案

一、单项选择题

1. C　2. A　3. C　4. D　5. B　6. A　7. B

二、多项选择题

1. ABCD 2. ABD 3. ABCD 4. BCD 5. ABD 6. AC

三、简答题

1. ①知识要素在企业生产经营活动中的相对重要性大大提高；②生产者与最重要的生产要素的重新结合；③由于信息技术的广泛运用，知识创新和传播的速度大大加快。

2. 在迄今为止的工业社会，相对于其他要素来说，资本是最为重要也是最为稀缺的。工业生产过程主要是资本与劳动结合的过程。在这个过程中，资本的所有者通过提供一定数量的资本形成一定的生产能力，集中一定的物质条件，雇用一定数量的劳动者加工和组合利用这些资源以形成一定产品。由于资本（以货币形式表现和计量的资本）具有一般等价物，从而可以很方便地换回其他形式的生产要素的特点，所以启动这个过程的是一定数量的资本的投入。过程源动力的特点决定了资本的所有者在过程一开始就拥有着选择过程运行的方向、组织过程的推进、处理过程的结果的各种权力。

3. 因为在知识经济条件下，面对逐渐成熟的消费者的不断变化的个性化需求，企业如不能及时作出适应性调整，则可能被市场淘汰，而变化过于频繁则可能引起组织的混乱，网络化的层级结构在组织整体保持相对稳定的同时，使各个工作单元能迅速调整层级结构，从而组织框架以及决定这个框架的经营领域是相对稳定的，而框架中的各个工作单元的工作内容和方式则经常进行适应性调整。

4. ①直线指挥，分层授权，层级组织的基本特征便是利用直线指挥与分层授权来规范成员间的关系，影响他们在企业活动中的行为表现；②分工细致，权责明确，分工劳动不仅严格规定了组织成员应该履行的职责，而且明确了相应职务的工作人员为履行职责而可以行使的权力；③标准统一，关系正式，包括作业方法的标准化，企业政策的一致性。

5. ①它在构成上是"由各工作单位组成的联盟，而非严格的等级排列"；②企业成员在网络组织中的角色不是固定的，而是动态变化的。网络结构需要不断地调整；③企业成员在网络结构中的权力地位不是取决于其职位（因为职位大多是平行的，而非纵向排列的），而是来自他们拥有的不同知识。

6. 集权和分权的统一；稳定与变化的统一；一元性与多元性的统一。

7. 因为知识经济条件下的企业固然需要保持分散、差异和分权，以具有主动和迅速反应的创造能力，但同时也需要严格的集中管理，以保持战略的统一，行动的迅速，以及相互依存的各工作单元间相互关系的协调。因此网络化的层级组织应该是既集权又分权的。说它是集权的，是因为管理中枢在战略方向选择以及不同工作单元自主性劳动的范围与边界确定等问题上有着无法替代的作用；说它是分权的，是因为工作单元内的一线人员有权在企业战略参数的范围内自主地处理可能出现的紧急情况。

8. 主要表现在三个方面：层级组织既保存了统一指挥的管理中枢，又允许相互依存的各工作单元相当自主地运行；既通过统一的基本政策规范着整体企业的战略经营，同时又允许各工作单元的活动标准与原则有一定的差异；既确定了明确的组织宗旨和使命，倡导着主导的价值观念，又允许甚至鼓励异质价值观念和行为准则的存在。